música II

Savia

sm

ESO

Entrar en Saviadigital es fácil:

1. Escribe en internet la siguiente dirección: **smsaviadigital.com**
2. Regístrate e introduce el número de licencia que encontrarás en la página anterior.
3. Como solo debes registrarte una vez, anota tu **identificador** y **contraseña**.

Presentación de la unidad

Empieza la unidad disfrutando de un texto y una imagen relacionados con el contenido.

Y tú, ¿qué opinas?
Para que reflexiones sobre valores cívicos o cuestiones sociales de actualidad.

Ruta de aprendizaje
Para que conozcas qué vas a aprender en cada tema.

Contexto musical y Audición práctica

Ejemplos sonoros: ayudan a comprender el contexto musical y los nuevos conceptos.

Musicograma: cada audición va acompañada de un musicograma y una guía de la audición que te ayudará a asimilar la estructura musical de la pieza.

Audición: diferentes audiciones que propician el análisis comparativo.

Saviadigital: recursos digitales para enriquecer y ampliar la información.

Lenguaje musical

Itinerario didáctico pautado y coherente: partiendo de un nivel básico, podrás aprender los contenidos fundamentales del lenguaje musical.

Ejemplos sonoros: ayudan a asimilar conceptos musicales, proponen actividades a partir de audiciones, dictados musicales, etc.

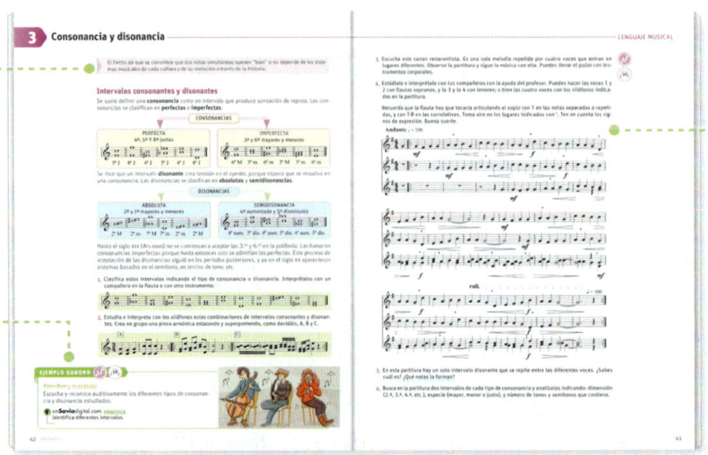

Aprendizaje basado en la práctica: la sección se acompaña de una o varias propuestas prácticas.

Interpretación y creación

Interpretación musical: encontrarás propuestas variadas de interpretación musical: canciones, percusión corporal, música y movimiento, interpretación instrumental colectiva, etc.

Asimilando conceptos del lenguaje musical: las diferentes propuestas de interpretación musical trabajan los conceptos expuestos en la sección de *Lenguaje musical*.

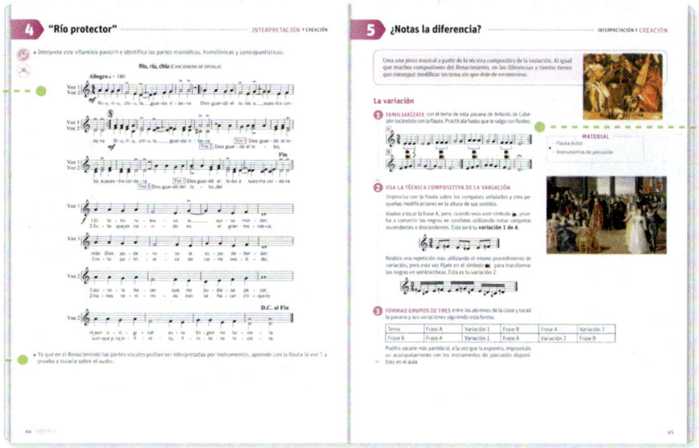

Creación: proyecto de trabajo colectivo que ofrece una manera alternativa de acercarse a los conceptos propuestos en la sección de *Contexto musical*.

Música y tecnología

Exposición de contenidos: trabajarás de una manera amena y dinámica diferentes aspectos relacionados con la música y la tecnología.

Pon en práctica: propuesta de trabajo práctico sobre los contenidos. También se apoyan en material gráfico, enlaces web, tutoriales, etc.

Actividades: entrenarás el análisis, el pensamiento analítico y la transferencia a la vida cotidiana.

CONOCE **Savia**digital

www.sm**Savia**digital.com

Saviadigital te ofrece más recursos y actividades para aprender y profundizar en los contenidos.

COMPRENDE	Presentaciones y animaciones para afianzar los conocimientos.
PRACTICA	Recursos para desarrollar actividades vinculadas con los contenidos.
OBSERVA	Animaciones o videotutoriales.
ESCUCHA	Actividades con audiciones interactivas.
VALORA LO APRENDIDO	Autoevaluación de la unidad, para valorar tu aprendizaje.

En tu libro aparecen llamadas para que sepas qué recursos hay en **Savia**digital.

sm**Savia**digital.com
OBSERVA
Escucha y sigue el musicograma.

Para acceder a **Savia**digital, sigue los pasos que encontrarás nada más abrir este libro.

ÍNDICE

1 La obra musical

Abre tu mirada

En el resultado final de una música intervienen muchísimos factores: su ritmo, su textura, los instrumentos que la interpretan, el estilo de sus intérpretes... Pero sin lugar a dudas el elemento más importante es la obra musical en sí. Una buena pieza trasciende épocas, agrupaciones y géneros musicales.

Es muy común versionar las obras de otros compositores. Este préstamo puede darse entre autores del mismo género, como ocurre frecuentemente en la música ligera, o entre estilos muy lejanos como la versión que Miguel Ríos hizo del *Himno de la Alegría* de Beethoven.

- ¿Qué elementos forman una obra musical?
- ¿Qué tipos de música existen?
- ¿Qué papel tiene el ritmo en la música?
- ¿Sabes hacer un recorrido rítmico?
- ¿Sabes crear una pieza musical combinando esquemas rítmicos?

Observa y reflexiona

Algunas modificaciones de obras han pasado a la historia, como le ocurrió al Preludio n.º 1 de Bach para clave. Un siglo más tarde, Gounod le añadió una melodía aguda y se hizo archiconocido como el *Ave María* de Gounod. Escucha las dos versiones. ¿Cuál te gusta más? ¿Por qué?

En el mundo de la música popular, la canción que tiene el récord Guinness por ser la más versionada del mundo es *Yesterday*, de Paul McCartney (The Beatles). Existen más de 3 200 versiones en géneros muy diversos.

Escucha la versión original y la que hizo Katy Perry. ¿En qué se diferencian?

www.e-sm.net/IIesomu_sv_01_01

Observa y escucha

Mark Johnson y Whitney Kroenke crearon un proyecto para inspirar y conectar el mundo a través de la música: *Playing for Change*. Tras escuchar a un artista callejero de California de gran talento cantar *Stand by me*, decidieron comenzar su proyecto. Viajaron por todo el mundo para crear una versión multicultural de esta obra. En la grabación participaron muchos artistas callejeros desde todos los rincones del mundo, tocando o cantando *Stand by me*, cada uno con su estilo particular.

Escucha el resultado aquí y valóralo tú mismo: www.e-sm.net/IIesomu_sv_01_02

Playing for Change, además de versionar y difundir la música, es una fundación destinada a la creación de escuelas de música y arte para niños de todo el mundo. En su web dicen: "No importa quién eres o de dónde vengas, todos estamos unidos por la música".

Y tú, ¿qué opinas?

¿Crees que una obra musical siempre es reconocible independientemente de su versión?

¿Piensas que todo el mundo puede entender una música aunque pertenezca a un estilo muy alejado de su cultura?

¿De qué forma piensas que puede unir la música a las personas?

¿Qué es y cómo se utiliza un editor de audio?

ESCUCHARÁS:
- ***Barcarola*** **(J. Offenbach)**
- **Tema principal de** ***Juego de tronos*** **(R. Djawadi)**
- ***Marcha de los utensilios de cocina*** **(R. Vaughan Williams)**

1 La obra musical y sus elementos

La obra musical está formada por la combinación de todos o algunos de los elementos musicales: ritmo, melodía, forma, armonía, textura, timbre, tempo, agógica (matices de velocidad), dinámica (matices de intensidad) y carácter.

La música y el público

El acercamiento a la música depende de los intereses de cada persona: bailar, cantar, escuchar, como acompañamiento ambiental, etc. Hay música para todos los gustos.

A todos nos gusta a veces dejarnos llevar por el efecto contagioso de la música de baile, en la que destacan los elementos rítmicos, agógicos y dinámicos, que favorecen el movimiento.

Pero a veces necesitamos una música más tranquila, que podamos disfrutar calmadamente en casa o en un concierto, y apreciar mejor todos los elementos musicales de la obra.

Cualquier persona puede deleitarse contemplando una obra de arte, aunque no tenga conocimientos técnicos. Sin embargo, el hecho de tener esos conocimientos enriquece la contemplación. Por ejemplo, en una visita turística a un monumento arquitectónico todos pueden asombrarse con lo que ven, pero un guía aportará la información necesaria para descubrir aspectos ocultos a primera vista. En la música sucede lo mismo: el estudio de la obra nos ayuda a **reconocer** e **interiorizar** sus principales elementos.

Los géneros y tipos de música

Según el timbre, las obras musicales se pueden agrupar en diferentes géneros:

- **Género vocal:** coral, motete, canción, madrigal, etc.
- **Género instrumental:** obertura, preludio, fuga, *suite*, concierto, sonata, sinfonía, *ballet*, etc.
- **Género mixto:** *lied*, oratorio, cantata, misa, ópera, zarzuela, musical teatral o cinematográfica, etc.

Además, cada obra musical se ubica dentro de uno de estos tipos de música: **académica**, **tradicional** o **popular**.

EJEMPLO SONORO 1 2

Reconociendo géneros musicales

El primer elemento del sonido que identificamos es el timbre de la voz de nuestras madres y de las personas más cercanas. Con tu conocimiento y experiencia auditiva puedes reconocer muchos timbres e identificar instrumentos y voces en diversas agrupaciones y tipos de música.

- **Escucha estos fragmentos e indica a qué género musical pertenece cada uno.**

El análisis de la obra musical

Previamente al estudio de una obra, debemos conocer el **autor**, la **época**, el **estilo** y el **tipo de obra**.

Seguidamente analizaremos cada uno de sus **elementos musicales**. La partitura puede resultar muy útil, aunque también podemos hacer un análisis auditivo fijándonos en estos aspectos:

- **Ritmo.** Si hay una acentuación regular, estará organizada en **compases**, y reconoceremos el número de pulsos y el tipo de compás percutiendo suavemente. Buscaremos **fórmulas rítmicas** que se repitan.
- **Melodía.** Para saber la **tonalidad**, buscaremos la **tónica** con un instrumento, observando **sucesiones** o **escalas** características.
- **Forma.** Identificaremos los **motivos musicales** y cómo se unen formando semifrases. Las **frases musicales** las nombraremos con letras. Al enlazarlas conoceremos la estructura o **forma** del fragmento y si sigue la **forma por adición**: AA, AB, ABA, ABC, ABACA (rondó), variaciones; **forma por desarrollo** (sonata); o **imitación** (fuga).
- **Timbre.** Identificaremos si es un **solista** o un **grupo**, qué instrumentos y voces se oyen y el tipo de **agrupación**: música de cámara, orquesta, banda, coro, etc.
- **Armonía.** Buscaremos alguna **cadencia** o sucesión de acordes. Señalaremos el tipo de **textura**: monodia, homofonía, polifonía o melodía acompañada; y el tipo de **acompañamiento**, si lo hay: arpegios, bajo y acordes, mixto o rasgueado.
- **Tempo y matices.** Con un **metrónomo** o un reloj calcularemos a qué término italiano corresponde el **tempo**, o qué **indicación numérica** tiene. Indicaremos qué **matices** hay de carácter, velocidad (agógica) e intensidad (dinámica), y si son uniformes o graduales.

ACTIVIDADES

Analiza la audición

1. Reflexiona y contesta en tu cuaderno: ¿qué tipo de música es: académica, tradicional o popular? ¿A qué género pertenece?

2. Investiga sobre el autor y su obra, y elabora una presentación con los datos.

AUDICIÓN 1 3

Barcarola, J. OFFENBACH (1819-1880)

Guía de la audición

- **Ritmo:** puede escribirse en $\frac{3}{4}$ o $\frac{6}{8}$. Blancas y negras en frase A y corcheas y negras en B.
- **Melodía:** Re mayor. Hay fragmentos de las escalas de Re y La mayores.
- **Forma:** hay una introducción de 4 compases.

Frase A: tiene 8 compases, en la primera parte se repite 8 veces con un ritmo similar, pero a diferente altura:

A1 A1 A2 A2 A3 A4 A1 A5

La frase B1 está formada por las semifrases b1 y b2, de 4 compases cada una. La frase B2 está formada por las semifrases b1 y b3. Se repiten:

b1 b2 - b1 b3 - b1 b2 - b1 b3

- **Timbre:** dos bandurrias, laúd y guitarra.
- **Armonía:** textura de melodía acompañada, con un acompañamiento de bajo y acordes.
- **Tempo y matices:** *Allegro* (♩=152). Hay matices dinámicos y de carácter (ver partitura).

Afina el oído

- Sigue la audición en los esquemas y partituras e identifica cada instrumento.

2 Los tipos de música

Música académica

Es la música occidental escrita por compositores, también llamada música **clásica** o música **culta**. Sus obras musicales son muy variadas en cuanto a timbre, duración, número de temas y partes o movimientos.

Los principales **géneros** son: vocal, instrumental o mixto. La **música instrumental** se clasifica en:

- **Música pura** o absoluta, cuando se expresan ideas solo con elementos musicales, sin ningún vínculo extramusical.
- **Música programática** o descriptiva, cuando sugiere o imita objetos, personas, escenas o temas históricos o literarios.

Música académica

Música tradicional

Es la propia de cada cultura. Suelen ser músicas breves, canciones o danzas ligadas a trabajos en el campo, acontecimientos sociales o rituales. Las **canciones** suelen ser sencillas, con dos frases musicales: **estrofa** (se repite la música y varía la letra) y **estribillo** (se repiten música y letra). Son anónimas.

Música tradicional

Música popular urbana

Es una música para bailar, cantar, escuchar y divertirse, propia sobre todo de las ciudades. Suele ser de autor conocido. El tipo de obra musical varía según sea el estilo: ***jazz***, ***rock***, **pop** u otras variantes. Al igual que en la música tradicional, predominan las canciones, pero con instrumentos y estilos diferentes.

Otros tipos de música

- **Música incidental** o escénica. Es **música programática** realizada para apoyar imágenes, acciones o personajes de teatro, cine, televisión, publicidad, videojuegos o concursos, a los que las obras se supeditan. Sirve como música de fondo, que en el cine se llama **banda sonora**, o **BSO** (banda sonora original) si está compuesta especialmente para una película.
- **Música ambiental.** Se utiliza para crear un ambiente determinado. Se suelen escoger obras relajantes sin altibajos en la melodía o el ritmo: música repetitiva o **minimalista**, ***new age***, ***chill out***, etc.

El poder de la música

En los centros comerciales y cadenas de tiendas saben que la música es importante para el comprador. No solo para hacer agradable su experiencia, sino también para fomentar el consumismo y aumentar el ritmo de las compras.

Música popular urbana

Otros tipos de música

ACTIVIDADES

Trabaja en la red

3. Elige un tipo de obra musical y encuentra un ejemplo de su música. Compártela con tus compañeros.

4. smSaviadigital.com COMPRENDE
Trabaja sobre los tipos de música con esta presentación interactiva.

AUDICIÓN 1 4

Tema principal de *Juego de tronos*, R. DJAWADI (1974)

Guía de la audición

– Es una pieza monotemática, cuya frase principal se repite varias veces cambiando de instrumentos. El violonchelo tiene un papel solista.

– Durante toda la obra, la percusión con membranófonos repite un mismo ritmo.

Afina el oído

- La obra está en Do menor, según se recoge en la partitura, pero si quieres tocarla con la flauta te resultará más sencillo transportada a Re menor:

- Cuenta las veces que se oye el tema principal.
- Acompaña la música con instrumentos corporales y de afinación indeterminada.

"Marcha de los utensilios de cocina"

En el año 1909, un grupo de estudiantes de la universidad de Cambridge (Inglaterra) encargaron a Vaughan Williams la creación de una pieza de música incidental para acompañar una comedia satírica: *Las avispas*, de Aristófanes. Pocos años más tarde, el compositor revisó y redujo la partitura original, conformando una *suite* orquestal de cinco movimientos, conocida como *Suite Aristofánica*, cuyo tercer movimiento se titula "Marcha de los utensilios de cocina".

CONOCE AL COMPOSITOR

Ralph Vaughan Williams fue un famoso compositor inglés. Estudió en Alemania con Max Bruch y en París con Maurice Ravel. A su regreso, se interesó especialmente por las canciones populares inglesas, que influyeron muchas veces en sus obras. Compuso óperas, música de cámara, *ballets*, piezas vocales profanas y religiosas, sinfonías y música incidental para teatro, cine y radio. La *Marcha de los utensilios de cocina* narra cómo algunos utensilios de cocina acuden como testigos a un juicio para defender a un perro ante la acusación de su dueño, un juez obsesionado con hacer cumplir la ley.

Ralph Vaughan Williams (1872-1958)

GUÍA DE LA AUDICIÓN

- La *Marcha de los utensilios de cocina* comienza con una melodía interpretada por el flautín y el trombón. Los instrumentos de viento madera acompañan esta melodía con un ritmo regular que sugiere pasos de marcha.
- La estructura de la música es A (ababa) B (c) A (aba). La sección A alterna dos melodías diferentes.
- La pieza está interpretada por una orquesta pequeña conformada por contrabajos, violonchelos, violas y violines en la sección de cuerda; dos cornos ingleses, dos fagots, dos clarinetes, dos oboes, una flauta y un flautín en la de viento madera; un trombón en el viento metal, y timbales, triángulo y platillos en la percusión.

smSaviadigital.com PRACTICA
Escucha la audición y sigue el musicograma.

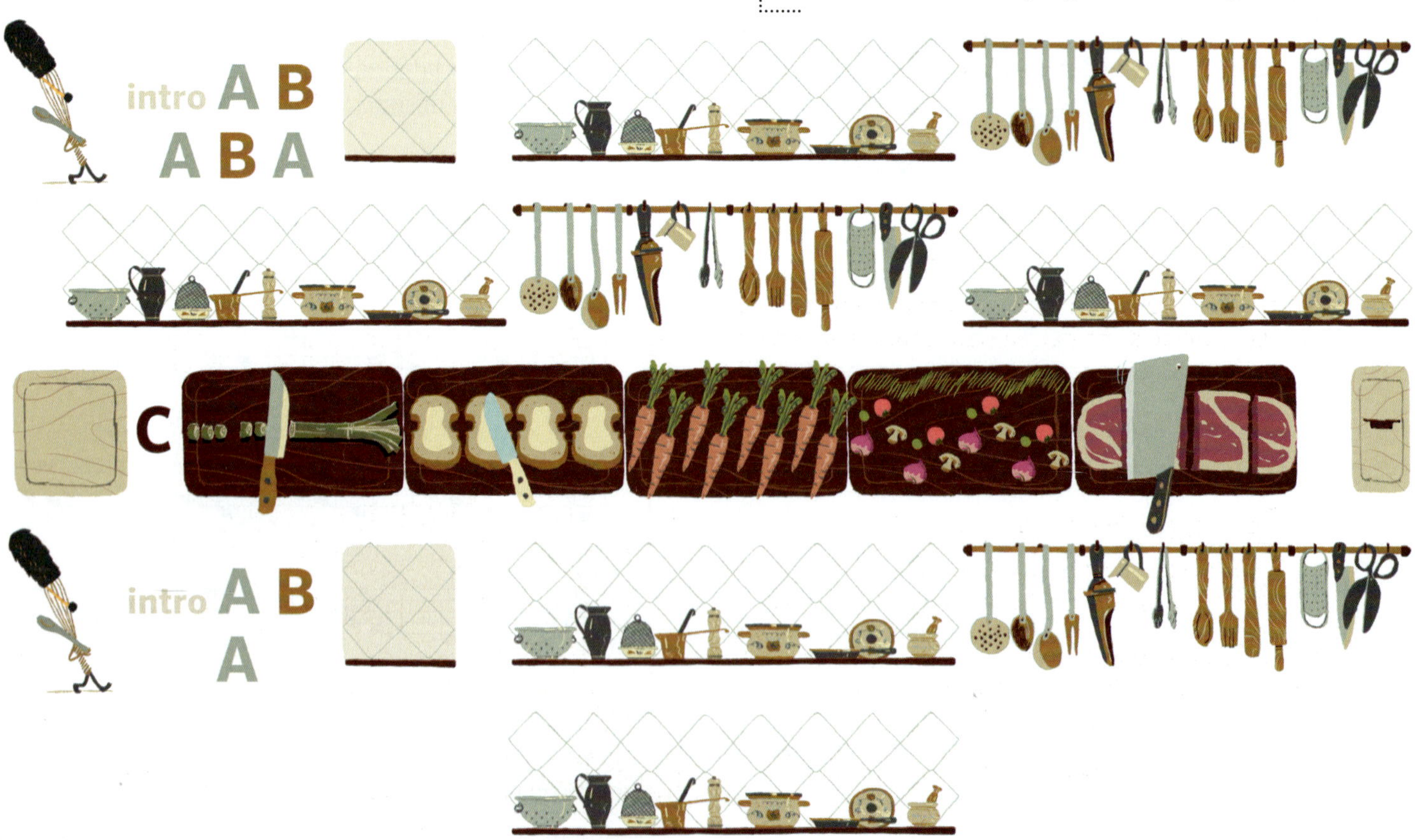

ESCUCHA Y ANALIZA

1. Observa el siguiente esquema que representa la estructura de la sección A. ¿Cuántos compases dura cada parte de esta sección? Escribe el número correspondiente debajo de cada letra. Al contar recuerda que la partitura está escrita en compás de $\frac{4}{4}$.

A	B	A	B	A
•••	•••	•••	•••	•••

2. Escucha de nuevo y contrasta.

   Una de las características de una pieza ternaria es el contraste entre la sección A y la B. Escucha ahora la sección B y piensa al menos en tres cosas que hagan que esta sección sea diferente a la anterior.

3. Pon a prueba tu memoria.

   Escucha ahora la última sección A de la obra. ¿Es igual a la primera sección A o hay algo que cambia? En ese caso, ¿qué es?

COMPÓN Y TOCA

4. Formad un grupo de seis a ocho participantes. Escuchad una vez más cada una de las tres secciones de la pieza y realizad las siguientes tareas.
   a. Proponed un acompañamiento para la sección A. ¿Cómo será? ¿Qué instrumentos u objetos sonoros vais a tocar? ¿Sería adecuado usar utensilios de cocina como instrumentos? Si es necesario, elaborad una sencilla partitura. Ensayad este acompañamiento con la grabación hasta que suene coordinado con la orquesta.
   b. Cread ahora un acompañamiento para la sección B, intentando que responda al carácter de la misma, que es distinto a la sección A. Ensayadlo hasta que suene coordinado con la orquesta.
   c. Tocad la pieza entre toda la clase. Cada grupo se encargará de acompañar una de las partes.

INVESTIGA

5. Como ya sabes, esta música fue compuesta originalmente como música incidental para acompañar una comedia satírica titulada *Las avispas*, escrita por Aristófanes. Busca información en internet para responder a las siguientes preguntas:
   a. ¿Quién fue Aristófanes?
   b. ¿Cuál es el argumento de *Las avispas*?
   c. ¿Para qué parte de ese argumento piensas que Vaughan Williams compuso la *Marcha de los utensilios de cocina*?

6. Un año antes de componer *Las avispas*, Williams estudió orquestación en París con Maurice Ravel.
   a. ¿Qué es la orquestación?
   b. ¿Quién fue Maurice Ravel?

3 El ritmo

El ritmo es el elemento primario de la música, el primero que apareció y el que sustenta a los demás. Podemos hacer música solo con ritmos, pero la melodía necesita al **ritmo** para existir. Los ritmos pueden ser **regulares**, cuando coinciden con la división o subdivisión del compás, e **irregulares**, cuando no coinciden.

Grupos irregulares o de valoración especial

Son grupos de figuras (o figuras y silencios) que no coinciden con la subdivisión del compás o con el número de tiempos de este. Para interpretarlos hay que subdividir el tiempo o el compás en el número de subdivisiones o tiempos que indica el número que los acompaña: 2, 3, 4, 5, 6, etc.

Ese número da nombre a los grupos: dosillo, tresillo, cuatrillo, quintillo, seisillo, etc. El tresillo dura igual que dos figuras como las que lo forman. El dosillo, como tres. El quintillo y el seisillo de semicorcheas, duran igual que cuatro semicorcheas.

1. **Lleva el pulso (línea de abajo) con la mano izquierda en la rodilla izquierda, y toca con la mano derecha en la rodilla derecha los ritmos de la línea de arriba. Repite varias veces cada ejercicio desde muy lento a más rápido.**

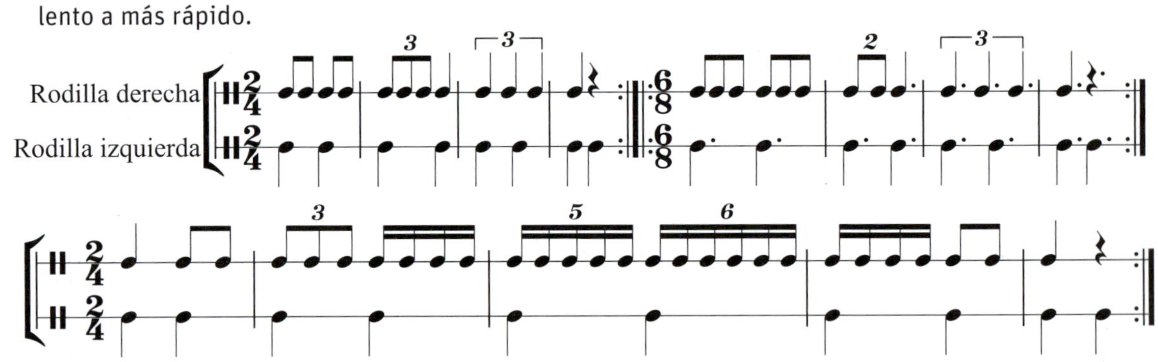

2. **Forma dos grupos (A y B) e interpreta una de estas dos partituras con tus compañeros.**

   Pon atención a los grupos irregulares, las anacrusas, los contratiempos y las síncopas.

   1.º Estudia el ritmo que has elegido. Tócalo varias veces y finalízalo en el primer tiempo del 2.º compás con una negra o una negra con puntillo.

   2.º Toca los ritmos de tu grupo con tus compañeros, uno tras otro. Puedes cambiar el orden.

   3.º Interpreta simultáneamente los cuatro ritmos varias veces.

   4.º Realiza estas combinaciones en grupo con la ayuda del profesor:

   a. AA - BB - AA - BB - AA - BB - AA

   b. 11 22 33 44 AA 55 66 77 88 BB

   c. 11 55 22 66 33 77 44 88 BBB AAA

   d. A+B - A+B - A+B - A+B - A+B

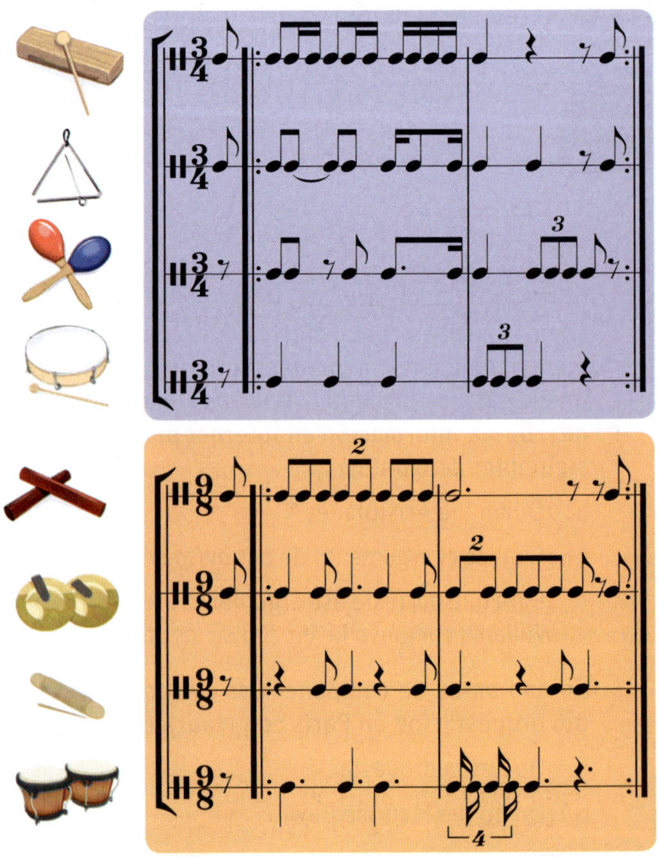

3. Sigue esta melodía en la audición y trata de reconocer los ritmos que has estado tocando. Identifícalos en la partitura de esta página y escribe en el cuaderno un esquema formal señalando las semifrases y las frases.

1 6

4. Interpreta la *Melodía con ritmo* con tus compañeros en la flauta o en el xilófono, o acompáñala con el pandero, el triángulo o la guitarra. Ten en cuenta los matices y comienza el estudio más lento de lo indicado.

Melodía con ritmo

Á. MÜLLER G.

EJEMPLO SONORO 1 7

Escuchar y reconocer

Escucha estos ejemplos y trata de llevar el pulso mientras los escuchas.

smSaviadigital.com PRACTICA
Averigua cómo son estos ritmos.

4 Recorrido rítmico

- Interpreta este ejercicio para percusión corporal.

  Practica los siguientes esquemas prestando mucha atención a la orientación de las plicas. La plica hacia arriba significa que debes tocar con la mano, pitos, rodilla o pie derechos. Si la plica está hacia abajo, debes tocar con la mano, pitos, rodilla o pie izquierdos.

Esquema 1

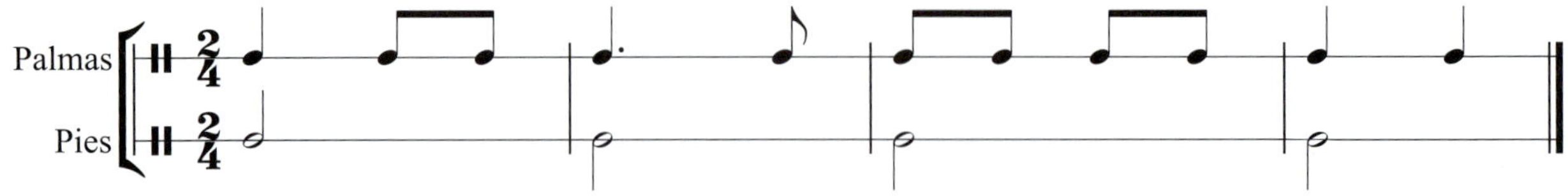

Esquema 2

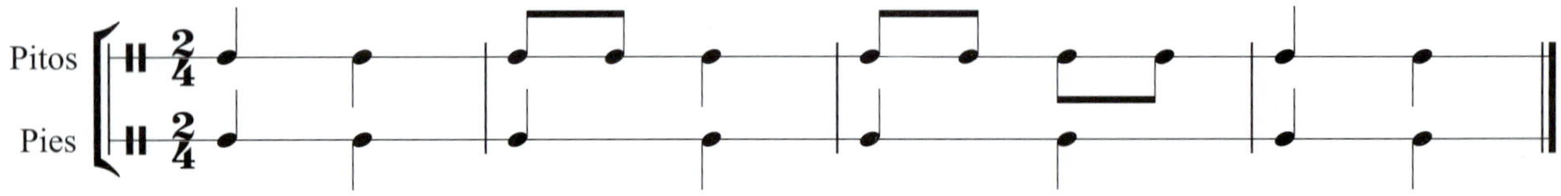

Esquema 3

Esquema 4

- Ponte en pie e interpreta los ritmos anteriores con desplazamiento. Sigue el recorrido de la partitura para saber hacia dónde dirigirte. Sigue la imagen y los esquemas 1, 2 y 3 para avanzar. El esquema 4 tendrás que interpretarlo en el sitio donde te hayas quedado.

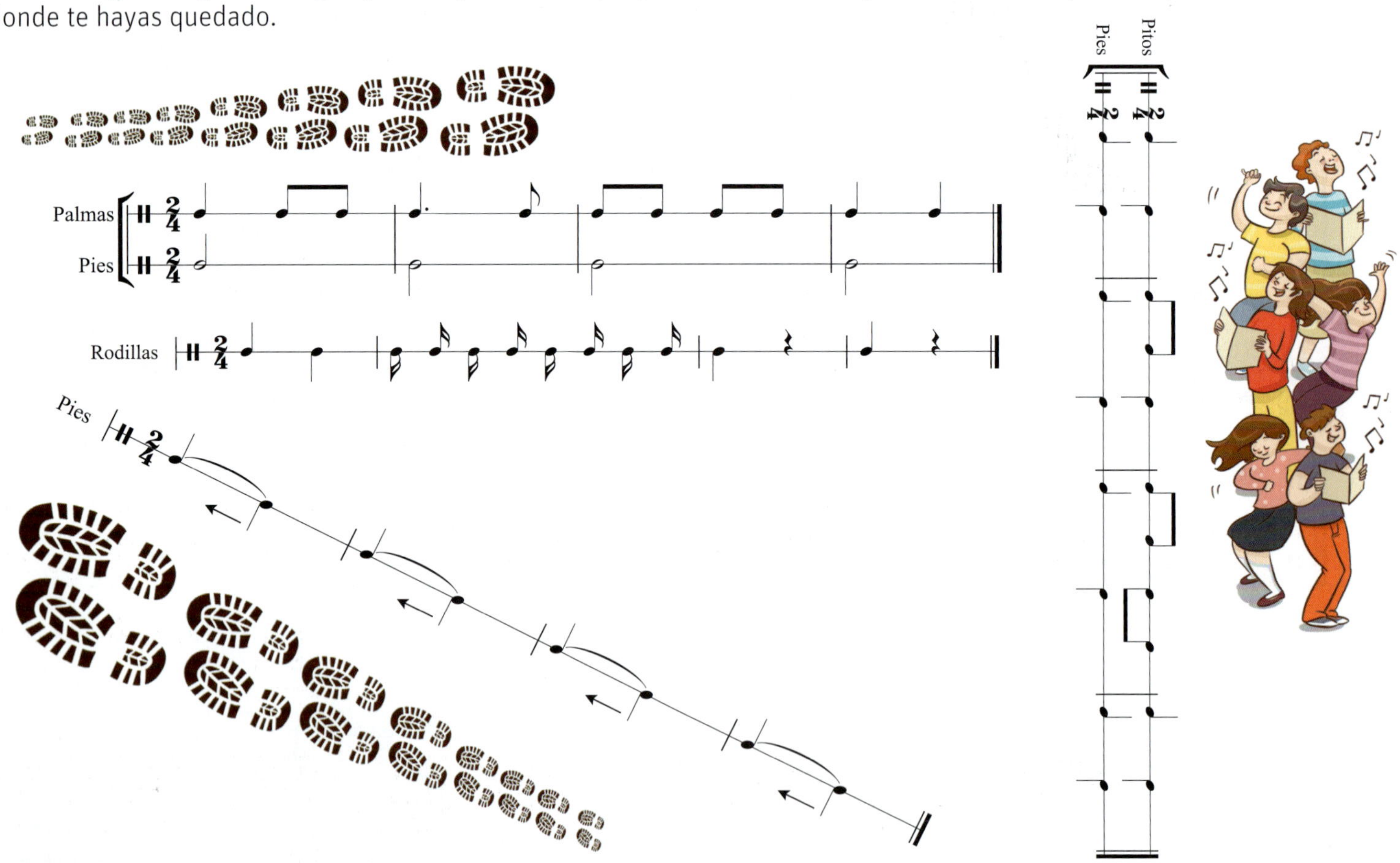

- Podéis hacer el esquema completo toda la clase o dividiros en cuatro grupos; de esta forma, cada grupo interpretará un esquema.

5 Fusión elemental

Ya sabes que la música es algo más que sonido: se nutre de ritmos, textura, armonía y forma, entre otras muchas cosas, que hacen que podamos experimentar diversas emociones. Dependiendo de la época, el estilo y los gustos personales, los compositores priorizan algunos elementos musicales. ¿Con cuáles te quedarías tú?

Crea tu pieza musical

MATERIAL

- Papel pautado
- Flauta
- Instrumentos de placas

1. **FORMAD** cuatro grupos de seis personas aproximadamente.
2. **COMBINAD** los esquemas rítmicos 1, 2, 3 y 4 como queráis. Tened en cuenta que podéis repetirlos, tocar dos a la vez, etc., pero al final la pieza solo deberá tener cuatro secciones. Por ejemplo:

Esquema 3	Esquema 3 + 2	Esquema 1	Esquema 3 + 4

3. **DAD SONORIDAD** a la pieza una vez elegida la forma. Utilizad las notas do, re, mi, sol, la, do', re', mi' y poned música a algunos de los esquemas seleccionados. Respetad los ritmos de los esquemas: solo hay que sustituir las figuras por notas. Elegid un instrumento de placas o la flauta y comprobad cómo suenan las melodías.

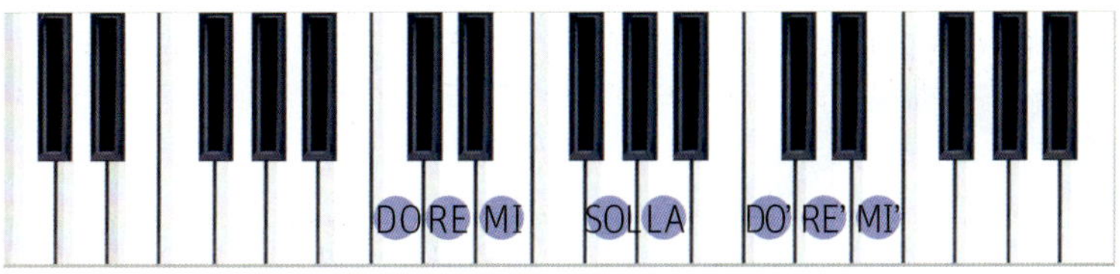

4. **TRANSCRIBID** en un papel pautado la pieza musical. No olvidéis poner al lado de cada esquema con qué instrumento será interpretado. Añadid esos toques que hacen que la música sea más expresiva: los signos de dinámica y agógica. Colocad en la partitura el tempo y los signos de matiz más interesantes. Para finalizar, elegid entre todos los miembros del grupo el título de vuestra pieza. Practicadla e interpretadla para el resto de la clase. Aquí tenéis un ejemplo. Tocadlo antes de crear vuestra obra.

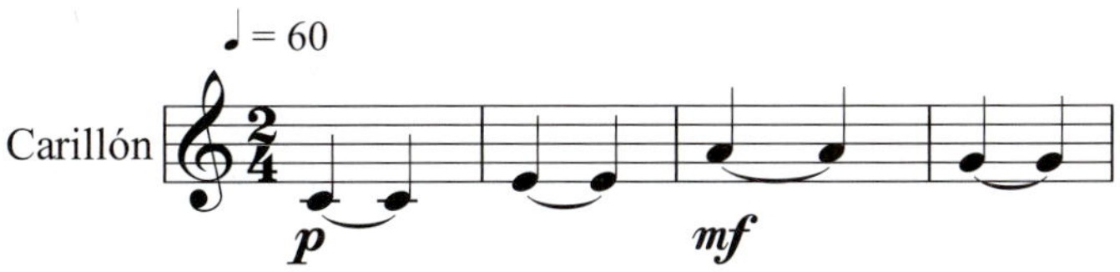

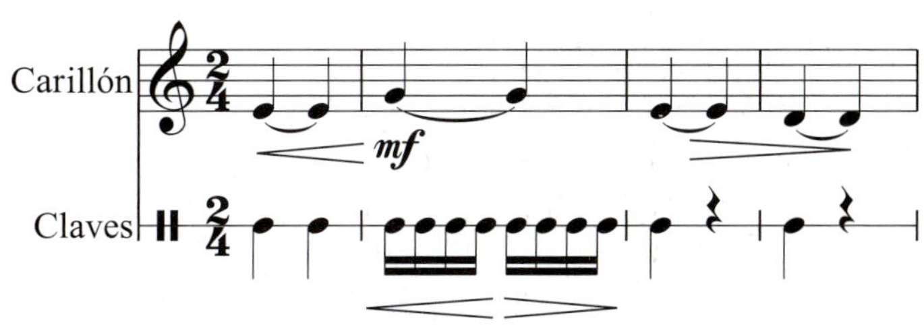

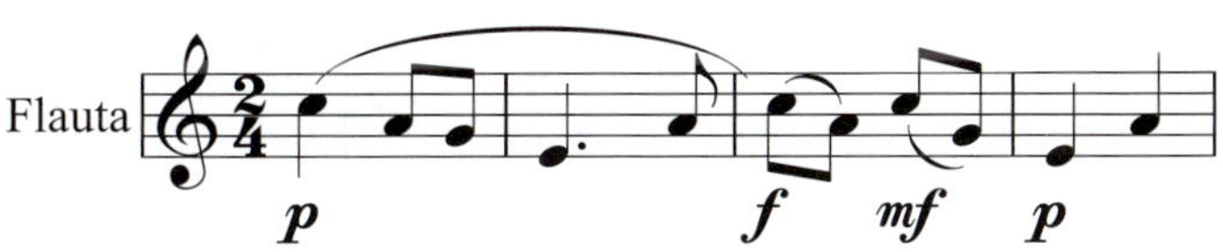

Editores de audio

Imagina que necesitas usar un fragmento de 30 segundos para sonorizar una secuencia de imágenes, pero la pieza completa dura 3 minutos. ¿Qué podrías hacer? ¿Qué programa informático utilizarías para recortar la grabación? Si has pensado en un editor de audio la respuesta es correcta.

- **¿Qué es un editor de audio?**
Un editor de audio es una aplicación informática con la que podemos manipular grabaciones de audio digital. Entre otras funciones, nos permite grabar audio en tiempo real, editar y convertir archivos de audio en distintos formatos (OGG, MP3, WAV, AIFF, etc.), cortar y pegar fragmentos o agregar efectos de sonido (reverberación, eco, tono, volumen, etc.).

- **¿Sabías que...?**
Con un editor de audio puedes digitalizar música grabada en distintos soportes, por ejemplo, discos de vinilo o casetes, y almacenarla en tu disco duro o en un dispositivo móvil.

Audacity

Es un editor de audio digital multiplataforma y libre, distribuido bajo licencia GLP.

Audacity fue creado en 1999 por Dominic Mazzoni y Roger Dannenberg y publicado un año más tarde como *software* libre. En octubre de 2011 fue una de las aplicaciones de SourceForge más populares, con 76 millones y medio de descargas.

Los gráficos en azul representan la onda sonora. Cuando se ve repetida, es porque el sonido está en estéreo. Es decir, si lo escuchas con auriculares, sonará lo mismo en los dos canales.

Puedes ampliar o reducir las pistas utilizando el botón de zum. Ampliarlas es útil cuando tienes que seleccionar un pequeño fragmento.

Es posible mezclar varias pistas: por ejemplo, la voz que has grabado con un fondo musical.

PON EN PRÁCTICA

1. Entra en el Banco de imágenes y sonidos y busca un sonido de lluvia. www.e-sm.net/Ilesomu_sv_01_03
2. Descarga el archivo de sonido elegido en una carpeta del ordenador.
3. Abre el sonido desde el menú **Archivo>Abrir** de Audacity.
4. Pulsa **Play** para escuchar el archivo.
5. Selecciona un fragmento arrastrando el ratón por el gráfico en azul.
6. Corta el fragmento usando las tijeras que verás en pantalla.
7. Comprueba el resultado.

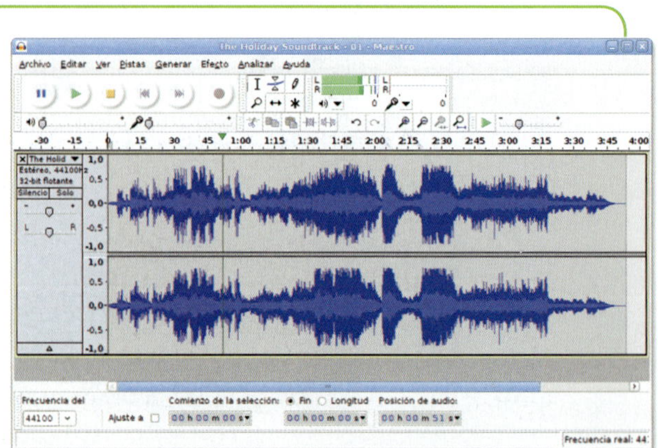

1 Busca información

Existen distintos formatos de audio digital. Los más comunes son WAV, AIFF, MP3 y OGG. Busca información e intenta averiguar lo siguiente:

a) Cuál es la diferencia entre los distintos formatos.

b) Cuál de ellos es de licencia libre.

c) Cuál ocupa menos memoria.

d) Qué sucede cuando se comprime el audio digital a un formato MP3.

Para definir qué es un editor de audio hemos utilizado algunos términos cuyo significado quizá no conozcas. Busca información para descubrir a qué se refieren. Son los siguientes: multiplataforma, licencia GLP y SourceForge.

Compara tus respuestas con las del resto de la clase.

2 Efectos sonoros

Audacity dispone de numerosos efectos sonoros que puedes utilizar con distintos fines. Prueba algunos de ellos buscando y modificando un fragmento de la Sonata en G para piano que podrás descargar desde el Banco de imágenes y sonidos. www.e-sm.net/IIesomu_sv_01_04

a) Descarga el archivo y guárdalo en una carpeta de tu ordenador.

b) Abre el archivo.

c) Selecciona toda la pieza y ve al menú **Efectos.** Desde allí, prueba uno a uno los que encuentres en el listado. Cada vez que pruebes uno, recuerda deshacer los cambios desde el menú **Editar**, de modo que no se acumulen las modificaciones.

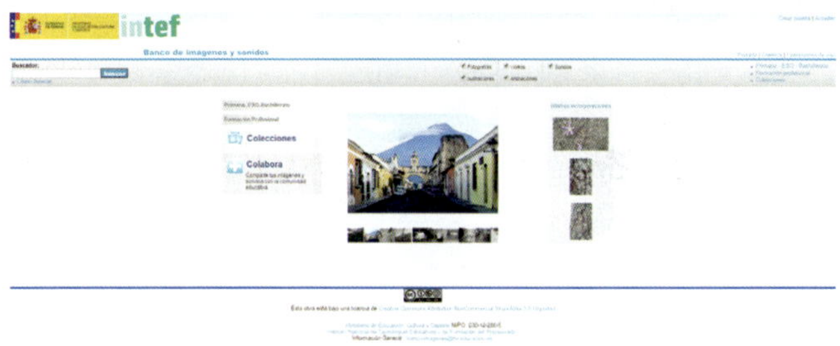

3 Crea un *collage* musical

Un *collage* consiste en recortar y pegar distintos elementos para crear uno solo. ¿Podrías hacer un *collage* con la música? Siguiendo estos pasos podrás comprobarlo.

a) Busca y guarda en una carpeta del ordenador tres efectos sonoros en formato MP3. Recuerda que puedes usar el Banco de imágenes y sonidos.

b) Abre Audacity y, a continuación, el primer archivo MP3 de los tres que has guardado.

c) Para cargar el segundo archivo en una nueva pista, tendrás que usar la función **Importar audio**, que encontrarás en el menú **Archivo**.

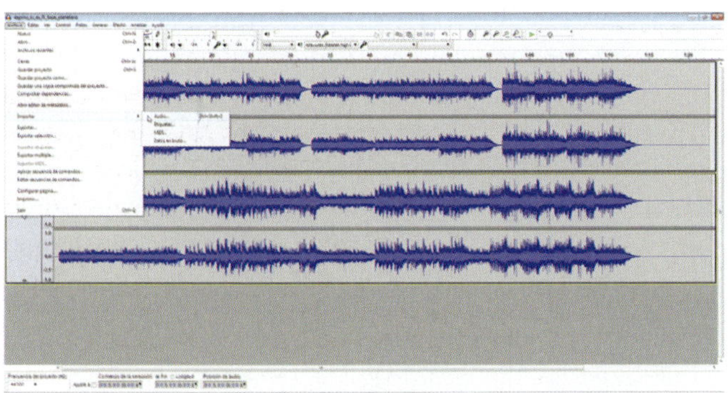

d) Ahora carga el tercer archivo usando la función **Importar audio.**

e) Una vez que tengas los tres archivos abiertos en Audacity, escucha el resultado. Seguramente sonará mal. No te preocupes, ahora comienza tu tarea.

f) Escucha la primera pista usando la función **Solo** que verás a la izquierda. Decide qué fragmento vas a dejar y corta el resto.

g) Ahora escucha la segunda pista y elige otro fragmento para mezclar con el anterior. Si necesitas desplazarlo usa las flechas que encontrarás en el menú de arriba. Si deseas que una de las pistas esté en segundo plano usa el efecto **Amplificar** y reduce el volumen.

h) Recorta ahora un fragmento de la tercera pista.

i) Manipula las pistas hasta que estés conforme con el resultado y, cuando hayas terminado, selecciona la opción **Exportar audio.**

j) Comparte el resultado con el resto de la clase.

¿Qué has aprendido?

Distingue los géneros y tipos de música

1. ¿A qué género musical pertenecen estas agrupaciones? Responde en tu cuaderno.

a) 

b) 

c) 

2. ¿Qué diferencias existen entre la música pura y la programática? Responde en tu cuaderno.

3. Observa estas imágenes. ¿Representan música académica, popular o tradicional? Responde en tu cuaderno.

a) 

b) 

c) 

4. ¿Qué tipo de música son estas manifestaciones? Responde en tu cuaderno.

a) *Chill out* b) *Jazz* c) Motete d) Banda sonora de película e) Jota

Académica Tradicional Popular urbana Incidental Ambiental

Aprende a analizar una obra musical

5. Completa este esquema sobre cómo analizar una obra musical.

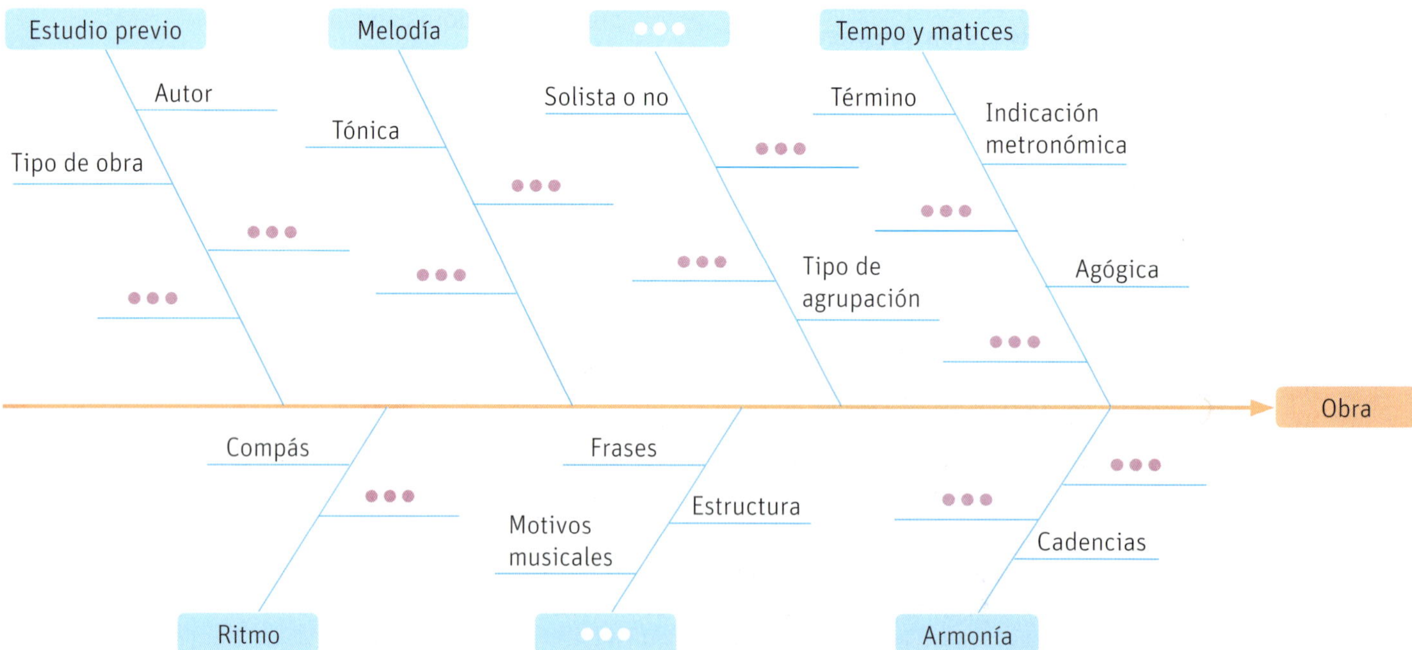

6. Con ayuda del esquema de la actividad anterior, analiza la *Marcha de los utensilios de cocina*.

Conoce el elemento primordial de la música

7. ¿Cuál es el primer elemento musical que apareció? Responde en tu cuaderno.

a) Melodía   b) Ritmo   c) Armonía   d) Textura

Reconoce los grupos de ritmo irregular

8. ¿En qué se diferencian los ritmos regulares de los irregulares? Explícalo con ejemplos en tu cuaderno.

9. Localiza los grupos de valor especial de esta partitura. Cópialos en tu cuaderno y escribe, junto a cada uno, una figura de igual duración.

Distingue los grupos rítmicos de duración equivalente

10. Todos los compases de la primera columna tienen un ritmo equivalente en la segunda columna. Encuéntralos y escribe las parejas en tu cuaderno.

a) 

d) 

b) 

e) 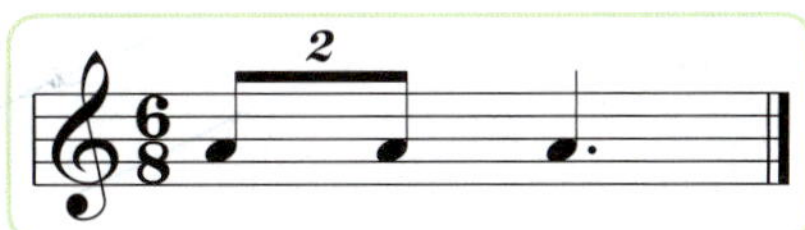

c) 

f) 

APRENDE A PENSAR

Tu implicación en el proceso de aprendizaje es esencial. Tus resultados dependerán, en parte, de ti mismo.

Haz un cuadro para ser consciente del aprendizaje de esta unidad y cuál será la mejor manera de hacerlo. Si tienes dudas, pide ayuda a tu profesor.

¿Qué voy a aprender?	¿Cuál sería la mejor forma de aprenderlo?	¿Qué disposiciones personales necesito para esta tarea?
•••	– Formulándome preguntas – •••	– Persistir en la tarea – •••
		Y eso, ¿cómo se hace?
		– Usando lo que ya sé – •••

2 Agrupaciones musicales

Abre tu mirada

Desde sus orígenes, la música ha sido un elemento básico en la interacción social del ser humano. No solo ha ayudado a la comunicación de las personas, sino que favorece la relación y la cooperación con otros.

Una muestra de ese poder social de la música la tenemos en su uso en los *flashmob*. Los *flashmob* son acciones colectivas que se organizan sobre todo a través de las redes sociales. Su finalidad es sorprender y divertir al público con un acto inesperado de un grupo de personas.

- ¿Cómo se agrupan los músicos?
- ¿Qué tipos de coros y orquestas existen?
- ¿Conoces los instrumentos de tu aula?
- ¿Cómo podemos convertir la clase en una banda de música?
- ¿Cómo suena tu ciudad?

Observa y analiza

Muchas agrupaciones vocales e instrumentales recurren al efecto sorpresa y al sentido del humor para captar la atención del público. El cuarteto femenino Salut Salon lleva más de 15 años haciendo espectáculos humorísticos y acrobacias con sus instrumentos.

1 8

Otra forma de innovar es utilizar instrumentos exóticos, bien porque pertenezcan a otras culturas o porque no sean exactamente instrumentos musicales. Un ejemplo de esto es el serrucho musical. Se toca frotando el lado sin dientes con un arco. Escucha cómo suena.

¿A qué familia instrumental pertenece?

Observa y escucha

Desde que este juego social del *flashmob* se iniciara en Manhattan en 2003, ha tenido una aceptación impresionante. Algunos consisten en bailes, interpretaciones e, incluso, intentos de batir un récord. En la mayoría, la música es esencial y constituye una forma muy efectiva de llamar la atención sobre algo. El poder de atracción es tan grande que muchas marcas comerciales han creado su publicidad basándose en música y *flashmob*.

En 2013, la Fundación Musical de Málaga organizó este asombroso *flashmob* para hacer una llamada de atención sobre la importancia de la música. Juzga tú mismo el resultado: www.e-sm.net/IIesomu_sv_02_01

Y tú, ¿qué opinas?

¿Cuánta importancia le damos actualmente a la innovación?

¿Crees que a causa de buscar nuevos sonidos o nuevos espectáculos se podrían perder los tradicionales?

¿Qué papel crees que juegan las tecnologías en esta búsqueda de innovación?

¿Qué es y cómo se hace un cartel digital?

ESCUCHARÁS: – ***Oda a la Alegría*** **(L.v. Beethoven)**
– ***Chiquita Banana*** **(R. Hayman)**

1 Del solista a la orquesta

EJEMPLO SONORO 1 9

Solistas

- Escucha e identifica por el timbre a estos solistas. ¿Se trata de un cantante de ópera? ¿De música pop? ¿Es un instrumentista? ¿Qué instrumento toca?

EJEMPLO SONORO 1 10

Pequeñas agrupaciones de música académica

- Escucha e identifica qué tipo de agrupaciones de música académica se oyen en estos fragmentos de audio.
- ¿Puedes distinguir qué instrumentos musicales se oyen?

EJEMPLO SONORO

Pequeñas agrupaciones de música popular y tradicional

- Observa estas agrupaciones musicales y clasifica si pertenecen a la música popular o tradicional: www.e-sm.net/IIesomu_sv_02_02

El ser humano es social por naturaleza, y tiende a unirse para realizar tareas en común. El ritmo, la danza, el canto y la interpretación instrumental son actividades sociales, aunque en ellas haya intervenciones solistas.

Solistas

Tanto en la música académica como en la popular, el solista es un intérprete que destaca en su instrumento: voz, piano, guitarra, violín, órgano, etc. Unos de los primeros solistas fueron los **juglares** y **trovadores** medievales.

Algunos solistas se han convertido en famosos personajes sociales, como los divos y divas de la música operística, o las figuras y estrellas del *rock*, de la música pop o del *jazz*.

En la música académica, se llama **recital** a la actuación individual de un solista, y **concierto** a un tipo de obra de tres movimientos o partes para solista y orquesta. Sin embargo, hoy día cualquier actuación musical se suele denominar concierto.

Pequeños grupos

- **Música académica.** La **música de cámara** es la que se interpretaba en las cámaras o salones de los palacios renacentistas. En el siglo XIX pasa a las salas de concierto. Son de 2 a 8 solistas tocando o cantando diferentes voces. Uno de ellos dirige al grupo con gestos. Se denominan: **dúo**, **trío**, **cuarteto**, **quinteto**, **sexteto**, **septeto** y **octeto**.

  Se combinan los instrumentos melódicos agudos y graves: cuerda frotada, flauta, oboe, clarinete, trompa, fagot, etc.; con otros polifónicos: clave, guitarra, piano, arpa, etc. Los grupos vocales pueden ser de voces iguales o mixtas. Se buscan timbres similares (cuarteto vocal), o contrastantes pero complementarios (violín-piano). La extensión total (desde la nota más grave a la más aguda) debe ser la adecuada.

- **Música popular.** Abundan los grupos formados por voces, guitarras, teclados y batería, aunque hay muchas variantes. En el ***jazz*** se denominan **combos**, y están formados por un **trío rítmico** (piano, batería, guitarra, contrabajo o banyo) y un **grupo melódico** (trompeta, trombón, clarinete, voz, etc.).
- **Música tradicional.** Cada cultura tiene sus agrupaciones: el **mariachi** mexicano, los grupos de **música celta**, el ***country***, etc.

Grandes grupos

- **Música académica.** Las principales agrupaciones son las orquestas, las bandas y los coros.

  Orquesta. Tiene su origen en los instrumentos que acompañaban la *suite* de danzas y las primeras óperas. En el siglo XVII, la fabricación de instrumentos de arco alcanzó un gran desarrollo con lutieres como **Stradivari**. Esto hizo posible que compositores como **Vivaldi** organizaran estos instrumentos y sus voces, siendo esta familia el germen de la orquesta. Más tarde se fueron añadiendo los demás instrumentos.

  Las orquestas se clasifican, por el número de instrumentos, en **sinfónica** y **de cámara**. Por el período que representan, en **barroca**, **clásica**, **romántica**, etc. Por los instrumentos que la componen, en orquesta de **cuerda** (instrumentos de arco), de **plectro** (bandurrias, laúdes y guitarras), de **percusión**, etc.

  Banda. El origen está en los músicos que siempre han acompañado a los ejércitos. Al ser una agrupación para tocar marchando, predominan los **aerófonos** y los tambores.

  Existen bandas de **cornetas y tambores**; de viento-metal y percusión (agrupaciones musicales, fanfarrias o charangas); y la más completa, la **banda sinfónica**, que al ofrecer conciertos sin desplazarse suelen añadir violonchelos, contrabajos, piano, arpa, xilófonos, marimbas, timbales, batería, etc.

  Coro. Su origen está ligado a la música religiosa, con el canto gregoriano. Posteriormente, cuando se incorpora la mujer, esta agrupación se enriquece tímbricamente. Los coros pueden ser de **voces iguales**: voces graves (masculinos) y voces agudas (femeninos e infantiles), o de **voces mixtas**: coro de cámara y coro mixto o coral polifónica.

- **Música popular.** La orquesta de **música ligera** tiene de 15 a 25 músicos, y suele incluir guitarras y teclados eléctricos. La ***jazz-band*** mantiene los grupos rítmicos y melódicos, aumentando los instrumentos y añadiendo uno rítmico-melódico: vibráfono, piano, guitarra, etc.

- **Música tradicional.** Algunas culturas tienen grandes agrupaciones instrumentales, como el **gamelán** indonesio. Está formado por placófonos (gongs y campanas), laminófonos de madera y metal, membranófonos, cordófonos, flautas y voz.

EJEMPLO SONORO 1 11

Grandes grupos de la música académica

- Escucha e identifica por el timbre a estos grandes grupos: orquesta, banda y coro. Intenta distinguir de qué tipo de agrupación se trata en cada caso.

ACTIVIDADES

Sintetiza

1. Resume en un esquema lo que has aprendido sobre los solistas y pequeños grupos.

Trabaja en la red

2. Investiga sobre la agrupación que más te haya gustado y elabora una presentación con los datos que encuentres.

2 Orquesta y coro

Coros e instrumentos

La música coral puede ser **a capela**, o sea, sin acompañamiento instrumental; o **concertante**, con acompañamiento instrumental.

También hay formaciones mixtas en las que los instrumentos no se limitan a acompañar, sino que tienen un repertorio del **género mixto** (vocal-instrumental). Es el caso de la **orquesta y coro sinfónicos**.

Las voces se agrupan por su extensión o tesitura en soprano, *mezzosoprano*, contralto, tenor, barítono y bajo. Cada grupo se denomina **cuerda**.

Orquesta sinfónica: familias instrumentales

La orquesta sinfónica está formada por más de 80 músicos y un **director**. Desde el siglo XVI se fueron añadiendo y agrupando instrumentos. El **concertino**, o violín principal, ayuda al director y revisa la afinación de la cuerda.

- **Cordófonos.** Esta familia está formada por más de 60 instrumentos de arco (violines, violas, violonchelos y contrabajos), una o dos arpas (cuerda pulsada) y un piano (cuerda percutida).
- **Aerófonos de madera.** De doble lengüeta: oboe, corno inglés, fagot y contrafagot. De lengüeta simple: clarinete y clarinete bajo. De bisel: flautín o pícolo, flauta y flauta baja. A veces existen otros instrumentos: órgano, saxofones, etc.
- **Aerófonos de metal.** Los principales son: trompeta, trompa, trombón y tuba. Por la potencia de su sonido, se sitúan al fondo junto a la percusión.
- **Percusión.** Pueden ser muy variados, según las obras. Membranófonos: timbales, bombo, caja, pandereta, etc. Idiófonos: xilófono, marimba, celesta, campanólogo, triángulo, claves, castañuelas, etc.

EJEMPLO SONORO

El Sistema

Es el nombre abreviado por el que se conoce a un proyecto educativo musical para niños y jóvenes que consiste en la integración social a través de la educación e interpretación musical. Comenzó en Venezuela en 1975 de la mano de su creador, el director de orquesta y compositor José Antonio Abreu Anselmi.

Actualmente hay más de 25 países que siguen el Sistema Mundial de Orquestas y Coros Juveniles e Infantiles, en el que se han formado grandes músicos.

Observa en estos enlaces cómo se desarrolla esta experiencia: www.e-sm.net/IIesomu_sv_02_03

ACTIVIDADES

Trabaja en la red

3. Busca información sobre la Orquesta y Coro Nacionales de España y elabora un resumen en tu cuaderno con los datos más relevantes.

4. sm**Savia**digital.com COMPRENDE
Trabaja sobre la orquesta sinfónica y el coro con esta presentación interactiva.

AUDICIÓN 1 12

***Oda a la Alegría* (9.ª Sinfonía),** L. v. BEETHOVEN (1770-1827)

Guía de la audición

- Beethoven puso música a la *Oda a la Alegría* del poeta F. Schiller y la incluyó en su 9.ª y última sinfonía. Es el himno oficial de la Unión Europea desde el año 1985.
- El fragmento comienza con la **introducción** del tema a cargo de las voces de barítono y bajo, y del viento-madera (oboes, clarinetes y fagots). Continúa con la **exposición** del tema, que tiene dos frases de 8 compases cada una. La segunda la repite el coro sin las sopranos y con las cuerdas.
- A continuación hay un **puente** orquestal que enlaza con la **repetición** del tema por el coro, excepto las sopranos, que después se incorporan, acompañado por violonchelos, flautas y fagots. La segunda frase la repite el coro completo.
- Sigue el **puente** orquestal que lleva a la primera **variación** del tema, en la que participa el coro completo y la orquesta.

Afina el oído

- **Sigue la audición en este esquema:**

- **Puedes tocar en la flauta el tema principal junto con la audición:**

- Observa en internet algunos de los *flashmob* que se han hecho con esta pieza: www.e-sm.net/IIesomu_sv_02_04

Audición práctica "Chiquita Banana"

La canción *Chiquita Banana* fue compuesta en 1944 como *jingle* o canción breve para un anuncio publicitario. El objetivo del anuncio era promocionar las bananas en Norteamérica y enseñar a la gente a pelarlas y comerlas, ya que las consideraban frutas exóticas en esa época. El *jingle* llegó a sonar en la radio 376 veces en un solo día. La popularidad del tema contribuyó a que se escribieran varias versiones, algunas para baile y otras de música orquestal ligera, como es el caso del arreglo de Richard Hayman que escucharás en esta audición.

CONOCE AL COMPOSITOR

Richard Hayman fue un conocido músico norteamericano. Comenzó su carrera como intérprete de armónica y arreglista para la Borrah Minevitch Harmonica Rascals. La fama le llegó en la década de 1940, cuando se convirtió en arreglista para la compañía de cine Metro-Goldwyn-Mayer. También trabajó como arreglista y director en varias orquestas hasta 2012, solo dos años antes de su muerte. Su éxito más conocido fue un single titulado *Ruby* (1953).

Richard Hayman (1920-2014)

GUÍA DE LA AUDICIÓN

- La pieza tiene el ritmo característico de calipso jamaicano. Comienza con un fragmento de percusión y seguidamente se escucha una melodía que se repite cuatro veces. Cada una de ellas finaliza con un breve redoble de tambor.
- Como en la unidad anterior, la pieza está interpretada por una orquesta pequeña.

smSaviadigital.com PRACTICA
Escucha la audición y sigue el musicograma.

- En algún lugar de la partitura suena la melodía de un popular calipso jamaicano: *Banana Song Boat.* Cántala primero y, durante la audición, intenta identificarla.

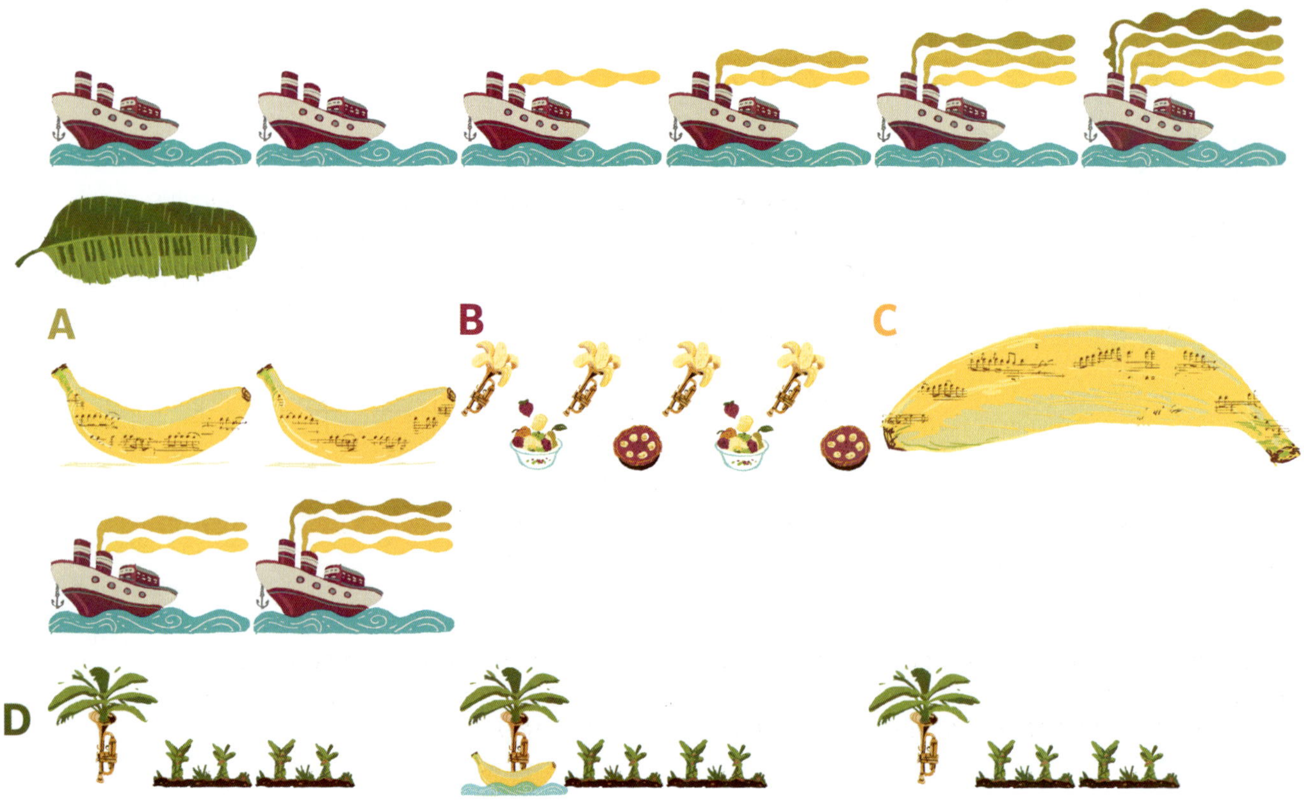

OBSERVA Y COMENTA

1. Observa un vídeo con el anuncio original de *Chiquita Banana*.
   www.e-sm.net/IIesomu_sv_02_05

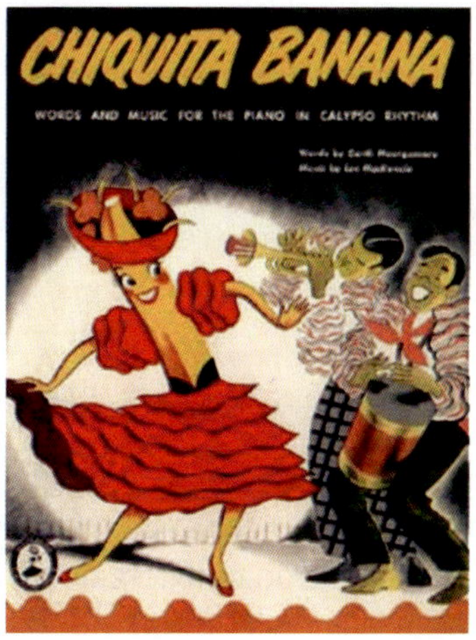

2. Piensa y compara.
   - ¿Cuáles son las principales diferencias entre este anuncio y un anuncio comercial actual?
   - ¿Piensas que la música es adecuada para el producto y la época en la que se hizo?

CANTA Y TOCA

Los autores Garth Montgomery, Leonard Mackenzie y William Wirges crearon la canción *Chiquita Banana* empleando a fondo su imaginación y talento, con un viejo piano que había en la oficina y maracas construidas con clips del escritorio.

3. Por grupos deberéis hacer vuestra propia versión de la canción. Podéis utilizar la base musical de la canción o crear una propia.
4. Podéis modificar el ritmo, los instrumentos e incluso la letra, pero tiene que reconocerse la canción original.
5. Ensayad vuestra versión hasta que estéis conformes con los resultados y organizad un concurso en el aula para elegir a los mejores intérpretes, tal y como lo sigue haciendo aún hoy la compañía cada vez que decide grabar una nueva versión de este anuncio.

CREA TU ANUNCIO

6. ¿Cómo sería hoy un anuncio para promocionar bananas? Imagina que la compañía vendedora de bananas contrata a tu agencia de publicidad para crear un anuncio publicitario con un aire más moderno, pero con la misma música. ¿Cómo lo harías?

Te damos algunas ideas, aunque puedes usar otras:

- Crear un diaporama en Photopeach.
- Realizar un sencillo *stop motion*.
- Usar Windows Movie Maker u otro programa o recurso para generar la secuencia de imágenes.

Recuerda que tienes que utilizar *Chiquita Banana* como *jingle*, de modo que la creación audiovisual se hará de acuerdo a la música. Y un desafío más: tu anuncio ha de durar 30 segundos. Tendrás que recortar la música, así que piensa cuál será el mejor fragmento.

3 Instrumentos en el aula: la flauta

En el aula puede haber instrumentos como la guitarra o el teclado, pero suele predominar la percusión: **membranófonos** de sonido indeterminado (pandereta) o afinados (timbales); **idiófonos** de madera y metal, de sonido indeterminado (claves o triángulo); o afinados como los **laminófonos**: carillones, metalófonos y xilófonos.

Además, las **flautas dulces** tienen su propia familia, aunque la más conocida sea la flauta soprano. Con estos instrumentos y la voz podemos organizar diferentes **agrupaciones**.

Familia de la flauta dulce: extensión

También conocida como **flauta de pico**, tiene su origen en el Renacimiento, aunque antes existieron otro tipo de flautas. En el Barroco se perfecciona y mejora su calidad sonora, y es esta **flauta barroca** la que se utiliza en la educación musical.

Hay dos tipos principales de afinación: do y fa, que son las notas que suenan al tapar todos los agujeros. Las flautas tienen una extensión aproximada de dos octavas:

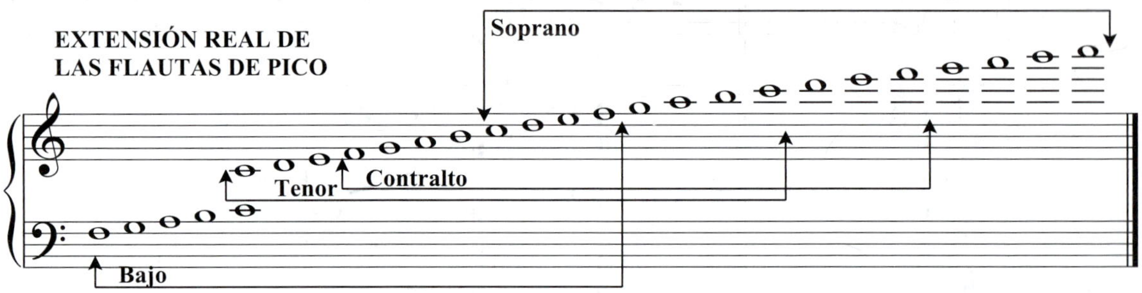

Escritura en el pentagrama de la familia de la flauta dulce

Soprano en Do: se escribe en **clave de sol 8.ª alta**, para que las notas queden dentro del pentagrama. La música suena una 8.ª más aguda que la escritura.

Contralto en Fa: se escribe en **clave de sol** con altura real.

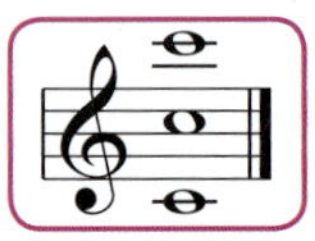

Tenor en Do: se escribe en **clave de sol** con altura real.

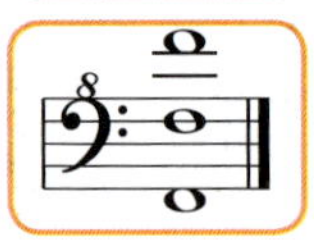

Bajo en Fa: se escribe en **clave de fa** en 4.ª línea con 8.ª alta.

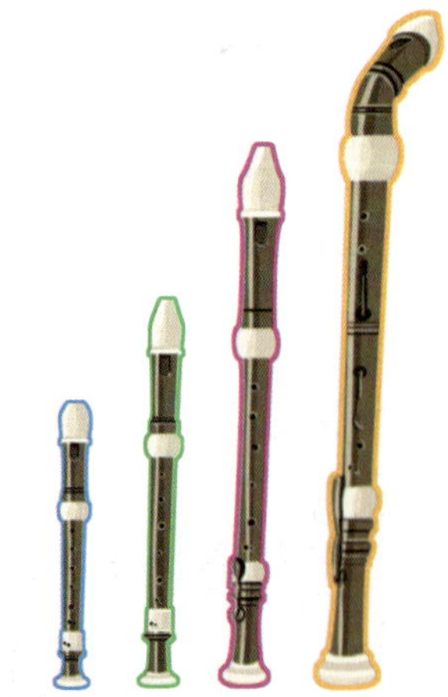

smSaviadigital.com PRACTICA
Averigua qué instrumento suena.

EJEMPLO SONORO 1 14

Escuchar y reconocer

El **cuarteto de flautas de pico** es una de las agrupaciones instrumentales más utilizadas en el Renacimiento y el Barroco. Desde el siglo XX muchos compositores han dedicado obras contemporáneas a este instrumento.

- Escucha estos ejemplos y trata de reconocer los tipos de flautas y los demás timbres que las acompañan.

1. Escucha esta danza renacentista y aprende el ritmo del pandero y el triángulo para poder acompañarla.
2. Haz un esquema formal de la obra representando con letras las frases, las repeticiones, la introducción, etc.
3. Prepárala e interprétala con tus compañeros. Las tres primeras voces las puedes tocar con la flauta o el xilófono soprano, aunque la 3.ª está escrita para flauta alto y tendrás que leerla una 8.ª baja. La flauta tenor se puede sustituir por el xilófono alto y la flauta bajo por el xilófono bajo. Estudia al principio lentamente y llevando el pulso.

Gallarda (DANZA RENACENTISTA) — ANÓNIMO

4 Pasacalle musical

• Con este pasacalle consigue que tu clase suene como toda una banda de música.

El fallero JOSÉ SERRANO

• Interpreta con tus compañeros este pasacalle siguiendo las indicaciones de tu profesor.

smSaviadigital.com PRACTICA
Toca esta pieza con cuatro flautas.

¿Sabes cómo suena tu ciudad? Bandas, corales, charangas, escolanías... son muchas las opciones que pueden surgir de la unión de varias personas que quieran disfrutar de la música como entretenimiento. Esta es la música que interpretan los habitantes de tu localidad. Seguramente, muchas personas de tu alrededor se reúnen para practicar una afición que tiene como vínculo la música. Ahora vas a conocer un poco más sobre los grupos vocales.

Grupos de música coral

1 **ORGANIZAOS** por grupos y buscad en la red todas las formaciones corales que existen en vuestra localidad o provincia. Recopilad sus nombres y elaborad un listado. Normalmente, los grupos corales se publicitan a través de internet por medio de páginas web. Si necesitáis ayuda, acceded a estos enlaces:

www.e-sm.net/IIesomu_sv_02_06

www.e-sm.net/IIesomu_sv_02_07

2 **ELEGID** una agrupación vocal de vuestra zona, visualizad su página web (si es que tienen) y elaborad una ficha técnica. Recopilad información sobre sus datos y características más importantes. Podéis completar los siguientes apartados: nombre del grupo, año de formación, tipo de coro, número de componentes, nombre del director actual, tipo de repertorio, calendario de eventos, uniforme, historia, lugar de ensayo, etc.

3 **CONTRIBUID** a la difusión de la música que interpreta el grupo que habéis elegido. Buscad en su calendario de eventos el concierto que esté más próximo. Fijaos en el día, hora y lugar de la actuación, y elaborad en vuestro grupo un cartel para publicitar el concierto.

4 **REALIZAD** algunas copias y pegadlas por diferentes zonas de vuestro colegio una semana antes de que tenga lugar. Asistid con vuestros compañeros, padres, amigos o familiares a la actuación del grupo. Llevad el cartel que elaborasteis y pedidle a algún componente del grupo que os lo firme.

5 **COMPARTID** la experiencia con los compañeros. ¿Qué sensaciones sentísteis en el concierto? ¿Qué es lo que más y lo que menos os gustó?

MATERIAL

- Ordenador
- Impresora

Cartel para promocionar un concierto

Cartel digital

Durante el siglo XX muchos compositores se interesaron por la exploración y uso de nuevos timbres para componer sus obras. Algunos sonidos se obtenían tocando antiguos instrumentos con nuevas técnicas, por ejemplo, el piano preparado de John Cage; y otros se producían con nuevos instrumentos que nacieron gracias al desarrollo de la electrónica. En internet podrás buscar información para conocer, ver y escuchar algunos de estos instrumentos.

- **Instrumentos de nueva creación**
En la búsqueda de timbres diferentes, algunos músicos del siglo XX crearon instrumentos tan novedosos como los *intonarumori* del italiano Luigi Russolo o las "esculturas sonoras" de los hermanos François y Bernard Baschet.

- **Los primeros electrófonos**
Los primeros electrófonos surgieron a comienzos del siglo XX. Los más importantes fueron el ***telharmonium***, inventado en 1904 por el estadounidense Thaddeus Cahill; el **theremin**, creado por el ruso Léon Thérémin en 1920; las **ondas Martenot**, inventado por el francés Maurice Martenot en 1928, o el ***trautonium***, creado por el alemán Friedrich Trautwein en 1930.

El theremin

En 1920, Léon Thérémin presentó un instrumento electrófono de su invención al que llamó eterófono. Lo más novedoso del instrumento era su timbre, aunque se hizo famoso sobre todo por ser el único instrumento musical que se hace sonar sin ser tocado.

Para tocar el theremin el intérprete ha de mover las manos con mucha precisión y sin tener ningún contacto físico con el instrumento. Una mano se mueve alrededor de la antena y la otra alrededor del aro de metal.

El theremin produce notas musicales y, por tanto, es posible tocar melodías con él. De hecho, existen algunas transcripciones de piezas musicales para ser tocadas con este instrumento.

El sonido del theremin no se puede describir fácilmente, aunque hay quienes dicen que es una mezcla de voz femenina, violín y sierra.

PON EN PRÁCTICA

1. Escucha una grabación de *El cisne*, de Camile Saint-Säens, en una versión interpretada a dúo por una pianista y Clara Rockmore tocando el theremin. www.e-sm.net/IIesomu_sv_02_08
   - ¿Cómo describirías el sonido, ahora que lo has escuchado?
   - Escucha ahora a un grupo actual tocando el theremin. ¿Puedes distinguir si el instrumento moderno suena igual que el instrumento original? www.e-sm.net/IIesomu_sv_02_09

Eva Amaral tocando el theremin

1 Toca un theremin en línea

En los últimos años se han creado numerosos simuladores de theremin. Primero fueron aplicaciones para el ordenador y, más recientemente, aplicaciones para teléfonos inteligentes o para usar en línea.

Un ejemplo es el theremin que puedes encontrar en esta página: www.e-sm.net/IIesomu_sv_02_10

a) Prueba las funciones básicas de este theremin en línea.

b) Improvisa tu propia música.

c) Si es posible, graba tu improvisación para poder conservarla. Puedes hacerlo utilizando una grabadora portátil o usando Audacity. Si eliges esta última opción, encontrarás ayuda buscando en YouTube algunos videotutoriales. Usa como palabras clave "grabar streaming audio con Audacity" o "grabar audio de PC con Audacity".

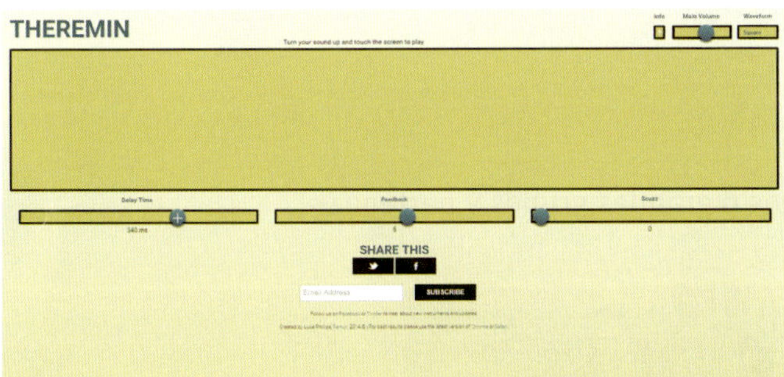

2 Investiga

Dos mujeres, Clara Rockmore y Lydia Kavina, grabaron piezas musicales para theremin, contribuyendo así a la fama del instrumento.

a) ¿Quién lo hizo primero?

b) ¿Qué puedes averiguar sobre la biografía de esta intérprete y su relación con el theremin?

c) ¿Y sobre la segunda intérprete?

El theremin fue utilizado en dos películas, en las que es posible ver y escuchar el instrumento. La primera se titula *La niña santa* y la segunda *La canción es la misma*.

- Puedes ver la escena de la primera película en este vídeo: www.e-sm.net/IIesomu_sv_02_11
- ¿Cuál es el título de la pieza que está tocando?
- ¿Qué grupo musical interpretaba la segunda película?

3 Crea un cartel virtual

En la página anterior se mencionan algunos instrumentos inventados en el siglo XX. Elige uno de ellos, busca información en la red y crea un cartel digital. Lograrás que tu cartel sea más atractivo e interesante si combinas imágenes, texto y vídeos.

a) Busca información, imágenes y vídeos sobre el instrumento elegido.

b) Subraya los datos más relevantes de la información encontrada.

c) Diseña un boceto indicando qué vas a incluir en tu cartel. Intenta que todo lo que pongas sea interesante y que invite al lector a hacer un recorrido de arriba abajo y de izquierda a derecha.

Para crear el cartel utilizarás una aplicación en línea que se llama Padlet: www.e-sm.net/IIesomu_sv_02_12

Una vez que tengas el boceto, comienza a crear tu cartel digital. Para ello abre la aplicación.

- Elige la opción **Crear un Padlet**.
- Al hacer doble clic se desplegará un recuadro con el que podrás incorporar algún elemento. Observa que puedes escribir un título o un breve texto explicativo, e incluir un archivo de audio o un vídeo.

- Inserta los elementos que habías seleccionado en tu boceto.
- Consulta con tu profesor cuál es la mejor opción para publicar o compartir el cartel. Verás que la aplicación ofrece diversas posibilidades: publicar en una web, imprimir, exportar como archivo, etc.

¿Qué has aprendido?

Conoce y clasifica las agrupaciones instrumentales

1. Completa este mapa conceptual sobre las grandes agrupaciones instrumentales.

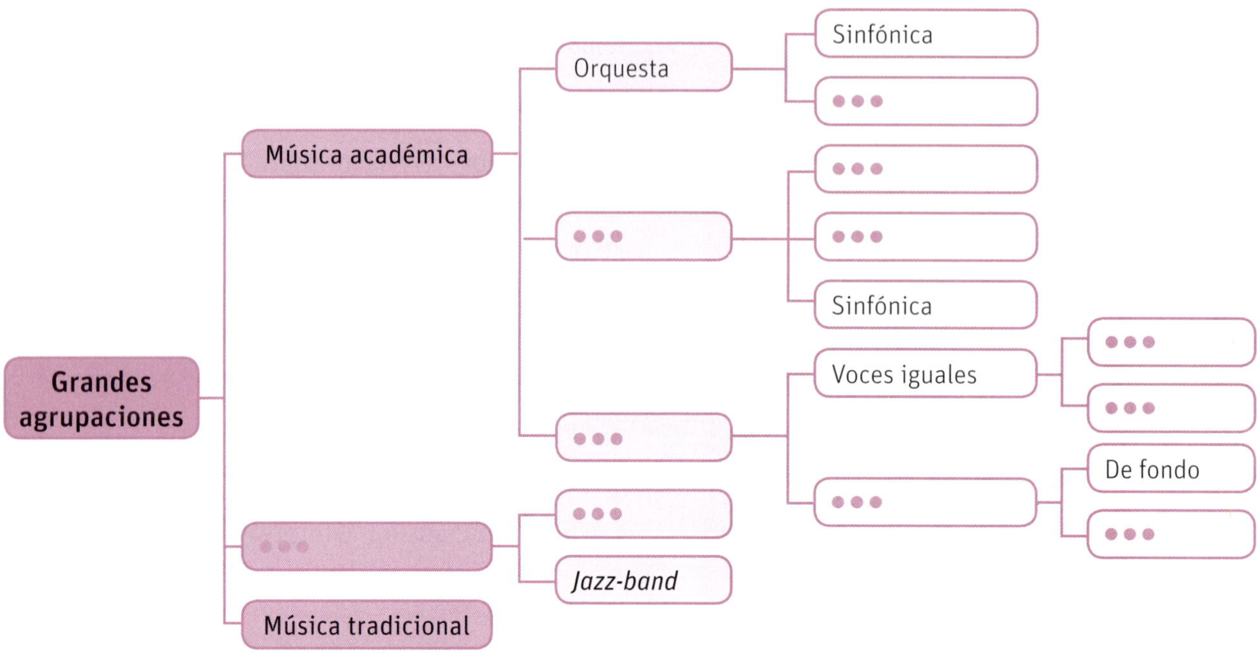

2. Clasifica en tu cuaderno estas agrupaciones según sean pequeños o grandes grupos y pertenezcan a la música académica, popular o tradicional.

a) 

b) 

c) 

3. Escribe en tu cuaderno todas las características que definen a esta agrupación.

- Es música a capela.
- Es un coro concertante.
- Es una agrupación grande.
- Es música popular.
- Es música académica.

Distingue qué es un recital

4. ¿Qué tienen en común un recital y un concierto? ¿En qué se diferencian?

Clasifica las voces

5. Escribe las seis voces humanas más conocidas ordenadas de grave a agudo.

Aprende la colocación de los instrumentos en la orquesta sinfónica

6. Haz un dibujo esquemático en tu cuaderno sobre la colocación de las familias instrumentales en la orquesta sinfónica.

Clasifica los instrumentos del aula

7. ¿Cuáles de estos instrumentos son habituales en tu aula? Escribe sus nombres y clasifícalos en una de estas categorías.

Membranófono de sonido afinado	Cordófono de sonido determinado	Idiófono de sonido indeterminado	Laminófono

a) 

b) 

c) 

d) 

Conoce la familia de la flauta dulce

8. Escribe el nombre de cada una de estas flautas dulces en tu cuaderno.

a) 

b) 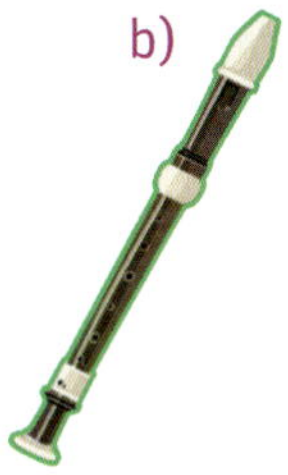

c) 

d) 

9. Copia en tu cuaderno las afirmaciones correctas sobre las flautas dulces.

a) También se las conoce como flautas de pico.

b) Las partituras de flauta dulce se escriben en clave de sol.

c) Algunas flautas dulces se tocan transversalmente (de lado).

d) El origen de las flautas dulces está en el Renacimiento.

e) La flauta dulce más conocida es la flauta tenor.

10. Observa la extensión de estas partituras. ¿Qué tipo de flautas dulces serían las apropiadas para tocar cada una?

a) 

b) 

APRENDE A PENSAR

Laboratorio de los cinco sentidos

Elige una pieza musical que te guste de cualquier tipo y género. Escúchala y piensa en un olor, una imagen, un sonido o un instrumento musical, un sabor y una textura que puedan describir la pieza musical seleccionada. Explica cuáles son las características de la pieza que te han hecho elegir ese olor, imagen, sonido, sabor y textura. Dibuja en tu cuaderno un diagrama parecido a este con las sensaciones que has experimentado.

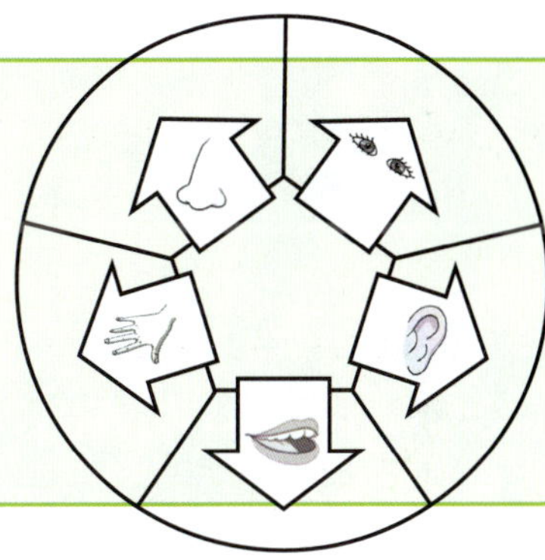

smSaviadigital.com VALORA LO APRENDIDO > Autoevaluación

3 Los orígenes: música antigua y del medievo

Abre tu mirada

Durante la Edad Media era difícil ser un compositor reconocido porque la tradición era algo muy importante y se prefería cantar las oraciones de siempre. Sin embargo, una de las compositoras más antiguas y con mayor renombre es **Hildegarda de Bingen**. Además de ser muy apreciada como compositora, abadesa y escritora de textos religiosos, ha pasado a la historia por sus visiones y profecías.

La Iglesia marcó la Edad Media: la cultura se originaba y conservaba en las instituciones religiosas. Por eso, los conventos femeninos eran los únicos lugares donde las mujeres podían ser líderes, cantar o estudiar.

- ¿Cómo era la música en sus primeras etapas?
- ¿Cómo eran los instrumentos musicales medievales?
- ¿Cómo se clasifican los intervalos?
- ¿Sabes interpretar como un juglar?

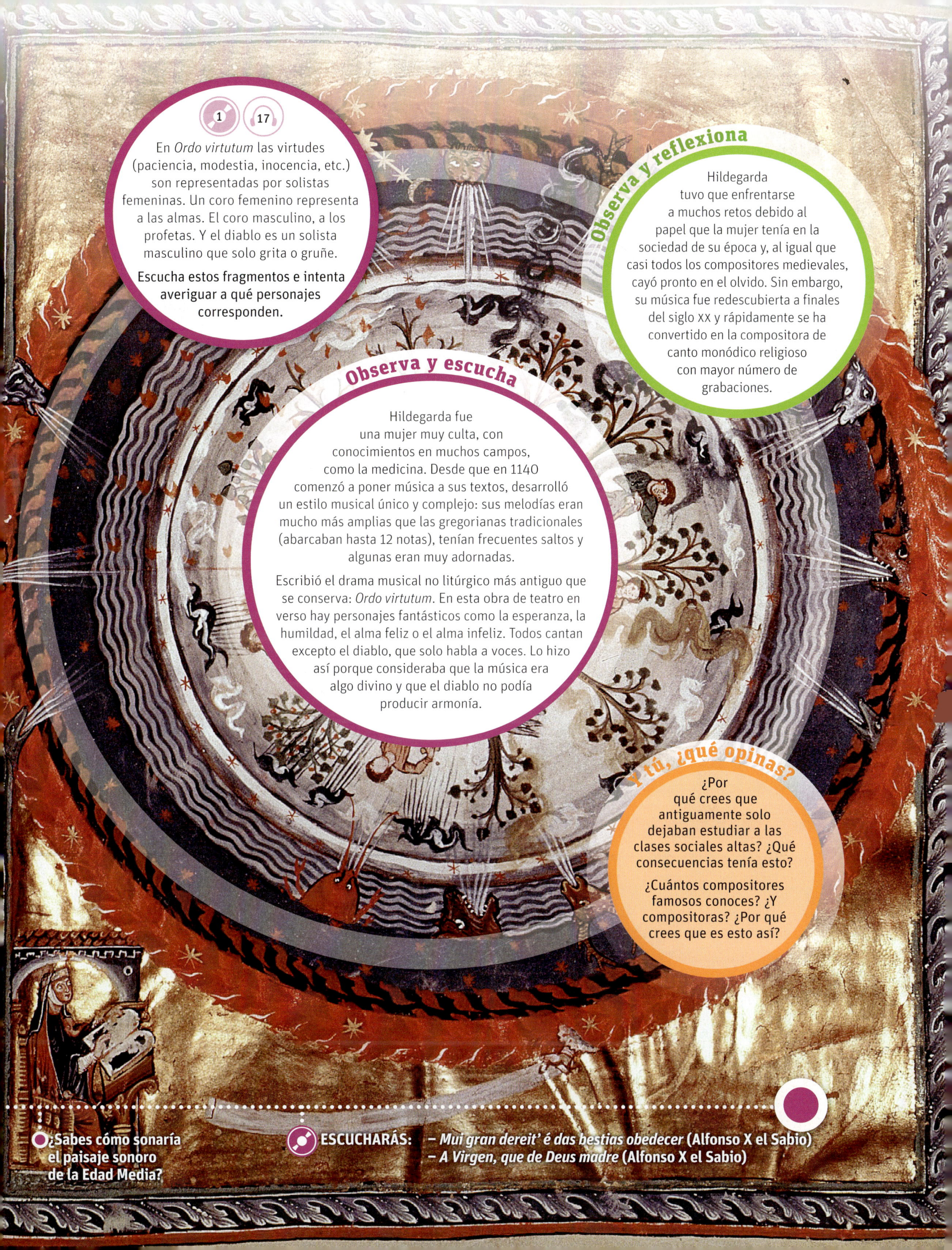

1 17

En *Ordo virtutum* las virtudes (paciencia, modestia, inocencia, etc.) son representadas por solistas femeninas. Un coro femenino representa a las almas. El coro masculino, a los profetas. Y el diablo es un solista masculino que solo grita o gruñe.

Escucha estos fragmentos e intenta averiguar a qué personajes corresponden.

Observa y reflexiona

Hildegarda tuvo que enfrentarse a muchos retos debido al papel que la mujer tenía en la sociedad de su época y, al igual que casi todos los compositores medievales, cayó pronto en el olvido. Sin embargo, su música fue redescubierta a finales del siglo XX y rápidamente se ha convertido en la compositora de canto monódico religioso con mayor número de grabaciones.

Observa y escucha

Hildegarda fue una mujer muy culta, con conocimientos en muchos campos, como la medicina. Desde que en 1140 comenzó a poner música a sus textos, desarrolló un estilo musical único y complejo: sus melodías eran mucho más amplias que las gregorianas tradicionales (abarcaban hasta 12 notas), tenían frecuentes saltos y algunas eran muy adornadas.

Escribió el drama musical no litúrgico más antiguo que se conserva: *Ordo virtutum*. En esta obra de teatro en verso hay personajes fantásticos como la esperanza, la humildad, el alma feliz o el alma infeliz. Todos cantan excepto el diablo, que solo habla a voces. Lo hizo así porque consideraba que la música era algo divino y que el diablo no podía producir armonía.

Y tú, ¿qué opinas?

¿Por qué crees que antiguamente solo dejaban estudiar a las clases sociales altas? ¿Qué consecuencias tenía esto?

¿Cuántos compositores famosos conoces? ¿Y compositoras? ¿Por qué crees que es esto así?

¿Sabes cómo sonaría el paisaje sonoro de la Edad Media?

ESCUCHARÁS: – ***Mui gran dereit' é das bestias obedecer*** **(Alfonso X el Sabio)**
– ***A Virgen, que de Deus madre*** **(Alfonso X el Sabio)**

1 Orígenes de la música occidental. El medievo

EJEMPLO SONORO 1 18

Imaginando la música egipcia

Existen dificultades para conocer cómo sonaba realmente la música en el antiguo Egipto. Se han investigado los textos que dejaron escritos, sus instrumentos musicales y las músicas conservadas por tradición oral por los cantores coptos. Además, se sabe que utilizaban la quironomía. Este es un sistema de representación de la música a través de gestos.

- **Escucha cómo podría haber sido este tipo de música. ¿Qué sensación te transmite?**

La música en la Antigüedad

La música y la danza están en el origen de la humanidad. Primero fue el ritmo y el movimiento. Después se desarrolló la melodía a partir del canto, con el apoyo de los instrumentos.

- **Egipto.** No hay restos escritos de su música porque se transmitía oralmente. Estaba unida a los ritos religiosos y parece ser que era monódica, aunque en algunas músicas existieran intervalos justos (8.ª, 4.ª, 5.ª), producidos por los instrumentos.
- **Grecia.** Hay muy pocos restos porque improvisaban sobre melodías tradicionales, y porque hasta el siglo IV a. C. no emplearon el sistema de notación alfabético-musical. La música occidental se basa en la antigua música griega. La escuela pitagórica extrajo sus principios teóricos de Egipto y Mesopotamia.

  El sistema musical griego evolucionó desde la utilización de solo cuatro notas hasta los ocho modos de los que deriva el canto gregoriano y las actuales escalas.
- **Roma.** Los romanos adoptaron el sistema musical griego sin aportar grandes innovaciones, salvo la incorporación del virtuosismo en la interpretación instrumental.

  Tanto en Grecia como en Roma la música y la danza eran artes asociadas a diferentes escenarios y situaciones: teatro, banquetes, ceremonias, mimos, etc., donde participaban coros mixtos y conjuntos instrumentales.

  Esto duró hasta que en el siglo IV el emperador Teodosio declaró el cristianismo religión oficial del imperio. La influencia de la Iglesia suprimió la danza de muchos actos sociales y religiosos, y limitó la música litúrgica al canto masculino sin acompañamiento instrumental.

EGIPTO

GRECIA Y ROMA

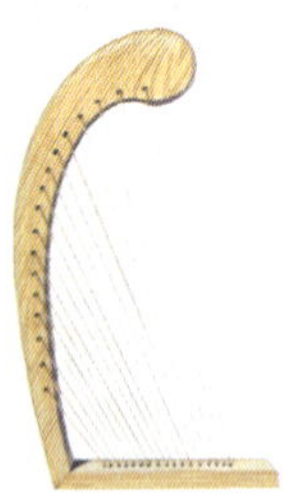

Arpa

Lira

Pandora

Címbalos

Timpanum

Crótalos

Sistro

Biaulos

Salpinx o tuba

Bucina

La música en la Edad Media

La música medieval es la comprendida entre la caída del Imperio romano en el 476 y el siglo XIV.

- **Canto gregoriano.** Tras la caída del Imperio romano de Occidente (476), las iglesias cristianas conservaron sus cantos litúrgicos, que provenían principalmente de la música griega y judía. En la época del papa Gregorio I se inició un proceso de recopilación y unificación que culminó en el siglo IX. Otros cantos litúrgicos son el **ambrosiano** en Italia y el **mozárabe** en España.
  - **Características**: vocal, anónimo, colectivo, monódico, horizontal, diatónico (sin alteraciones) y con ritmo libre.
  - **Tipos** de canto gregoriano:
    - Silábico (una nota por sílaba), neumático (pocas notas por sílaba) y melismático (muchas notas por sílaba).
    - Responsorial (solista y coro), antifonal (dos coros).
- ***Ars antiqua.*** La polifonía comienza al añadir voces a la voz principal a intervalos de 4.ª, 5.ª u 8.ª. Las formas son el ***organum*** y el ***discantus***. Dentro del *discantus* destacan formas como el **motete**, en el que a veces coincidían varios textos e idiomas.
- **Música trovadoresca.** Surge en el sur de Francia y se extiende al norte de este país y a Aragón. Los **trovadores** eran personas cultas, aristócratas o al servicio de la nobleza. Escribían poemas en lengua romance y los cantaban ellos mismos o los difundían los **juglares**. Comenzó el uso de los modos mayor y menor.
- ***Ars nova.*** Aparece la notación mensural, que representa mejor la duración y el ritmo. Empiezan a aceptarse los intervalos de 3.ª y 6.ª. Surgen otras formas: **madrigal** (3 a 6 voces), *gymel* (2 voces a distancia de 3.ª), o **fabordón** (voces a 4.ª y 6.ª).

EJEMPLO SONORO 1 19

Descubriendo el sonido de la Edad Media

Escucha cuatro ejemplos de música de la Edad Media: canto gregoriano, música de *Ars antiqua*, música trovadoresca y música de *Ars nova*.

- ¿Qué diferencias se distinguen entre los fragmentos?

ACTIVIDADES

Sintetiza

1. smSaviadigital.com COMPRENDE
   Comprueba en el eje cronológico interactivo las características más importantes de la música antigua desde Egipto hasta la Edad Media.

Trabaja en la red

2. Entra en este enlace y observa las características del arpa egipcia a través de esta reconstrucción en 3D.
   www.e-sm.net/IIesomu_sv_03_01

ALTA EDAD MEDIA

S. V – Caída del Imperio romano de Occidente. Comienza la **EDAD MEDIA**.

S. VI – Codificación de los **cantos gregorianos**.

S. VII

S. VIII

S. IX – Aparecen los neumas, unos signos escritos junto al texto para representar las notas.

S. X – Los neumas se comienzan a escribir en una línea horizontal que servía de referencia a la altura.

S. XI – **GUIDO DE AREZZO** (ca. 991-1050) da nuevos nombres a las notas musicales.

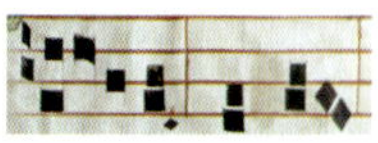

BAJA EDAD MEDIA

S. XII – ***ARS ANTIQUA***. Comienza la polifonía. **LEONÍN** (ca. 1150-1201) y **PEROTÍN** (ca. 1155-1230).

Leonín y Perotín pertenecieron a la Escuela de Notre Dame de París.

S. XIII – **MÚSICA TROVADORESCA. ALFONSO X EL SABIO** (1221-1284).

S. XIV – ***ARS NOVA***. Nuevas combinaciones de voces. **G. DE MACHAUT** (ca. 1300-1377) y **J. DUNSTABLE** (ca. 1390-1453).

2 Los instrumentos medievales

Se conservan muy pocos instrumentos medievales, pero hay muchas imágenes para saber cómo eran. Las ilustraciones de las *Cantigas de Santa María* y los instrumentos labrados en piedra en el pórtico de la Gloria de la catedral de Santiago han permitido su estudio y recreación.

Las *Cantigas de Santa María* datan de mediados del siglo XII. Se trata de un cancionero religioso que reúne unas 420 composiciones en honor a la Virgen María. El rey Alfonso X el Sabio compuso algunas de ellas y propició que los poetas de su corte compusieran el resto.

Además de la importancia musical de las composiciones que se han conservado en los manuscritos, estos tienen un gran valor artístico, ya que en ellos se representan multitud de instrumentos medievales.

- **Cordófonos.** De **cuerda pulsada** con los dedos o con plectro (cítara, guitarra morisca). De **cuerda frotada** con arco (rabel).

Cítara

Guitarra morisca

Rabel

- **Aerófonos.** De madera (**bisel**), como la flauta travesera (*axabeba*). De madera (**lengüeta**), como el albogón. De metal (**boquilla**) como la corneta. Con teclado, como el órgano portativo.

Axabeba

Albogón

Corneta

Órgano portativo

- **Percusión. Idiófonos afinados**, como los carillones de campanas. **Idiófonos de sonido indeterminado**, como las tejoletas (tablillas de madera o piedra). **Membranófonos**, como la *darbuka*.

Carillón de campanas

Tejoletas

Darbuka

Los instrumentos musicales en la catedral de Santiago de Compostela

El pórtico de la Gloria de la catedral de Santiago de Compostela es obra del Maestro Mateo. Se trata de la más perfecta y completa de todas las representaciones escultóricas de instrumentos musicales en la Edad Media. La representación de los instrumentos demuestra que el maestro conocía el uso técnico y la morfología de los instrumentos que representaba.

Recuperando los instrumentos medievales

Los musicólogos reunidos en el *Obradoiro de instrumentos musicais* de la Diputación de Lugo han estudiado los instrumentos representados en el pórtico de la Gloria. Gracias a la fidedigna representación de los relieves, se han podido realizar réplicas de los instrumentos en madera, e incluso se han ofrecido conciertos con estos instrumentos.

Observa e identifica alguno de los instrumentos más importantes del medievo:

www.e-sm.net/IIesomu_sv_03_02

AUDICIÓN 1 20

***Cantiga de Santa María n.º 52*, "Mui gran dereit' é das bestias obedecer",** ALFONSO X EL SABIO (1221-1284)

Guía de la audición

- En esta cantiga se cuenta el milagro que hizo la Virgen a unos monjes del monasterio de Monsaraz (Portugal): permitió que unas cabras montesas bajaran del monte todas las noches durante cuatro años para que los monjes las ordeñaran y se procuraran el sustento.
- La situación duró hasta que un joven monje mató y se comió a un cabrito. A partir de entonces, los monjes vivieron de la caridad de los peregrinos que iban a conocer el milagro.
- Esta versión es vocal e instrumental. Hay frases con ritmo libre.
- Este es el tema que, con algunas variaciones, se repite instrumental y vocalmente durante la cantiga:

Afina el oído

- Identifica en la audición la frase anterior y trata de tocarla o cantarla al mismo tiempo.
- ¿A qué familias instrumentales pertenecen los instrumentos de la grabación?

ACTIVIDADES

Trabaja en la red

3. Elige un instrumento medieval y busca otro similar actual. Clasifícalo en tu cuaderno.

4. sm**Savia**digital.com COMPRENDE
Trabaja sobre los instrumentos medievales con esta presentación interactiva.

Audición práctica 1 21 "A Virgen, que de Deus madre"

A Virgen, que de Deus madre cuenta cómo la Virgen curó a un portugués de Évora que se estaba ahogando porque se le había atravesado en la garganta un hueso de conejo mientras cenaba. Forma parte de las *Cantigas de Santa María*, una colección de 420 poemas con música. Algunos de ellos se cree que fueron compuestos por Alfonso X el Sabio en el siglo XIII.

CONOCE AL COMPOSITOR

Alfonso X de Castilla, llamado el Sabio fue rey de Castilla desde 1252 hasta su muerte. Es especialmente reconocido por la producción literaria, científica, histórica y jurídica realizada bajo su reinado. Aunque no se sabe a ciencia cierta quién compuso las *Cantigas de Santa María*, se cree que el propio monarca es autor de algunas. Es una de las colecciones más grandes de canciones monódicas de la Edad Media y la mayoría tratan de un tema común: los milagros obrados por la Virgen María. Las *Cantigas de Santa María* están escritas en galaico-portugués, y contribuyeron al desarrollo y enriquecimiento de esta lengua, que se convirtió en la lengua culta de la época.

Alfonso X el Sabio (1221-1284)

GUÍA DE LA AUDICIÓN

- La cantiga comienza con el estribillo (o refrán), donde una voz masculina canta:

  A Virgen, que de Deus madre est' e filla et criada,
  da correr os pecadores sempr' está aparellada.

  (La Virgen que es madre, hija y criatura de Dios,
  siempre está dispuesta a socorrer a los pecadores).

- Después, un conjunto instrumental interpreta el mismo estribillo.

smSaviadigital.com PRACTICA
Escucha la audición y sigue el musicograma.

- A continuación, escuchamos la primera estrofa, cantada y acompañada por un instrumento de cuerda:

  En Evora foi un ome que ena Virgen fiava muyto
  e que cada dia a ela s'acomendava;
  e avo-ll' ha noite en sa casa, u cava,
  que ouver'a seer morto a desora, sen tardada...

  (En Évora había un hombre que confiaba mucho en la Virgen
  y se encomendaba a ella cada día.
  Una noche, cenando en su casa,
  estuvo a punto de morir de repente...).

- La cantiga continúa alternando estribillos y estrofas.

ESCUCHA Y COMENTA

1. Escucha otra vez este fragmento de la cantiga titulada *A Virgen, que de Deus madre*.
   - ¿En qué fragmentos piensas que el texto relata el momento en el que el hombre de Évora se atraganta con el hueso de conejo? ¿Son refranes o estrofas?
   - ¿Qué recursos utiliza el cantante para que el relato parezca más real?

2. En las piezas medievales la textura es monódica. El único tipo de acompañamiento que se utiliza es un bordón, es decir, una nota tenida o repetida que suena en el bajo. Escucha una vez más la pieza y responde:
   - ¿El bordón suena durante toda la cantiga? De no ser así, ¿en qué partes no se escucha?
   - ¿Cómo es el acompañamiento instrumental elegido para las partes vocales?
   - ¿Qué instrumentos puedes identificar en las partes instrumentales?

COMPÓN, CANTA Y TOCA

3. Organizaos en grupos de seis u ocho. Vuestra tarea es crear un nuevo texto para la cantiga y elaborar un arreglo sobre la música original.

4. Al hacerlo, tened en cuenta algunas características importantes en la interpretación de este tipo de canciones medievales:
   - La música es monódica, por tanto todas las voces e instrumentos han de interpretar la misma melodía.
   - La melodía puede adornarse utilizando notas de paso u otros ornamentos.
   - Es posible utilizar un bordón.

5. Como guía, podéis utilizar esta partitura que muestra la melodía en notación medieval y notación redonda. Podéis usarla como apoyo mientras escucháis y memorizáis la pieza.

smSaviadigital.com OBSERVA
Observa la partitura completa de esta audición

3 Los intervalos: clasificación

Además de las clasificaciones de los intervalos ya estudiadas, la que más importancia tiene para la formación de los acordes y la armonía es la que tratamos en esta unidad.

Los intervalos en las escalas naturales de Do y La

Desde las tónicas de Do y La se forman los siguientes intervalos, que se clasifican según el número de tonos y semitonos que contienen en **mayores**, **menores** y **justos**:

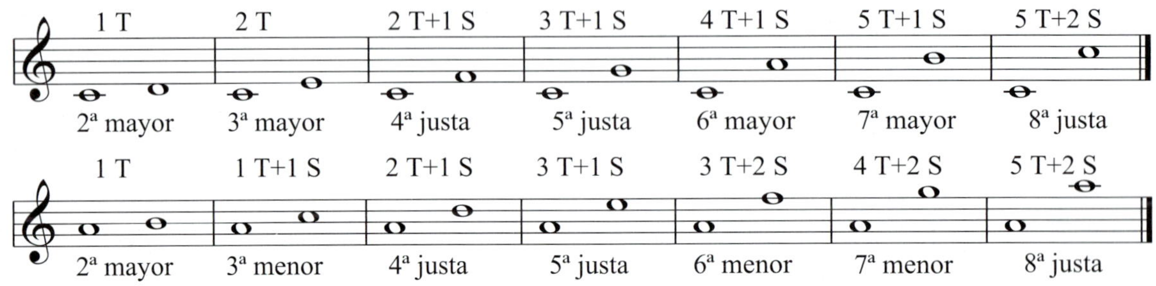

Los intervalos mayores contienen un semitono más que los menores. Para clasificar rápidamente los intervalos contaremos los semitonos diatónicos que contienen (**mi-fa, si-do**):

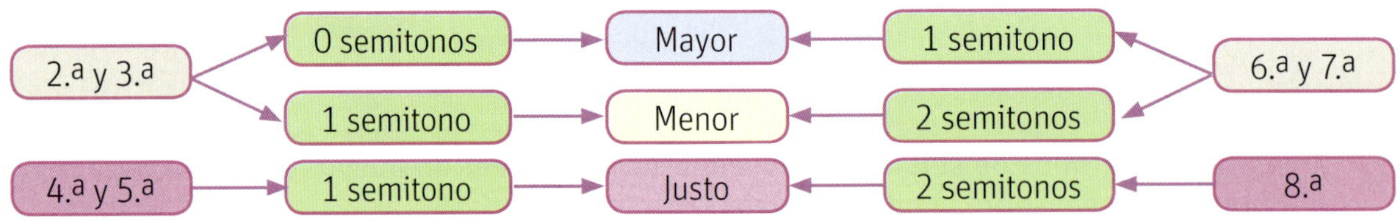

Intervalos aumentados y disminuidos

Los intervalos también se clasifican como **aumentados** cuando contienen un semitono más que los mayores y que los justos; y como **disminuidos** cuando contienen un semitono menos que los menores y que los justos:

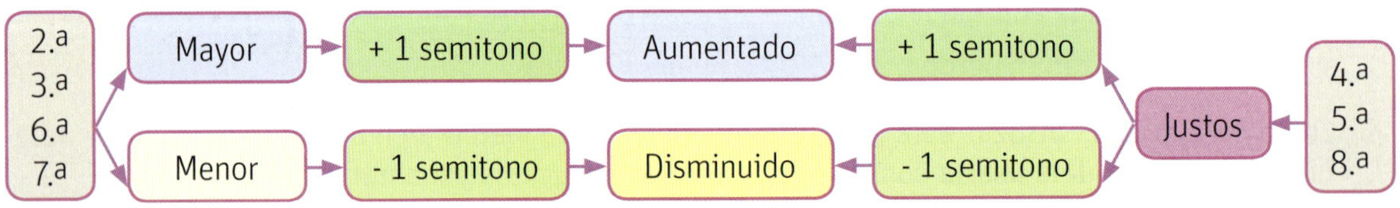

Todas las **4.ªs** de las escalas de Do o La son justas, excepto **fa-si**, que es aumentada.
Todas las **5.ªs** de las escalas de Do o La son justas, excepto **si-fa**, que es disminuida.

Clasificación de los intervalos: práctica

1.º Prescindir de las alteraciones, si las tiene, y contar las notas naturales y los semitonos diatónicos que tiene (**mi-fa**, **si-do**) para clasificarlo como **mayor**, **menor** o **justo**.

2.º Añadir los efectos de las alteraciones: en la nota grave, el ♯ lo acorta y el ♭ lo amplía en un semitono. En la nota aguda, el ♯ lo amplía y el ♭ lo acorta en un semitono. Ejemplos:

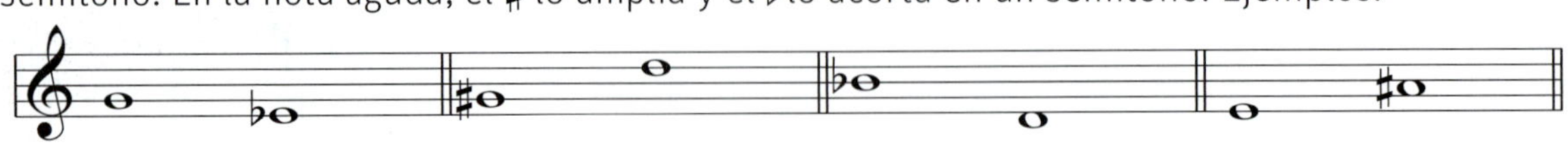

Es una 3.ª menor porque contiene un semitono (fa-mi). El ♭ baja un semitono el mi y amplía el intervalo en un semitono, por lo que pasa a ser 3.ª mayor.	Es una 5.ª justa porque no es fa-si y contiene un semitono (si-do). El ♯ sube un semitono el sol y reduce el intervalo en un semitono, por lo que pasa a ser 5.ª disminuida.	Es una 6.ª mayor porque contiene un semitono (fa-mi). El ♭ baja un semitono el si y reduce el intervalo en un semitono, por lo que pasa a ser 6.ª menor.	Es una 4.ª justa porque no es fa-si y contiene un semitono (mi-fa). El ♯ sube un semitono el la y amplía el intervalo en un semitono, por lo que pasa a ser 4.ª aumentada.

1. Estudia los ritmos de la percusión indeterminada y acompaña la audición con ellos.
2. Estudia la pieza completa e interprétala con tus compañeros. Inventa una letra para la melodía. Prueba a intercalar improvisaciones rítmicas de pequeña percusión (metal, madera, membrana) de 8 compases entre las repeticiones.

Melodía medieval

ANÓNIMO

3. Busca en la partitura un intervalo de 2.ª, 3.ª, 4.ª, 5.ª y 6.ª. Clasifícalos y transfórmalos con sostenidos y bemoles según corresponda, en mayores, menores, justos, aumentados o disminuidos. Ejemplo:

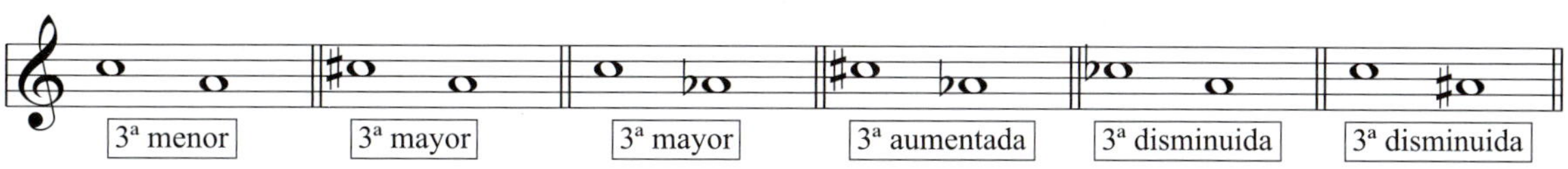

EJEMPLO SONORO

Escuchar y reconocer

Escucha y reconoce auditivamente los intervalos estudiados: mayor, menor, justos, aumentados y disminuidos.

smSaviadigital.com PRACTICA
Reconoce diferentes intervalos.

4 Cantigas de amigo

1 24

- Escucha, aprende y canta esta melodía del juglar gallego Martín Códax.

Mandad'ei comigo

M. CÓDAX

- Enriquece la cantiga con estas melodías para flauta.

- Realiza diferentes combinaciones de las melodías y acompañamientos aprendidos.

Bordón flauta	1.ª letra voz + bordón	2.ª letra voz flauta 2 + pandero
Flauta 1 + flauta 2 + bordón + pandero	3.ª letra voz + flauta 1	3.ª letra voz + flauta 1 + flauta 2 + bordón + pandero

- Aprende la melodía de la canción con la flauta; de esta forma, podrás interpretar combinaciones más complejas.

Melodía con flauta + bordón flauta	Melodía con flauta + flauta 1 + bordón	1.ª letra voz + flauta 1 + flauta 2 + pandero
2.ª letra voz + bordón	Melodía con flauta + flauta 1 + flauta 2 + bordón + pandero	3.ª letra voz + flauta 1 + flauta 2 + bordón + pandero

- ¿Sabes en qué idioma está compuesta esta canción? ¿Entiendes el significado de la letra? Investiga y averígualo.

A falta de televisión, internet, radio o periódicos en épocas muy anteriores a la nuestra, la mayoría de las historias se transmitían a modo de relatos cantados. En la Edad Media, los juglares eran los encargados de cantar y acompañar con instrumentos los cantares de gesta, en los que narraban las hazañas de un héroe.

Comunicad una noticia a través de la canción y la dramatización

1. **ORGANIZAOS** por grupos. Buscad en el periódico una noticia interesante y que creáis que los compañeros deban conocer.

2. **CONTAD** vuestra historia. Elaborad un texto donde contéis la noticia basándoos en el ritmo y la métrica de la cantiga *Mandad'ei comigo*, de Martín Códax.

   Para que encaje en su estructura, inventad seis estrofas donde narraréis la noticia.

3. **PONEDLE MÚSICA.** Entonad vuestro relato utilizando la melodía de esta cantiga de amigo. Comprobad que vuestro texto encaja con ella y que no sobran ni faltan palabras. Aprendéosla de memoria.

   Podéis acompañaros de otros instrumentos, además de la voz, para que vuestra historia sea más llamativa.

4. **DADLE FORMA.** Elegid un esquema para su interpretación. Podéis utilizar los de la página anterior o adoptar vuestro propio orden.

5. **INVENTAD** una coreografía o dramatización de los hechos que vais a relatar. Recordad que no podréis utilizar palabras; en todo caso, onomatopeyas. La escenificación se realizará al mismo tiempo que se canta la historia.

6. **ENSAYAD.** Dividíos en cantantes, instrumentistas y danzantes o mimos. Cada uno se encargará de realizar una función a la hora de contar la historia.
   - Los cantantes la entonarán de memoria.
   - Los mimos o danzantes la representarán.
   - Los instrumentistas acompañarán a los cantantes de acuerdo con la forma que hayáis elegido para la narración.

7. **REPRESENTAD** la historia ante el resto de la clase.

MATERIAL

– Periódico reciente. Uno por grupo.

Paisajes sonoros de la Edad Media

Si pudiésemos caminar por las calles de una ciudad medieval, ¿qué sonidos escucharíamos? ¿Cómo sería el paisaje sonoro?

Algunos musicólogos, antropólogos y otros profesionales realizan investigaciones que nos ayudan a saberlo y, en ocasiones, generan grabaciones que recrean y permiten imaginar lo que escuchaban las personas de esa época.

- **Paisaje sonoro**
  El término paisaje sonoro se refiere al sonido de entornos rurales o urbanos reales o imaginados. Ejemplos de estos últimos son la recreación de un paisaje sonoro del pasado o un montaje analógico o digital con el que se reconstruye el paisaje sonoro.

- **Fuentes documentales**
  Puesto que las grabadoras no fueron inventadas hasta comienzos del siglo XX, no poseemos ningún documento sonoro que nos ayude a escuchar los sonidos del pasado. Sin embargo, existen otras fuentes documentales que pueden ayudarnos a establecer hipótesis e imaginar esos sonidos.

Imaginar y reconstruir un paisaje sonoro

Las **fuentes documentales** escritas ofrecen datos que ayudan a imaginar cómo eran los paisajes sonoros. Estas fuentes pueden ser de distintos tipos: cuentos y otras obras de ficción, cartas, ordenanzas municipales, etc.

Las **imágenes** son otro recurso fundamental para hacer hipótesis sobre cómo serían los paisajes sonoros en el pasado. Además de dibujos y grabados, los investigadores observan y analizan creaciones escultóricas, como el pórtico de la Gloria de la catedral de Santiago de Compostela, gracias al cual se han podido reconstruir y escuchar varios instrumentos.

Internet, como una inmensa biblioteca, contiene numerosos escritos, imágenes y otras fuentes documentales que podemos utilizar para realizar nuestras propias investigaciones y para imaginar cómo sería un paisaje sonoro medieval.

Para reconstruir un paisaje sonoro podemos utilizar sonidos grabados o generar y grabar nuestros propios sonidos. Un editor de audio como Audacity será la mejor opción para realizar la grabación.

PON EN PRÁCTICA

Como seguramente sabes, las iglesias desempeñaban un papel muy importante en la Edad Media. ¿Cómo sería el sonido que se producía mientras entraban las personas?

1. Deja volar tu imaginación y elabora un paisaje sonoro combinando los efectos grabados en esta web: www.e-sm.net/1Iesomu_sv_03_03
2. Compara tu paisaje sonoro con el de dos compañeros. ¿Cuál piensas que es más creíble? ¿Por qué? ¿Cuáles son los efectos mejor logrados en cada paisaje?

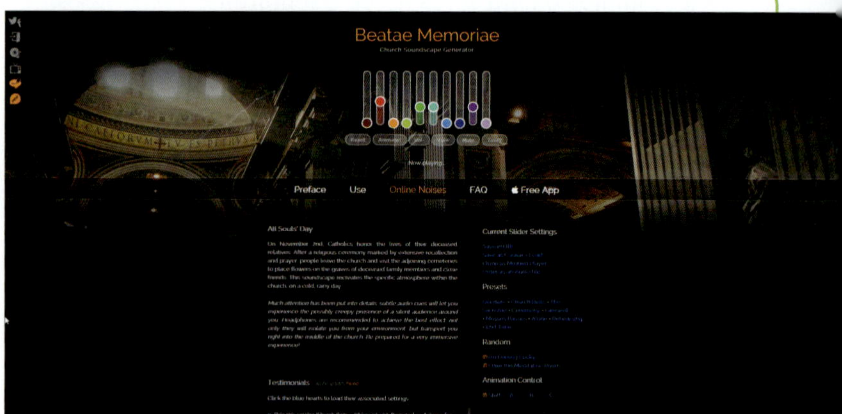

1 Recrea paisajes sonoros medievales

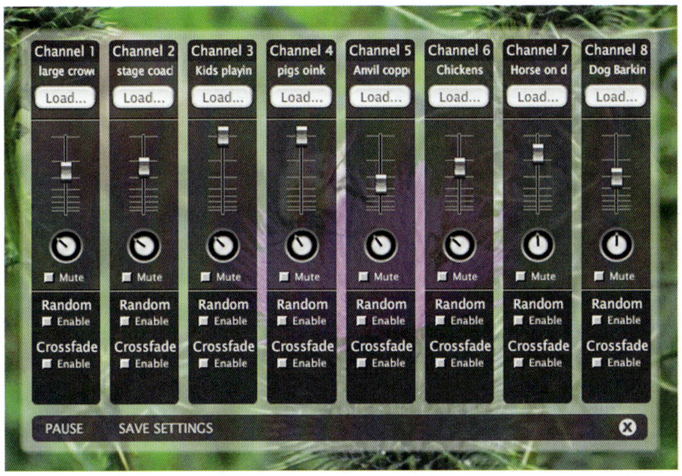

La web de Ambient Mixer es un recurso especialmente interesante para recrear paisajes sonoros. Allí encontrarás un apartado especial dedicado a la Edad Media desde el que podrás acceder a más de 250 atmósferas medievales. Elige una de ellas, por ejemplo, los sonidos de una aldea medieval (*Medieval Town Noises*) www.e-sm.net/IIesomu_sv_03_04

Al hacer clic sobre el ambiente elegido, observarás que se abre un mezclador con distintos efectos sonoros. Accionando los distintos botones intenta realizar ajustes hasta obtener una mezcla que te parezca adecuada y dé cuenta de cómo era el paisaje sonoro en la atmósfera medieval elegida.

2 Mercados medievales

Es frecuente encontrar en pueblos y ciudades mercados medievales que recrean los de los siglos V al XV.

Busca información sobre mercados medievales que se celebren este año. Puedes buscar "mercado medieval" y el año en la red.

a) ¿Qué ropas y decoraciones utilizan?

b) ¿Qué otros elementos (comida, juegos, etc.) de la época medieval están presentes?

c) ¿Suelen tocar grupos de música en vivo?

d) ¿Qué instrumentos utilizan?

Realiza un mapa con Google Maps. Escoge al menos 5 mercados: www.e-sm.net/IIesomu_sv_03_05

Señala los lugares de celebración de estos mercados y añade información sobre la música que se va a interpretar y los instrumentos utilizados.

3 Investiga y recrea

Te proponemos grabar un paisaje sonoro medieval usando imágenes para documentarte.

Sigue estos pasos:

a) Busca imágenes medievales en las que puedan observarse distintas situaciones: un oficio religioso, un mercado, una fiesta, la práctica de oficios en las aldeas, etc.

b) Elige una de esas imágenes y, a continuación, efectos sonoros para recrear el paisaje con sonidos. Puedes usar el Banco de imágenes y sonidos (www.e-sm.net/IIesomu_sv_03_06) o localizar en Google sitios que ofrecen efectos sonoros inspirados en la época medieval, (por ejemplo, en www.e-sm.net/IIesomu_sv_03_07) u otros que puedes localizar usando estas palabras clave "medieval sound effects free" (también puedes ponerlas en castellano, pero hay menos resultados).

c) Abre un nuevo documento en Audacity e importa los sonidos que has elegido.

d) Realiza los ajustes necesarios hasta obtener un paisaje sonoro de entre 30 y 60 segundos que se relacione con la imagen elegida. Guárdalo como un archivo MP3.

e) Si tu clase dispone de un blog o una web, pide a tu profesor que te ayude a publicar ahí la imagen con el archivo sonoro.

¿Qué has aprendido?

Conoce la música antigua

1. Completa en tu cuaderno esta línea del tiempo sobre las características de las diferentes etapas de la música en la Antigüedad.

	Egipto	•••	•••	
Rasgos	– Transmisión oral – •••	•••	•••	Edad Media
Representación		•••	•••	

2. ¿Cuándo comenzaron a practicarse la música y la danza? Responde en tu cuaderno.

Distingue las características de la música medieval y de la música antigua

3. Completa este mapa conceptual sobre la música en la Edad Media.

Música medieval

- Canto gregoriano
  - Proviene de la música griega y judía
  - •••
  - Características:
    – •••
  - Tipos:
    – •••
- •••
  - Comienza la polifonía
  - •••
  - Formas:
    – •••
- Música trovadoresca
  - •••
  - Se extiende al norte y a Aragón
  - Trovadores:
    – •••
  - •••
- •••
  - •••
  - •••
  - Nuevas formas:
    – •••

4. ¿A qué época pertenecen estas afirmaciones? Responde en tu cuaderno.

a) Aparece la notación mensural.

b) Se emplea el sistema de notación alfabético-musical a partir del siglo IV a. C.

c) Se utilizan el *organum* y el *discantus*.

d) La influencia de la Iglesia suprimió la danza de muchos actos sociales y religiosos.

e) Puede ser de tres tipos: silábico, neumático y melismático.

Conoce la importancia de las *Cantigas de Santa María*

5. ¿Qué son las *Cantigas de Santa María*? ¿A qué época pertenecen? ¿Qué importancia tienen? Responde en tu cuaderno.

Diferencia y clasifica los instrumentos de las *Cantigas de Santa María*

6. ¿Cómo se llaman estos instrumentos musicales? ¿A qué época pertenecen? Clasifícalos en tu cuaderno según la familia a la que pertenezcan.

a) 

b) 

c) 

d) 

Compara los diferentes tipos de intervalos

7. Completa en tu cuaderno esta tabla comparativa con la cantidad de tonos y semitonos que tienen todas las 2.as, 3.as, 6.as y 7.as.

	2.ª	3.ª	6.ª	7.ª
Disminuida	0 T	•••	•••	•••
Menor	•••	•••	•••	•••
Mayor	•••	•••	•••	•••
Aumentada	•••	•••	•••	•••

8. Realiza otra tabla, pero ahora con los tonos y semitonos de cada tipo de 4.ª, 5.ª y 8.ª.

9. Copia estos intervalos en tu cuaderno y añádeles lo necesario para convertirlos en aumentados o disminuidos.

a) 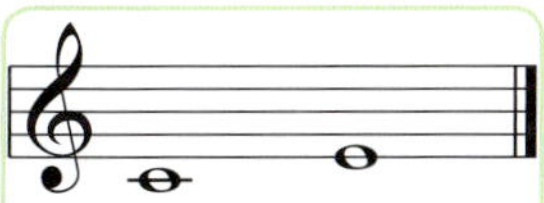
Aumentado

b) 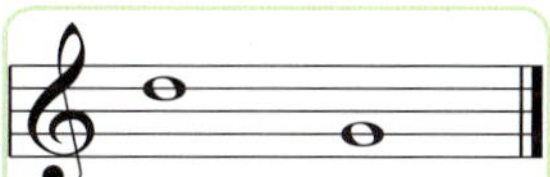
Aumentado

c) 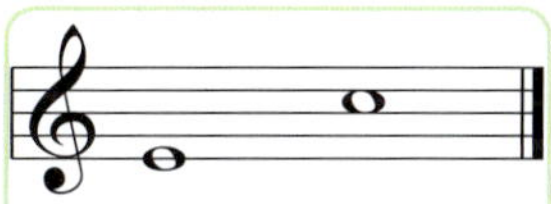
Disminuido

d) 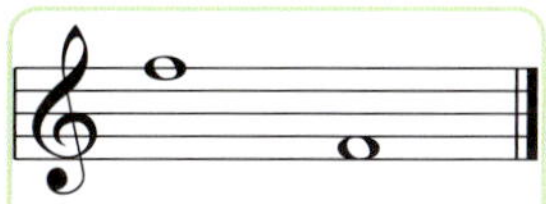
Disminuido

Clasifica intervalos

10. Clasifica estos intervalos indicando su número de notas (2.ª, 3.ª, 4.ª...) y tipo (aumentado, mayor, justo...).

a) 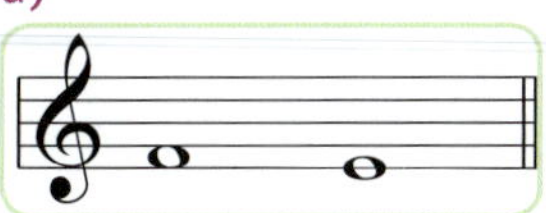

b) 

c) 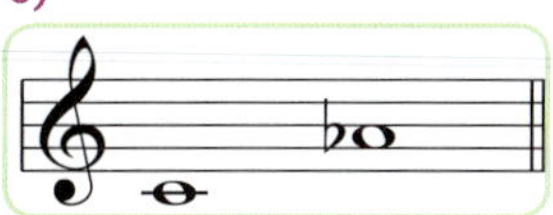

d) 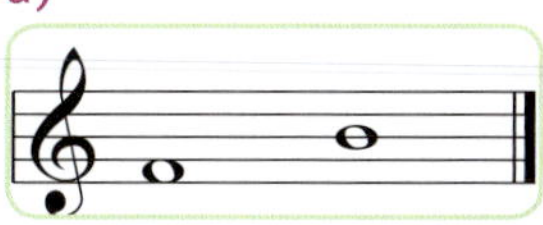

APRENDE A PENSAR

¿La educación es igual para todos en todas las partes del mundo?

- Investiga sobre el acceso a la educación en el mundo. Céntrate en la situación de las mujeres.
- Forma un grupo de 4 o 5 compañeros. Cada uno dará su opinión sobre el tema y se escribirán los puntos de acuerdo y desacuerdo.
- Los puntos en desacuerdo serán argumentados por todos los miembros del grupo.
- Votad los argumentos para llegar a un consenso y escribid el acuerdo final que se ha votado.

smSaviadigital.com VALORA LO APRENDIDO > Autoevaluación

4 La música en el Renacimiento

Abre tu mirada

Para comprender algo amplio y complejo es necesario dividirlo en secciones. La historia de la música se divide en épocas de uno o varios siglos en los que hay unas características comunes. Sin embargo, las ciencias, las artes y la sociedad evolucionan continuamente. Por eso, las personas que vivían en la Edad Media no cambiaron de mentalidad y gustos de un día para otro.

Desde que los historiadores del siglo XIX comenzaron a estudiar y seccionar la historia de la música, vieron que a finales de la Edad Media los artistas y estudiosos se sintieron atraídos por el pensamiento de la Grecia y la Roma antiguas. Querían dejar atrás el pensamiento medieval y volver a los ideales de belleza clásicos. Querían renacer.

- ¿Cómo era la música en el Renacimiento?
- ¿Qué instrumentos musicales se desarrollaron en el Renacimiento?
- ¿Sabes distinguir intervalos consonantes y disonantes?
- ¿Interpretamos un villancico pastoril?

Observa y compara

En la Edad Media la música debía copiarse a mano en los códices, pero en el Renacimiento hubo un avance tecnológico fundamental: se creó la imprenta musical de caracteres móviles. Constaba de muchas piezas con una nota diferente en cada una. El editor tenía que colocarlas en el orden de la partitura.

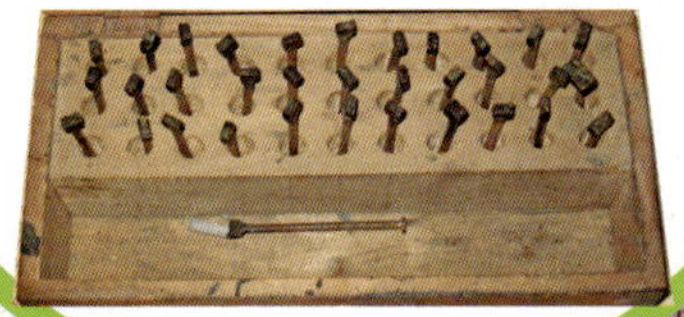

Compara esta partitura renacentista con las medievales de la unidad anterior. ¿En qué se parecen? ¿En qué se diferencian?

Observa y reflexiona

El **Renacimiento** no es una época totalmente diferente a la Edad Media. Tampoco se volvieron a hacer las cosas de forma idéntica a la antigua Grecia, sino que este período sirvió de inspiración para seguir avanzando desde la Edad Media.

La mentalidad de una sociedad y sus artistas está directamente relacionada con sus vivencias. El Renacimiento fue una época de prosperidad en la que Europa adquirió una gran importancia a nivel mundial, la economía mejoró y las poblaciones crecieron. Además, la clase media aumentó y ganó poder adquisitivo. Estos hechos influyeron en el pensamiento de las personas, que confiaban en la naturaleza noble del ser humano y en su capacidad para mejorar.

En música esto se tradujo en un gusto por los sonidos bellos y naturales. Ante todo se buscaba agradar al oído. ¿Esto continúa siendo así?

Y tú, ¿qué opinas?

¿Cómo crees que afectaron los cambios sociales y económicos del Renacimiento a la música?

¿Y la invención de la imprenta musical?

¿Cómo llamarías a la época musical en la que vives?

- ¿Sabes crear una pieza musical a partir de la técnica compositiva de la variación?
- ¿Qué es un código QR y cómo lo podemos usar en la música?

ESCUCHARÁS:
- *La bomba* (M. Flecha)
- Cuatro diferencias sobre la *Pavana* (E. de Valderrábano)
- Diferencias sobre *Guárdame las vacas* (L. de Narváez)

1 La música del Renacimiento

AUDICIÓN 1 25

La bomba **(ensalada),** M. Flecha (1481-1553)

Guía de la audición

- Las **ensaladas** son composiciones vocales para varias voces, con cierto carácter humorístico. Sus letras tenían un contenido alegórico y moralizante. Se pretendía con ellas quitar de la sociedad las malas costumbres ridiculizándolas, pero de forma divertida.
- Se combinan voz e instrumentos, sobre un fragmento de la letra. Esta es una crítica para quien acude a la oración solo cuando hay peligro. En este caso, un naufragio: "¡Bomba, bomba y agua fuera!"

Afina el oído

- Trata de identificar algunos de los timbres instrumentales.
- Consulta la letra completa en: www.e-sm.net/IIesomu_sv_04_01

Contexto musical del Renacimiento

Continuó la evolución de la **polifonía**. Los modelos clásicos no se tomaron como referencia hasta el comienzo de la ópera a finales de este período, pero el **humanismo**, o exaltación del ser humano, influyó en las obras profanas y religiosas. La música se hizo más **cortesana** y **cosmopolita**.

- **Siglo XV.** El predominio pasó de Francia a los Países Bajos por la economía. Los nobles empezaron a tener músicos a su cargo.
- **Siglo XVI.** La alta burguesía también incorporó músicos a su servicio. Destacaron los compositores italianos y españoles.

El desarrollo de la imprenta llevó a la unificación europea de los sistemas gráficos: se sustituye el pergamino por el papel y se desarrolla la **notación blanca** o **mensural**, que ya apareció en el siglo XIV.

Desarrollo musical

- La **polifonía** evolucionó desde las melodías superpuestas, u **homofonía** medieval, hasta el **estilo imitativo**, en el que una frase es repetida por otras voces siguiendo las reglas del **contrapunto**. A veces se mezclaban textos diferentes. Este desarrollo polifónico continuó hasta el siglo XVI, donde llega a su culminación.
- La **Reforma protestante** y la **Contrarreforma católica** coincidieron en simplificar música y textos. Lutero promovió el **coral** a cuatro voces con una sencilla armonía y cantado por los fieles en su propia lengua. La Iglesia católica **simplificó la polifonía** para que se entendiera el texto y promovió el **canto gregoriano**.
- Al **final del Renacimiento**, se va destacando la **voz principal** y potenciando el sentido del texto con la música. Al incorporar las 3.as y 6.as como consonancias, van surgiendo los conceptos de **acorde** y **armonía**; de las modalidades se va pasando a la tonalidad y del contrapunto a la **melodía acompañada**, que luego derivará en la **ópera**. Esto último se realizó como un acercamiento al drama coral de la Grecia clásica, utilizando también temas mitológicos.

PRIMER RENACIMIENTO — Escuela franco-flamenca — Escuela ibérica

1400 — **1450**

G. DUFAY (ca. 1397-1474)
Cambia la melodía base gregoriana por melodías populares con notas largas.

Dufay compuso el motete Nuper rosarum flores *para la inauguración de la cúpula de la catedral Santa María del Fiore de Florencia.*

NACIMIENTO DE LA POLIFONÍA RENACENTISTA

J. OCKEGHEM (ca. 1410-1497)
Fue un músico muy influyente que trabajó en la corte francesa. Desarrolló el contrapunto imitativo.

"Kyrie" de la Misa Ecce ancilla Domini *de Ockeghem*

J. DES PRÉS (ca. 1450-1521)
Figura central de la escuela franco-flamenca.

Des Prés dio fuerza expresiva a la música y al texto.

J. DEL ENCINA (ca. 1468-1529)
Supo conjugar la polifonía con el gusto popular.

Géneros y formas renacentistas

- **Música religiosa:** continúan el **motete** y la **misa**, aunque renovados.
  - El **motete** renacentista es una pieza para 4 a 6 voces en **latín**, en **estilo polifónico imitativo** y con **carácter dramático**. De utilizar varios textos (*Ars nova*), se pasa a utilizar solo uno entre varias voces; una sola voz con instrumentos, o varios coros al final del siglo XVI.
  - La **misa** es una obra a 4 voces que sigue la liturgia. La voz principal son melodías gregorianas o canciones profanas. También hay adaptaciones de otras composiciones polifónicas como el motete.
  - Otras formas religiosas fueron el **coral** luterano, el **villancico** español, el **madrigal espiritual** o los ***laudi*** italianos.
- **Música profana:** la ***chanson*** francesa y la ***frottola*** italiana eran canciones cortesanas y populares a varias voces, al igual que el **madrigal**. Este tuvo un gran desarrollo en Italia sobre formas poéticas y temas muy variados. El madrigal es el principal antecedente de la ópera.
- **Música instrumental:** el repertorio inicial es la música coral, pero surgen formas instrumentales que, como contraposición a las vocales (cantadas), se denominan **tocatas** o **sonatas**. Las primeras corresponden a los instrumentos de teclado.

Escuelas y compositores

- **Escuela franco-flamenca** o **estilo internacional**, ya que sus autores trabajaron en toda Europa: **G. Dufay**, **J. Ockeghem** y **J. des Prés**.
- **Escuela veneciana**, en la que se desarrollan las formas populares: **A. Willaert**, impulsor del madrigal, y **C. Monteverdi**, primer autor de óperas.
- **Escuela romana**, que se caracteriza por la austeridad de recursos y el equilibrio en las voces. Su autor más importante fue **G. P. Palestrina**.
- **Escuela ibérica**, que destaca por el misticismo dramático y la simplicidad. Música profana: **J. del Encina**, **J. Vázquez** y **M. Flecha**. Música religiosa: **C. de Morales**, **F. Guerrero** y **T. L. de Victoria**. Música instrumental (órgano): **A. de Cabezón**.

EJEMPLO SONORO 1 26

La edad de oro de la polifonía

En el Renacimiento se da el máximo desarrollo de la polifonía.

- Escucha estos dos fragmentos y escribe en tu cuaderno cuál de las siguientes características puedes atribuir a cada ejemplo:
  - Estilo imitativo
  - Estilo homofónico
  - Voz principal que destaca sobre las demás
  - No destaca ninguna voz

ACTIVIDADES

Trabaja en la red

1. smSaviadigital.com COMPRENDE
   Escucha en el eje cronológico interactivo la música de los compositores más importantes del Renacimiento y aprende más sobre sus características.

SEGUNDO RENACIMIENTO — Escuela ibérica — Escuela romana — Escuela veneciana

1500 — 1550 — 1600

REFORMA PROTESTANTE

CONTRARREFORMA CATÓLICA

DESARROLLO DEL MADRIGAL

G. P. PALESTRINA (1525-1594)
Adaptó la polifonía a las normas de la Contrarreforma.

T. L. DE VICTORIA (1548-1611)
El compositor renacentista español más reconocido internacionalmente.

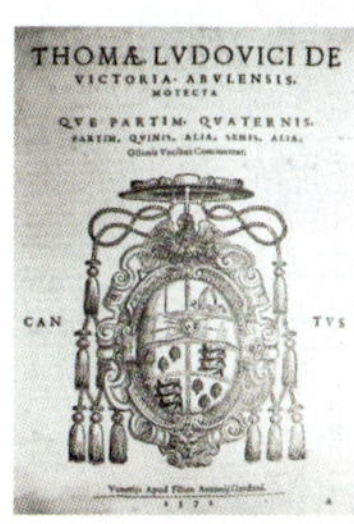

C. MONTEVERDI (1567-1643)
Su obra cierra el Renacimiento y anticipa el Barroco.

Tañedor de laúd, de Caravaggio, un pintor que se sitúa entre finales del Renacimiento y comienzos del Barroco.

2 Instrumentos renacentistas

En el Renacimiento se formaron familias de instrumentos similares a la de la voz (soprano, contralto, tenor y bajo), capaces de alcanzar la tesitura necesaria para interpretar la polifonía vocal. Estos grupos se denominan ***consorts***.

Las **capillas musicales** tenían **ministriles** (instrumentistas) que tocaban instrumentos aerófonos como apoyo al canto.

Los instrumentos también acompañaban las danzas. Las había lentas, como la **pavana**, o rápidas, como la **gallarda**. Se tocaban en series que evolucionarían hasta llegar a la ***suite*** en el Barroco.

Además, también había instrumentos solistas, especialmente los polifónicos, y otras combinaciones de timbres: flauta y laúd, violas y clave, etc.

Estos son los principales instrumentos que evolucionaron en el Renacimiento:

- **Aerófonos.**
  - **De madera (bisel): flauta de pico** y **pífano** (pequeña flauta travesera).
  - **De madera (lengüeta): orlo** o **cromorno** (de tubo curvado), **bajón** (antecesor del fagot) y **chirimía** (de sonido estridente).
  - **De metal (boquilla): *cornetto*** (tubo de madera con agujeros), **trompeta** (sin pistones) y **sacabuche** (antecesor del trombón de varas).
  - **Órgano:** En el siglo XV se mejora la técnica, aumentan los tubos y surgen obras organísticas. Aparecen órganos pequeños (**positivo** o **realejo**) y se siguen usando los **órganos portativos** medievales.
- **Cordófonos.**
  - **De cuerda frotada:** familia de la **viola da gamba** (*gamba* es pierna en italiano), instrumentos de arco con 6 cuerdas y mástil con trastes, a diferencia del violín, que aparece en el siglo XVI pero que no se desarrolla hasta el Barroco.
  - **De cuerda pulsada: arpa doble**, a la que en el siglo XVI se le añade una fila de cuerdas para las alteraciones; **laúd**, muy utilizado en Europa para interpretar las versiones de la música vocal; en la península Ibérica y en Iberoamérica se tocó más la **vihuela**, parecida a la guitarra.
  - **De teclado y cuerdas pulsadas con púas: clave, espineta** y **virginal**. Al igual que el laúd, fueron muy utilizados en los salones familiares, especialmente los dos últimos, de menor tamaño.
  - **De teclado y cuerdas percutidas: clavicordio**, de sonido suave y antecesor del piano.

Instrumentos aerófonos del Renacimiento

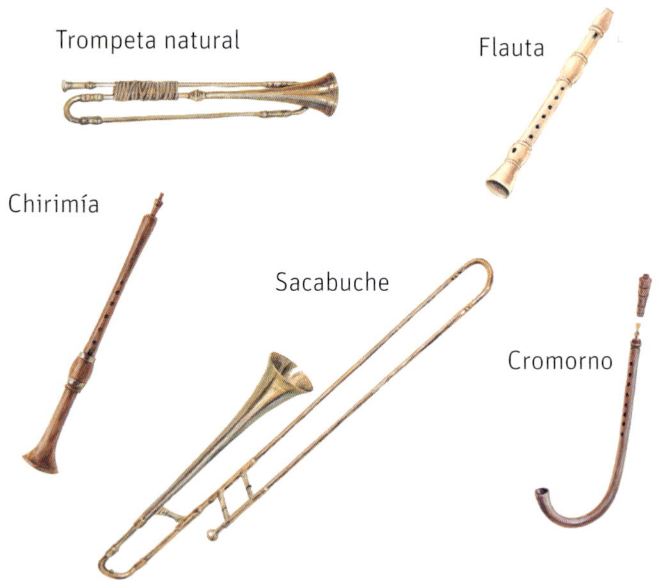

Tocar sin saber leer música

Para facilitar la interpretación musical a las personas que no sabían leer música, se utilizaban sistemas adaptados a cada instrumento, donde se indicaban las posiciones, el ritmo y el compás. Estos sistemas se denominan tablaturas.

Había tablaturas para instrumentos de teclado y de cuerda pulsada (arpa, laúd o vihuela). Se utilizaban números o letras para indicar las teclas o cuerdas que había que tocar, o los trastes que había que pisar.

- **Busca "tablatura" en internet y observarás que aún se siguen utilizando.**

Instrumentos cordófonos del Renacimiento

Laúd

Vihuela

Violín

Viola da gamba

Arpa

AUDICIÓN 1 27

Cuatro diferencias sobre la *Pavana,* E. DE VALDERRÁBANO (CA. 1500-CA. 1557)

Guía de la audición

- Las **glosas** son improvisaciones sobre polifonía vocal. De ellas derivan el **tiento** y las **diferencias**, que muestran el virtuosismo en los instrumentos polifónicos.
- Las **diferencias** son uno de los géneros instrumentales más importantes de la música renacentista española. Son variaciones instrumentales sobre melodías de la época.
- Una de esas melodías es la *pavana*. Fue una danza popular del siglo XVI y varios compositores le dedicaron **diferencias** destinadas al **laúd**, al **clave**, al **arpa** o a la **vihuela**.
- Existen dos teorías sobre el origen del nombre de pavana. La primera sería una danza propia de la ciudad italiana de Padua. La segunda puede provenir del pavo, ya que la danza pretende imitar sus elegantes movimientos.
- Esta versión es para **vihuela** y está en Fa menor. El fragmento que vas a escuchar tiene un esquema **A-A'-B-B'**, aunque hay más variaciones.

Afina el oído

- Observa el tema inicial de la obra, que se repite dos veces. Puedes tocarlo con la flauta, teniendo en cuenta las alteraciones propias y accidentales y consultando las posiciones de flauta en el Anexo.

ACTIVIDADES

Sintetiza

2. Con la información de esta unidad y la anterior, compara el papel de la música instrumental en la Edad Media y en el Renacimiento.

Trabaja en la red

3. smSaviadigital.com COMPRENDE
Trabaja sobre los instrumentos renacentistas con esta presentación interactiva.

Audición práctica 1 28 "Diferencias sobre *Guárdame las vacas*"

Guárdame las vacas es el título de una canción española que fue muy popular en los siglos XV y XVI. El texto decía: *Guárdame las vacas, carillejo y besart'he sino, bésame tú a mi, que yo te las guardaré.* La melodía fue utilizada por varios compositores para escribir temas con variaciones (o diferencias, como se llamaban en la España de la época). Uno de estos compositores fue Luys de Narváez, que escribió sus diferencias para vihuela.

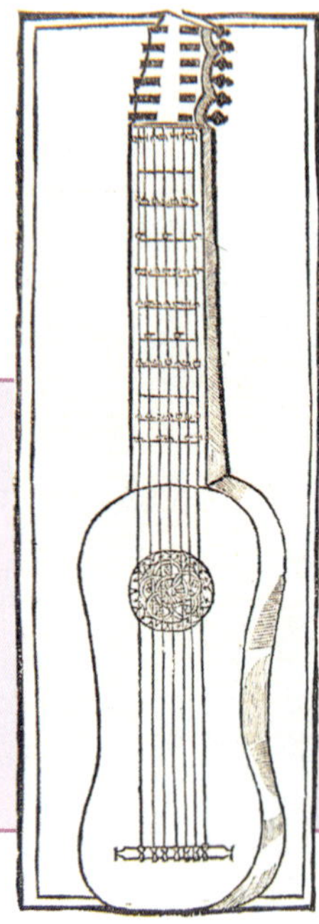

CONOCE AL COMPOSITOR

Luys de Narváez (ca. 1500-1549) nació en Granada. Fue un famoso compositor y vihuelista español, especialmente conocido por *Los seys libros del Delphin, de música de cifras para tañer vihuela* (Valladolid, 1538), una colección de música para vihuela que incluye temas con variaciones, obras del propio Narváez y de algunos compositores franceses de la época, como Josquin des Prés o Jean Courtois. Luys de Narváez fue uno de los primeros compositores de la época que adaptó el estilo italiano de música para laúd a la vihuela, por entonces uno de los instrumentos más populares en España.

GUÍA DE LA AUDICIÓN

- La pieza comienza con el tema, que puedes ver en la siguiente partitura:

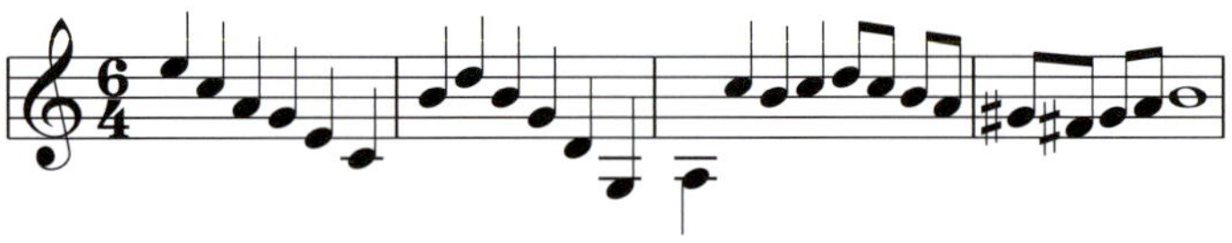

- Al tema le siguen cuatro diferencias. En cada una de ellas varían la melodía, el bajo tocado con las cuerdas más graves, o ambos. Observa también que cada diferencia se toca dos veces. El instrumento que interpreta esta versión de la obra es una guitarra.
- Después de las cuatro variaciones se escucha una breve coda con la que termina la pieza.

smSaviadigital.com PRACTICA
Escucha la audición y sigue el musicograma.

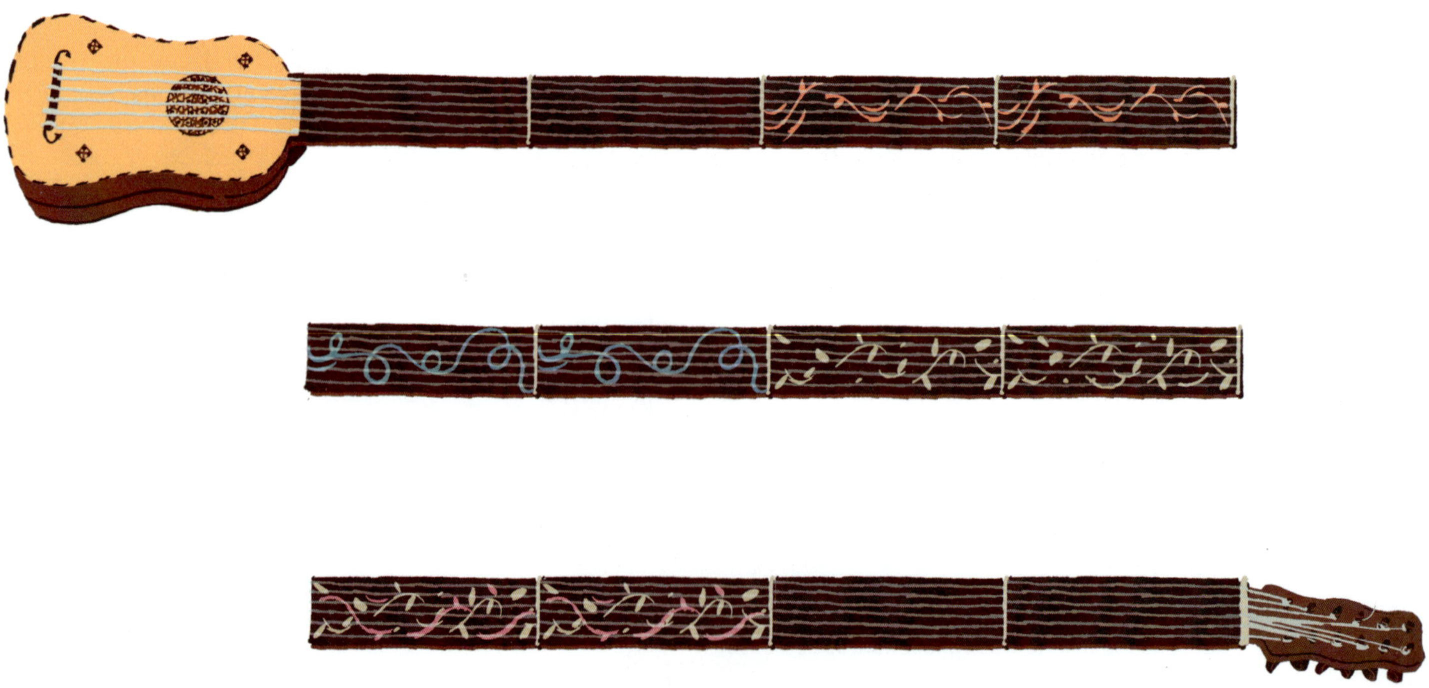

ESCUCHA Y CANTA

Las diferencias sobre *Guárdame las vacas* de Narváez, al igual que otras muchas piezas de la época, constan de un tema con variaciones que se tocan sobre un bajo que se repite una y otra vez. En este caso, se trata de un bajo de romanesca, con los siguientes acordes:

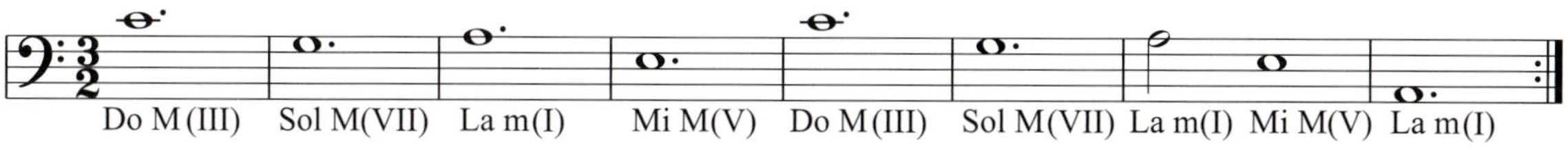

1. Canta el bajo de romanesca. Probablemente tendrás que hacerlo una octava alta.
2. Escucha una vez más el tema de las diferencias sobre *Guárdame las vacas* e intenta identificar el bajo.
3. Escucha ahora la pieza completa y, durante toda la audición, canta el bajo. ¿Puedes llegar hasta el final sin perderte?

COMPÓN, TOCA Y GRABA

4. Ahora vas a componer a partir de la armonía. Sigue estos pasos:
   - a. Organizaos en grupos de entre cuatro y seis participantes.
   - b. Sobre el bajo de la romanesca, construid en el cuaderno los acordes que se indican.
   - c. Tocad el bajo y los acordes utilizando uno o más instrumentos apropiados (por ejemplo, xilófonos, guitarra, piano, etc.).
   - d. Añadid una melodía simple al bajo anterior.
   - e. Componed o improvisad dos melodías más sobre el mismo bajo hasta que tengáis un total de tres. Pueden ser melodías completamente diferentes o variaciones sobre la primera.
   - f. Grabad vuestra pieza.
   - g. Reproducid la grabación en clase y comentadla con vuestros compañeros.

INVESTIGA

5. Luys de Narváez compuso sus diferencias sobre *Guárdame las vacas* para vihuela. Buscad información sobre este instrumento y preparad una presentación sobre alguno de los siguientes temas u otro que te resulte interesante. Cada grupo elegirá un tema distinto, de modo que al presentarlo en clase se aporten contenidos diferentes.
   - a. ¿Qué es una vihuela? Descripción del instrumento.
   - b. Historia de la vihuela.
   - c. Tablaturas para vihuela: ¿qué son y por qué se utilizaban?
   - d. ¿Por qué la vihuela perdió popularidad a partir del Barroco?

3 Consonancia y disonancia

El hecho de que se considere que dos notas simultáneas suenen “bien” o no depende de los sistemas musicales de cada cultura y de su evolución a través de la historia.

Intervalos consonantes y disonantes

Se suele definir una **consonancia** como un intervalo que produce sensación de reposo. Las consonancias se clasifican en **perfectas** e **imperfectas**:

CONSONANCIAS

PERFECTA
4ª, 5ª Y 8ª justas

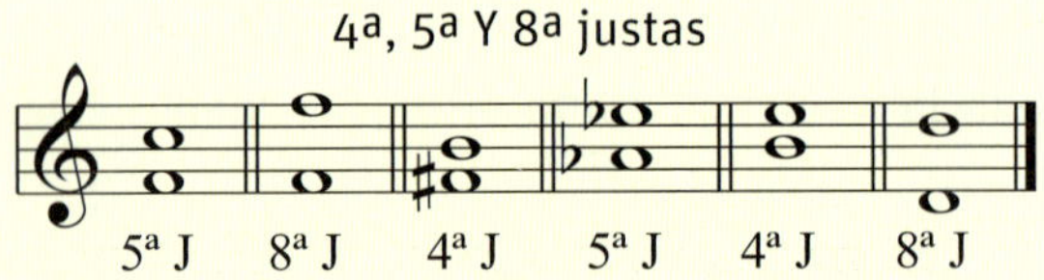

IMPERFECTA
3ª y 6ª mayores y menores

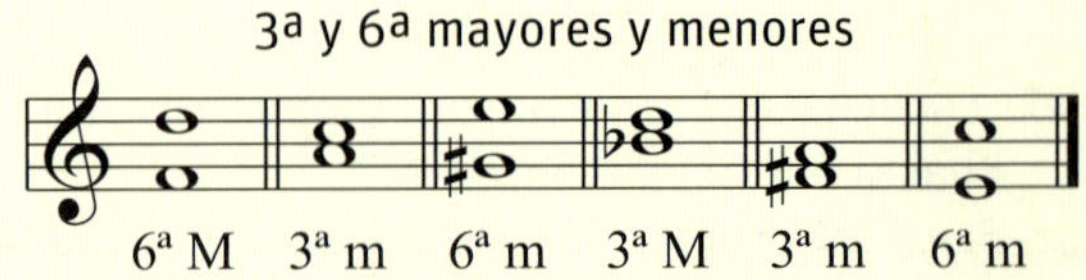

Se dice que un intervalo **disonante** crea tensión en el oyente, porque espera que se resuelva en una consonancia. Las disonancias se clasifican en **absolutas** y **semidisonancias**:

DISONANCIAS

ABSOLUTA
2ª y 7ª mayores y menores

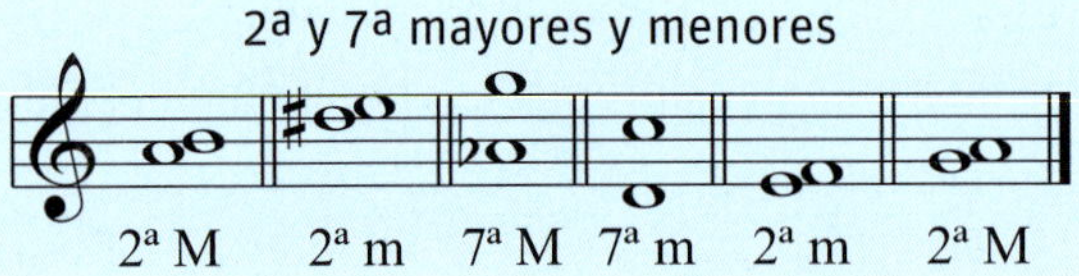

SEMIDISONANCIA
4ª aumentada y 5º disminuida

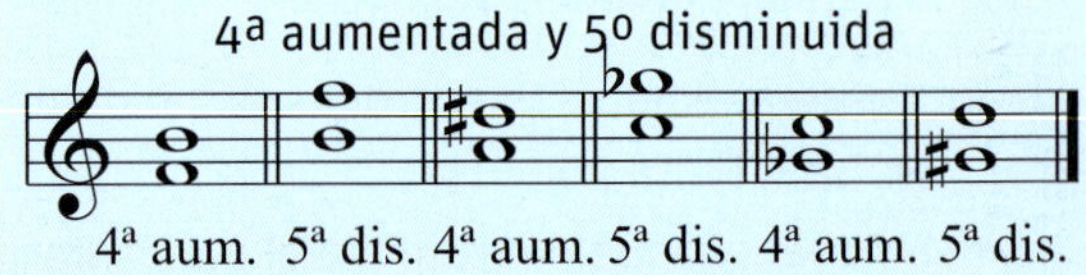

Hasta el siglo XIV (*Ars nova*) no se comienzan a aceptar las 3.as y 6.as en la polifonía. Las llamaron consonancias imperfectas porque hasta entonces solo se admitían las perfectas. Este proceso de aceptación de las disonancias siguió en los períodos posteriores, y ya en el siglo XX aparecieron sistemas basados en el semitono, en tercios de tono, etc.

1. Clasifica estos intervalos indicando el tipo de consonancia o disonancia. Interprétalos con un compañero en la flauta o con otro instrumento:

2. Estudia e interpreta con los xilófonos estas combinaciones de intervalos consonantes y disonantes. Crea en grupo una pieza armónica enlazando y superponiendo, como decidáis, A, B y C.

EJEMPLO SONORO 1 29

Escuchar y reconocer

Escucha y reconoce auditivamente los diferentes tipos de consonancia y disonancia estudiados.

smSaviadigital.com **PRACTICA**
Identifica diferentes intervalos.

3. Este canon renacentista es una sola melodía reptida por cuatro voces con diferentes entradas. Sigue la música en la partitura y llevando el pulso.

4. Interprétalo con tus compañeros. Puedes hacer las voces 1 y 2 con flautas o xilófonos sopranos, y la 3 y 4 con flauta tenor o xilófonos alto y bajo.

Canon renacentista T. TALLIS

5. Busca el único intervalo disonante de esta obra, y cita sus notas.

6. Busca en la partitura dos intervalos de cada tipo de consonancia y analízalos indicando: dimensión (2.ª, 3.ª, 4.ª, etc.), especie (mayor, menor o justo), y número de tonos y semitonos que contiene.

4 Río protector

1 31

- Interpreta este villancico pastoril e identifica las partes monódicas, homofónicas y contrapuntísticas.

Ríu, ríu, chíu CANCIONERO DE UPSALA

- Ya que en el Renacimiento las partes vocales podían ser interpretadas por instrumentos, aprende con la flauta la voz 1 y prueba a tocarla sobre el audio.

5 ¿Notas la diferencia?

Crea una pieza musical a partir de la técnica compositiva de la variación. Al igual que muchos compositores del Renacimiento, en las diferencias y tientos tienes que conseguir modificar un tema sin que deje de reconocerse.

La variación

1 FAMILIARÍZATE con el **tema** de esta pavana de Antonio de Cabezón tocándola con la flauta. Practícala hasta que te salga con fluidez.

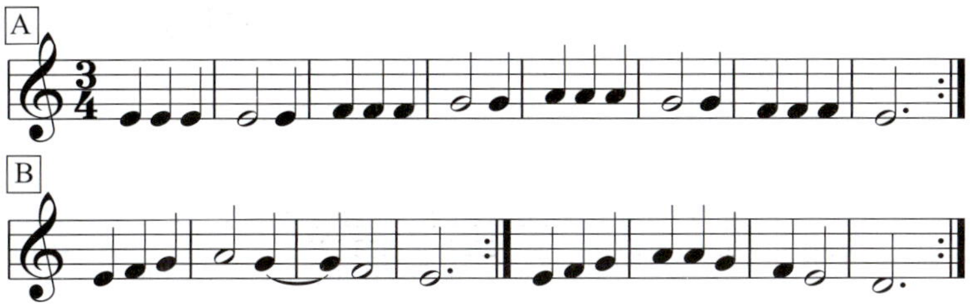

MATERIAL

- Flauta dulce
- Instrumentos de percusión

2 USA LA TÉCNICA COMPOSITIVA DE LA VARIACIÓN

Improvisa con la flauta sobre los compases señalados y crea pequeñas modificaciones en la altura de sus sonidos.

Vuelve a tocar la frase A, pero, cuando veas este símbolo ⏩, prueba a convertir las negras en corcheas utilizando notas conjuntas ascendentes o descendentes.

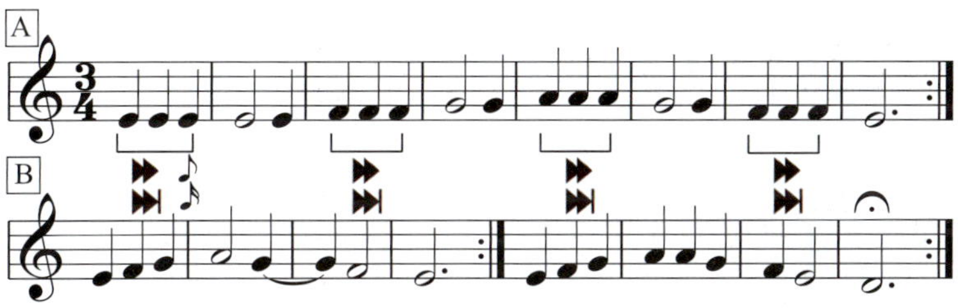

Esta será tu **variación 1 de A**.

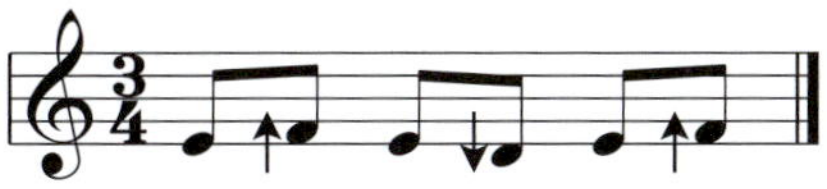

Realiza una repetición más utilizando el mismo procedimiento de variación, pero esta vez fíjate en el símbolo ⏭ para transformar las negras en semicorcheas. Esta es tu variación 2.

3 FORMAD GRUPOS DE TRES entre los alumnos de la clase y tocad la pavana y sus variaciones siguiendo esta forma:

Tema	Frase A	Variación 1	Frase B	Frase A	Variación 2
Frase B	Frase A	Variación 1	Frase A	Variación 2	Frase B

Podéis sacarle más partido si, a la vez que la exponéis, improvisáis un acompañamiento con instrumentos de percusión.

Códigos QR y música

Seguramente has visto códigos QR, pero ¿los has utilizado alguna vez? ¿Sabes cuáles son sus funciones? ¿Qué relación hay entre la música y los códigos QR? En estas páginas encontrarás la respuesta a estas y otras preguntas, para que seas capaz no solo de utilizarlos, sino también de crear tus propios códigos QR.

- **¿Qué es un código QR?**
  Un código QR (del inglés *Quick Response*, o respuesta rápida) es un código que puede almacenar información en dos dimensiones, a diferencia de los códigos de barras, que son unidimensionales. Los primeros códigos QR fueron creados en 1994 por la empresa japonesa Denso Wave. Su finalidad era la de catalogar los productos que fabricaban incluyendo toda la información necesaria.

- **¿Cómo se lee un código QR?**
  La matriz de puntos en la que se guardan los datos de un código QR no es legible para el ojo humano. Por ello, los códigos han de leerse con un teléfono móvil o con un dispositivo que disponga de un lector de códigos QR. También podemos usar un ordenador accediendo a un lector en línea. Aunque un código QR puede contener mucha información, su lectura se realiza en segundos.

Usos de códigos QR en la música

Un código QR solo puede contener caracteres alfanuméricos (letras, números y signos), por tanto, no es posible grabar música en ellos. Sin embargo, se utilizan para dirigir al usuario hacia la grabación de canciones o vídeos almacenados en sitios web y otros almacenes virtuales de internet.

El código QR de *Blow Me Away* nos conduce directamente al fichero de audio MP3 que contiene la grabación de esta pieza musical. Si lo capturamos con nuestro móvil, podremos escucharla.

Blow Me Away

Los códigos QR también se han utilizado en carteles y revistas para promocionar conciertos y grupos musicales. A través de los códigos podemos acceder a sus vídeos y grabaciones.

En el año 2012 se realizó en Madrid el QR Music Festival. Querían sacar la música a la calle, así que utilizaron los exteriores de pequeños comercios como escenarios interactivos en los que tocaban bandas independientes.

El festival fue el primer evento de este tipo que se valió del uso de códigos QR. Al ser leídos se accedía a vídeos de los grupos tocando en esos mismos escenarios.

PON EN PRÁCTICA

Descubre cómo suena *Blow Me Away*.

1. Accede a www.e-sm.net/IIesomu_sv_04_02 y guarda la imagen del código QR en tu ordenador.
2. Accede a un lector de códigos QR en línea; por ejemplo: www.e-sm.net/IIesomu_sv_04_03
   y carga la imagen que habías guardado.
3. Escucha la música y comprueba qué otros datos te ofrece la página a la que has accedido.

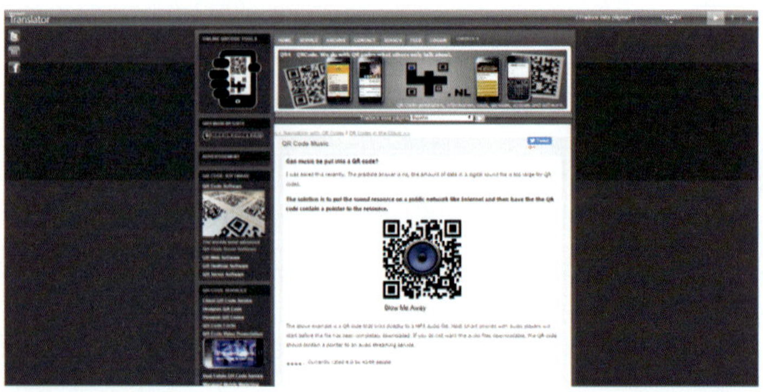

1 Juego de mesa QR

¿Has jugado alguna vez a un juego de mesa en el que haya que responder preguntas en el menor tiempo posible? Te proponemos preparar tu propia versión para jugar con tu clase.

Tendrás que elaborar varias tarjetas. Por un lado estará la pregunta, que ha de responderse en el menor tiempo posible, y por el otro un código QR que ayude a encontrar la respuesta. Para que tenga sentido, la clave está en que las preguntas sean bastante difíciles de contestar. Por ejemplo:

- ¿Quién inventó el *intonarumori*?
- ¿En qué año nació Clara Schumann?
- ¿Quién es Consuelo Díez Fernández?
- ¿Qué cantante rechazó interpretar la canción titulada *Hijo de la Luna*?
- ¿Qué es el oído absoluto?

2 Debate

En los últimos años, los músicos y la industria musical han encontrado opciones muy creativas para utilizar los códigos QR. Podemos mencionar los siguientes:

- Conectar el cartel usado para anunciar un concierto con el lugar o la página en la que adquirir las entradas, o bien con un video o pista musical del grupo.
- Conectar a una tienda *on-line* que ofrece descuentos para comprar o descargar gratuitamente un disco.
- Dirigir desde el cartel a la página web o a una página del grupo en una red social.
- Conectar la contraportada de un disco a contenido adicional gratuito.

¿Puedes imaginar otros usos?

a) **Reúnete con un grupo de 4 a 6 participantes. Juntos elaborad un listado de posibilidades.**

b) **Compartid vuestras ideas con el resto de la clase. ¿Coinciden? ¿Has encontrado alguna original?**

3 Crea tus códigos QR

En la red existen numerosas páginas en las que puedes crear tus propios códigos QR, por ejemplo, Códigos QR, www.e-sm.net/IIesomu_sv_04_04 o Unitag, www.e-sm.net/IIesomu_sv_04_05

- Crea un código QR de prueba. Puedes hacerlo creando simplemente el código de una página web.
- Guarda el código resultante y comprueba si funciona utilizando el lector que has usado en la actividad "Pon en práctica".

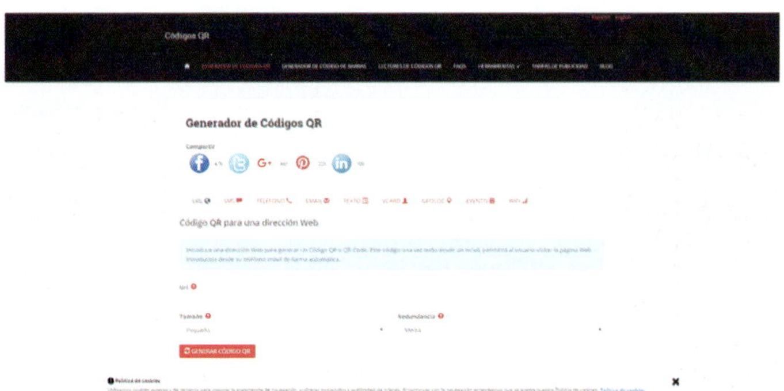

Vamos a crear un itinerario de preguntas y respuestas acerca del Renacimiento. El juego ha de estar relacionado con algún aspecto de la música renacentista: instrumentos, compositores, tipos de música, danzas, etc.

Estas sugerencias podrán ayudarte a organizar la tarea:

a) **Formad un grupo de 4 a 6 participantes.**

b) **Juntos, elegid el tema y pensad qué tipo de actividad o juego vais a diseñar.**

c) **Buscad páginas web que contengan la información para ir encontrando las respuestas a las preguntas que formarán parte del juego.**

d) **Con la URL de cada web, cread un código QR. Si es posible, incluid páginas con diferentes formatos: texto, audio, vídeo e imágenes.**

e) **Una vez que hayáis reunido todos los códigos, cread una web sencilla o un documento de texto que contenga las preguntas y los códigos QR para que los jugadores puedan encontrar las respuestas.**

¿Qué has aprendido?

Conoce la música renacentista

1. Observa este mapa conceptual sobre la música renacentista y complétalo en tu cuaderno.

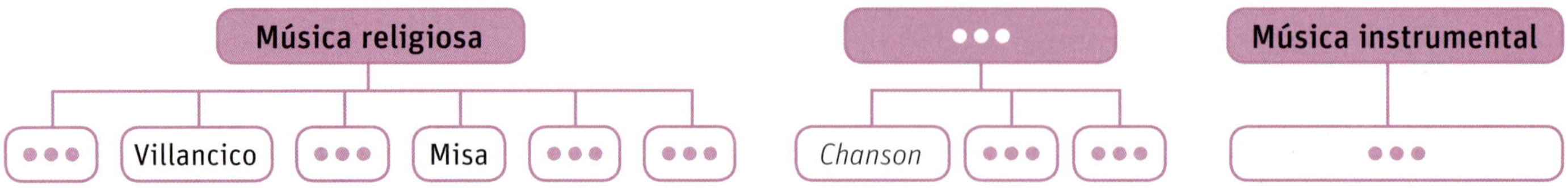

2. Completa esta clasificación de instrumentos renacentistas.

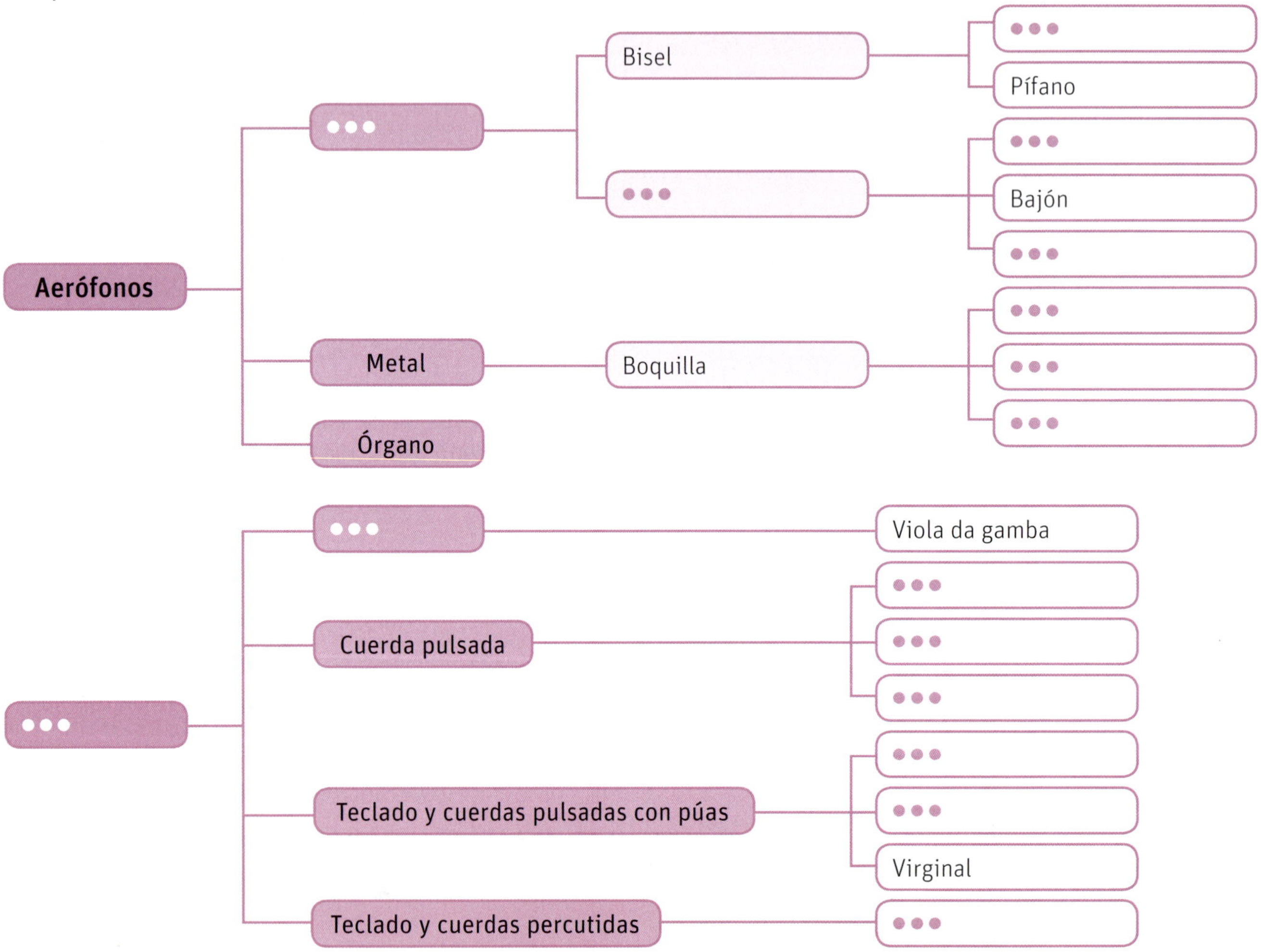

3. ¿Qué es y cuándo apareció la notación blanca?

Relaciona escuelas y compositores

4. Clasifica en tu cuaderno los siguientes compositores en sus respectivas escuelas.

Escuela franco-flamenca | Escuela veneciana | Escuela ibérica | Escuela romana

a) C. Monteverdi b) G. P. Palestrina c) G. Dufay d) M. Flecha
e) J. del Encina f) J. des Prés g) A. Willaert h) T. L. de Victoria

Distingue géneros y formas renacentistas

5. Escribe en tu cuaderno dos características de estos géneros musicales.

a) La polifonía renacentista b) El coral c) El motete renacentista

6. Define en tu cuaderno cada uno de estos tipos de música.

a) Madrigal

b) Motete

c) Misa

Aprende cómo suenan las diferentes consonancias y disonancias y clasifícalas

7. ¿Qué sensación producen las consonancias? ¿Y las disonancias? ¿Estas sensaciones son comunes a todo el mundo?

8. Clasifica estos intervalos según el tipo de consonancia o disonancia que sean. Luego, tócalos junto a otro compañero y aprende cómo suenan.

a) 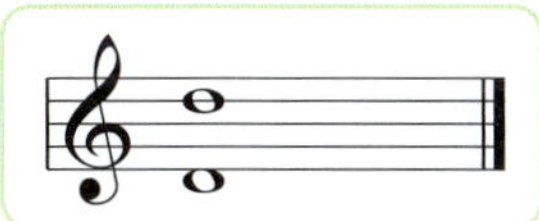

b) 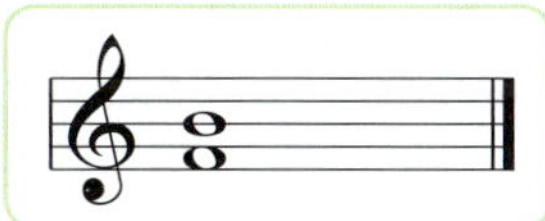

c) 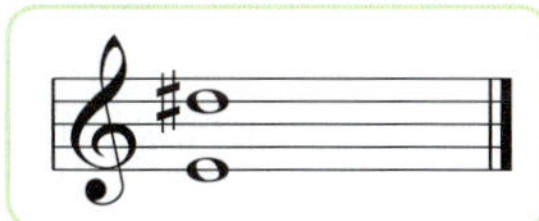

d) 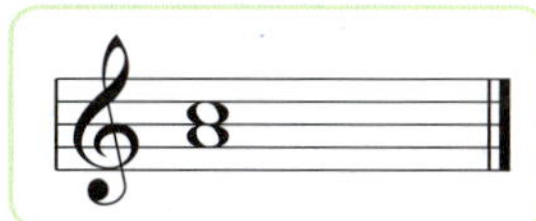

9. Elige a un compañero y tocad juntos estos intervalos con las flautas. ¿Qué tipo de consonancia o disonancia es cada uno? Utiliza solo el oído para saberlo.

a) 

b) 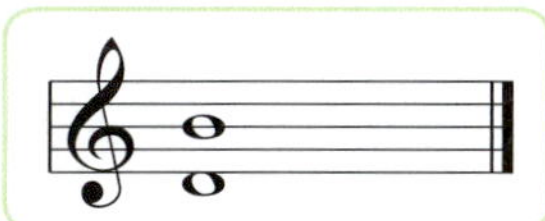

c) 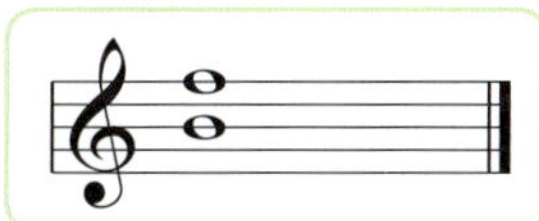

d) 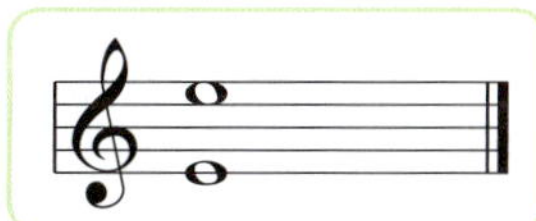

Repasa las duraciones de las figuras

10. Copia en tu cuaderno todas las figuras y grupos de figuras que duran igual que una negra.

a) 

b) 

c) 

d)

e) 

f) 

g) 

h) 

APRENDE A PENSAR

¿La música del Renacimiento es mejor o peor que la actual?

- Forma un grupo de 4 o 5 compañeros. Cada uno dará su opinión sobre el tema y se escribirán los puntos de acuerdo y desacuerdo.
- Los puntos en desacuerdo serán argumentados por todos los miembros del grupo.
- Votad los argumentos para llegar a un consenso y escribid el acuerdo final que se ha votado.

smSaviadigital.com VALORA LO APRENDIDO > Autoevaluación

5 El Barroco musical

Abre tu mirada

Hoy día es común seguir a nuestros artistas favoritos y saber si van a dar algún concierto cerca de donde vivimos. Cada día se celebran miles de conciertos por toda Europa. Pero la música no siempre ha sido pública.

Antes del Barroco los músicos profesionales estaban al servicio de reyes, aristócratas o de la Iglesia, por lo que el pueblo no tenía la posibilidad de escucharlos. No existían eventos a los que los ciudadanos de a pie pudieran asistir, ni siquiera pagando una entrada.

En 1637 se creó el primer teatro de ópera en Venecia, y en 1672 se dieron conciertos públicos en Inglaterra por primera vez.

- **¿Cómo era la música en el Barroco?**
- **¿Qué instrumentos musicales se desarrollaron en el Barroco?**
- **¿En qué consisten los acordes de cuatro notas?**
- **¿Sabes interpretar un concierto para varios instrumentos?**
- **¿Interpretamos la *Ronda del zapato*?**

Observa y escucha

El exceso, la ornamentación y el virtuosismo no eran algo exclusivo de la música vocal barroca. Intérpretes y compositores derrochaban genialidad también en la música instrumental. Una prueba de ello es el *Canon del cangrejo* de Bach. Esta pieza consiste en una única melodía que se interpreta de principio a fin, del final al principio y en ambos sentidos al mismo tiempo.

En este vídeo podrás entender mejor cómo se interpreta: www.e-sm.net/ IIesomu_sv_05_01

Observa y reflexiona

La existencia de una clase media deseosa de escuchar música propició la invención del concierto público durante el Barroco, pero también ayudó a la creación de un espectáculo que unía la poesía, la danza, el teatro y la música: la ópera. Este espectáculo era un medio fantástico para cautivar al público y para que sus representantes más visibles, los intérpretes, se convirtieran en auténticas estrellas. Los oyentes admiraban a los cantantes más virtuosos, y sus representaciones se convirtieron en auténticos actos sociales que llenaban las salas de teatro. Las extraordinarias voces de Anna Renzi y Farinelli fueron aclamadas por el público con pasión.

Actualmente aún se sigue llamando divas y divos a los cantantes más admirados. ¿Sabes de dónde viene la palabra diva? ¿Conoces a algún divo o diva actual?

Durante el Barroco hubo un gran apogeo del violín, ya que se consideraba que era el instrumento más parecido a la voz humana y, a través de él, se pretendía imitar la expresividad y delicadeza de la voz. El lutier más famoso del Barroco es A. Stradivari. Aunque existieron otros geniales, los violines de Stradivari tienen un sonido de tanta calidad que a pesar de haber sido investigados por científicos, no se ha conseguido construir otros violines iguales.

Y tú, ¿qué opinas?

¿Qué crees que habría pasado si la música no se hubiera hecho pública?

¿Puede convertir el público a un artista en estrella independientemente de su valía?

¿Consideras que la dificultad y el virtuosismo son unas de las cualidades más importantes de las grandes obras e intérpretes?

¿Qué ocurre cuando combinamos música e imágenes?

ESCUCHARÁS:
- *Orfeo* (C. Monteverdi)
- *Música para los reales fuegos artificiales* (G. F. Haendel)
- *Suite* orquestal n.º 2, "Rondó" (J. S. Bach)

1 El Barroco musical

AUDICIÓN 1 32

Orfeo, CLAUDIO MONTEVERDI (1567-1643)

Guía de la audición

- Esta es la primera ópera de Monteverdi, y está considerada como una de las primeras obras maestras de la música barroca. El texto es una adaptación del mito griego de Orfeo y Eurídice.
- En el fragmento, la Música se presenta interpretando un **aria** cantada con **ritornelo** (interludio instrumental). Este es el contenido de la 2.ª estrofa:

  Soy yo, la Música, quien con dulces acentos
  sabe apaciguar los corazones alterados
  y puede inflamar de cólera o amor,
  los espíritus más fríos.

- El ritornelo se oye al principio y tras cada aria con un pulso continuo, pero cuando los instrumentos acompañan a la voz, siguen el ritmo de las frases.

Afina el oído

- Sigue la audición con este esquema temporal. Al lado de cada letra representativa de los temas, está el minutaje. 00:00 R - 00:15 R - 00:33 A1 - 01:20 R - 01:33 A2 - 02:15 R

Características generales

El Barroco se desarrolla desde 1600 hasta 1750. Antes comienza en Italia con la **Camerata Florentina**, que se propuso cambiar el estilo polifónico poniendo la **melodía** y la **expresión** al servicio del texto y de la armonía. Esto supuso un movimiento revolucionario desde el punto de vista artístico, y surgieron nuevas formas como la **ópera**.

De la homogeneidad renacentista se pasa al **contraste tímbrico** entre instrumentos, solistas, orquestas y coros. Los instrumentos se independizan de la voz, y se adapta la escritura a las características de cada instrumento. Abundan los **adornos** y la **improvisación**, y la interpretación se hace más difícil, por lo que aumenta la profesionalidad en los músicos.

Las nuevas ideas musicales se extendieron por Europa, coexistiendo diferentes estilos. Predomina la influencia del **estilo francés** con J. B. Lully, F. Couperin y J. Ph. Rameau; y del **estilo italiano** con C. Monteverdi, A. Corelli y A. Vivaldi. En Alemania hubo una mezcla de estilos, y destacan J. S. Bach y G. F. Haendel. En España es un período de decadencia musical y política, a pesar del auge literario y plástico.

Características musicales

- El contrapunto y la polifonía fueron perdiendo el protagonismo en favor de la armonía de estilo vertical. Esta irá llevando a una melodía acompañada en la que destacan la voz superior y el bajo.
- Aumentan los **acordes** considerados **consonantes**, y los **disonantes** se empiezan a emplear con más frecuencia.
- **Bajo continuo:** el compositor solamente indica las notas del bajo y unas cifras que representan el tipo y posición del acorde que lo acompaña, y que son las voces intermedias entre la melodía y el bajo. El instrumentista interpreta libremente ese **cifrado**.
- Se establece el **sistema tonal** y los **modos mayores** y **menores**, utilizando las notas con alteraciones.
- Aumenta el uso de los **elementos expresivos**: dinámica, agógica, tempo, etc., indicándolos a partir de ahora en la partitura.

BARROCO — Alemania — Italia — Francia — Inglaterra

1550 — 1600 — 1650

C. MONTEVERDI (1567-1643)

Su obra cierra el Renacimiento y anticipa el Barroco.

H. SCHÜTZ (ca. 1585-1672)
Fue el músico alemán más influyente en la primera mitad del siglo XVII.

J. B. LULLY (1632-1687)
Compuso *ballets* y óperas, y a través de ellas dio forma a la obertura.

D. BUXTEHUDE (1637-1707)
Fue un reconocido organista y compositor de música para órgano y cantatas.

H. PURCELL (1659-1695)
Es el compositor inglés más destacado. Integró en sus obras los distintos estilos.

A. VIVALDI (1678-1741)
Consolidó el género del concierto, el más importante de su época.

Música vocal religiosa

Pierde hegemonía frente a la música profana, pero sigue teniendo importancia. Excepto en España, donde continúan las antiguas formas, tanto la Iglesia católica como la protestante adoptan las nuevas propuestas y aparecen nuevas formas, en las que participa la orquesta o el órgano.

- **Oratorio:** tiene su origen en las congregaciones de oración (oratorios) creadas por san Felipe Neri, en las que se realizaban representaciones sagradas en italiano. Es una especie de ópera sobre temas religiosos sin escenificar, con un narrador. Destaca *El Mesías*, de G. F. Haendel.
- **Pasión:** versión protestante del oratorio. El tema es la pasión y muerte de Jesucristo. Autores: J. S. Bach y G. Ph. Telemann.
- **Cantata:** más breve que el oratorio y con menos intérpretes, con textos religiosos sin representación. Es el principal elemento de la liturgia luterana, y los fieles participan en sus **corales**. En la Iglesia católica existe la **cantata sacra**, no litúrgica. Autores: D. Buxtehude y J. S. Bach.

Música vocal profana

- **Ópera:** es una obra escénica musicada en la que intervienen el canto y los instrumentos. Sus principales elementos formales son:
  - Obertura o introducción orquestal, con el esbozo de los temas.
  - Aria: pieza vocal melódica y extensa para solista e instrumentos.
  - Recitativo: declamación musical con acompañamiento.
  - Ritornelo: fragmento instrumental intercalado con las estrofas.
  - Romanza: canto sentimental en el que predomina la melodía.
  - Concertante: pieza para todos los personajes, coro y orquesta.

  Autores: C. Monteverdi, A. Vivaldi, J. Ph. Rameau, H. Purcell.
- **Cantatas profanas:** eran como pequeñas óperas de cámara.
- **Zarzuela:** surge en esta etapa y es similar a la ópera, pero con escenas habladas y sobre temas populares españoles. Autores: J. de Nebra, J. Hidalgo, S. Durón.

EJEMPLO SONORO 1 33 34 35

Música vocal religiosa

- Oratorio: *El Mesías*, G. F. Haendel (1685-1759)
- Pasión: *Pasión según san Juan*, J. S. Bach (1685-1750)
- Cantata: *Membra Jesu Nostri*, D. Buxtehude (1637-1707)

Escucha tres ejemplos musicales de las formas de la música vocal religiosa barroca. ¿Qué voces puedes distinguir en cada fragmento? ¿Qué tipo de acompañamiento puedes escuchar?

ACTIVIDADES

Trabaja en la red

1. smSaviadigital.com COMPRENDE
   Escucha en el eje cronológico interactivo la música de los compositores más importantes del Barroco y aprende más sobre sus características.

Alemania Italia Francia Inglaterra

1700 — 1750

G. Ph. Telemann (1681-1767)
Escribió 44 Pasiones y muchas obras más. Su estilo tiene influencia francesa.

J. Ph. Rameau (1683-1764)
Compositor muy importante en el Barroco francés que también estuvo presente en la transición al Clasicismo.

G. F. Haendel (1685-1759)
Nació en Alemania y vivió en Inglaterra. Autor de óperas de estilo italiano y oratorios en inglés.

J. S. Bach (1685-1750)
Es uno de los compositores más importantes de la música universal.

FALLECIMIENTO DE BACH

2 Música instrumental

El perfeccionamiento en la construcción de algunos instrumentos y en las técnicas interpretativas, hizo que la música instrumental igualara el nivel artístico y expresivo de la música vocal.

Instrumentos

La **flauta de pico**, el **órgano**, el **arpa**, el **laúd** y el **clave** evolucionaron y se utilizaron en este período. Otros no se transformaron tanto, como la **trompeta natural**, el **sacabuche** o las **violas da gamba**, pero se siguieron utilizando, especialmente estas últimas.

En España, la vihuela fue sustituida por la **guitarra barroca**, que se extendió por muchos países. Un importante compositor de la época fue **Gaspar Sanz**.

Pero lo más destacable es el gran desarrollo que adquirió la familia del **violín**, gracias a los lutieres Amati, Guarneri y Stradivari, y a compositores como **Claudio Monteverdi** y **Antonio Vivaldi**, que lo emplearon en sus obras. Esto significó el nacimiento de la orquesta.

El grupo instrumental se completa con nuevos instrumentos como el **oboe** y el **fagot**, que sustituyen a la chirimía y al bajón, el **traverso** (flauta travesera), y la **trompa natural** o de caza (antecesora de la trompa).

La orquesta de finales del Barroco podía estar formada por 10 violines, 4 violas, 5 chelos, 2 contrabajos, 2 flautas, 2 oboes, 2 fagots, 2 trompetas, 2 trompas, timbales y clave. El clavecinista dirigía desde el centro.

Los principales instrumentos solistas son el clave, el órgano y el violín. Los grupos de cámara estaban formados por un bajo continuo (clave, laúd, chelo, etc.) y otros instrumentos cordófonos o aerófonos.

Formas instrumentales

- ***Suite.*** Es una serie de varias danzas con tempos diferentes. Destacan la alemanda, la corrente, la zarabanda y la giga.
- **Sonata.** Es la evolución de la *suite* y suele tener cuatro movimientos: *lento*, *allegro*, *andante* y *vivo*.
- **Tocata**, **fantasía**, **obertura** y **preludio.** Son piezas de estructura variable, que suelen abrir una obra de mayor dimensión, por ejemplo la fuga.
- **Fuga.** Se basa en el contrapunto imitativo, que desarrolla una frase llamada **sujeto** haciéndola pasar por las diferentes voces y alternándola con otras frases.
- ***Concerto grosso.*** Es la primera forma orquestal. Tiene tres movimientos: rápido-lento-rápido, y se basa en el diálogo entre los solistas (**concertino**) y el resto de la orquesta (***ripieno*** o ***tutti***).
- **Concierto solista.** Cobra más importancia el virtuosismo del instrumento o instrumentos solistas.

La orquesta y los instrumentos barrocos

¿Música barroca en el siglo XXI?

La música del Barroco puede gustar y emocionar hasta el punto de dedicarse a ella toda la vida, aunque hayan pasado tres siglos desde que se compuso. Muchos jóvenes estudian en los conservatorios instrumentos de esa época, por ejemplo la flauta de pico, la viola da gamba, el clave o el laúd, para poder dedicarse profesionalmente a ellos.

- Observa cómo la música barroca continúa viva. www.e-sm.net/IIesomu_sv_05_02

AUDICIÓN 1 36

Música para los reales fuegos artificiales, G. F. HAENDEL (1685-1759)

Guía de la audición

- Esta obra orquestal fue realizada con motivo de la celebración en Londres del fin de la guerra de sucesión austriaca (1748). Durante la fiesta se exhibieron fuegos artificiales, y la música, dirigida por Haendel, acompañó los actos. Es una de sus obras más conocidas.
- Intervienen estos instrumentos: oboe, fagot, contrafagot, trompa, trompeta, violines I y II, violas, clave y timbales.
- La obra tiene varias partes; el fragmento de la audición pertenece a la obertura, y es un *Allegro*.

Afina el oído

- Sigue la audición con estas indicaciones atendiendo a los elementos rítmicos, melódicos y tímbricos:
  - El tema principal es una **fanfarria** o música para aerófonos de metal, que dialogan con los de madera y con la familia de la cuerda, apoyada por el sonido del timbal.
  - Diferentes frases musicales sirven de desarrollo del tema, en el que puedes oír el contraste entre los timbres de cada familia instrumental y cómo se va creando la tensión antes de llegar a las cadencias (07:14).
  - A partir de aquí se repite el tema del *Allegro*, pero cambiando de tonalidad y dialogando con la cuerda.
  - En 07:43 aparece una nueva frase musical y su desarrollo, basado en un marcado ritmo que lleva al final de esta sección.
- Busca información en internet sobre lo que sucedió en Londres mientras se realizaba esta celebración.

ACTIVIDADES

Sintetiza

2. Escoge una de las formas instrumentales del Barroco y realiza una presentación con sus características más relevantes y un ejemplo audiovisual.

Trabaja en la red

3. smSaviadigital.com COMPRENDE
   Trabaja sobre la orquesta barroca con esta presentación interactiva.

Audición práctica "Rondó"

El *Rondó* es la segunda de las siete piezas que integran la *Suite* orquestal n.º 2 BWV 1067 de Johann Sebastian Bach. El compositor creó esta obra para flauta travesera, violines, viola y bajo continuo entre los años 1738 y 1739.

CONOCE AL COMPOSITOR

Johann Sebastian Bach fue un compositor alemán, considerado por muchos como el compositor más grande de la historia de la música occidental. Nació en una familia de músicos que desempeñó un papel fundamental en el desarrollo de la música alemana entre los siglos XVI y XVIII. Bach era un extraordinario compositor, capaz de improvisar fugas, variaciones y otras piezas muy complejas para clave u órgano. Entre su legado se cuentan obras como la *Misa en Si menor*, la *Pasión según san Mateo*, *El clave bien temperado*, *El arte de la fuga* o los *Conciertos de Brandemburgo*.

Johann Sebastian Bach (1685-1750)

GUÍA DE LA AUDICIÓN

- El *Rondó* comienza con el tema, que se escucha dos veces. La flauta travesera y los violines interpretan la melodía acompañada por la viola y el bajo continuo, conformado por el violonchelo y un clave. La primera vez suena más fuerte, y la segunda, más suave.
- El movimiento sigue con la sección B. Observa que en los primeros compases de esta sección el clave permanece en silencio.
- Después, se escucha otra vez la sección A, pero ahora el tema no se repite.
- La sección C contrasta con las anteriores, y la pieza termina con una nueva aparición de la sección A.

smSaviadigital.com PRACTICA
Escucha la audición y sigue el musicograma.

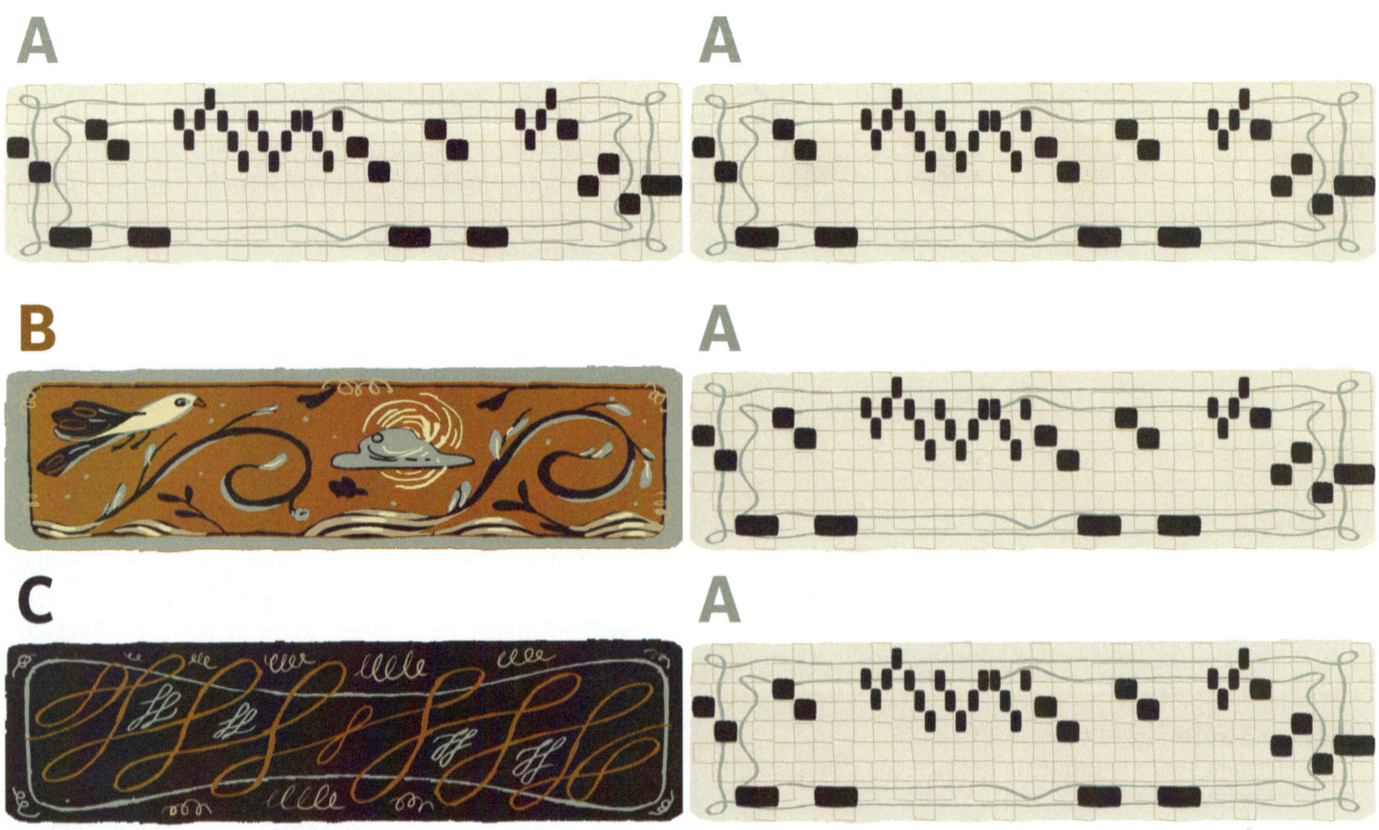

ANALIZA LA AUDICIÓN

Realiza el análisis de la audición, siguiendo la pauta que has aprendido en la página 9 de la unidad 1 de este libro. Para ello, escucha la pieza tantas veces como sea necesario y responde a estas preguntas.

1. Forma

   El rondó de esta *suite* de Bach tiene cinco secciones, la primera de las cuales se repite. ¿Cuál es la forma resultante? Elige la opción correcta:

   a. AABABA

   b. AABACA

   c. AABCDA

2. Ritmo

   a. ¿Cuántos compases dura cada una de las secciones de este rondó?

   b. ¿Hay fórmulas rítmicas que se repiten? ¿En qué secciones? ¿Podrías tocarlas? ¿Por qué?

   c. ¿Este rondó está en compás binario o ternario?

3. Melodía

   a. ¿La melodía se mueve fundamentalmente por grados conjuntos, por saltos o por una mezcla de ambos?

4. Timbre

   a. ¿Cómo definirías la agrupación que interpreta esta obra: orquesta sinfónica, orquesta de cámara o banda?

5. Textura

   ¿Cómo definirías la textura de la obra? Elige una de las siguientes opciones:

   a. Monódica (una sola melodía tocada por uno o varios instrumentos)

   b. Homofónica (varias voces con distintas melodías pero con el mismo ritmo)

   c. Polifonía (varias voces, en este caso una melodía acompañada)

6. Tempo

   ¿Cuál puede ser el tempo de este rondó?

   a. *Largo*

   b. *Allegretto*

   c. *Presto*

7. Dinámica

   a. ¿Hay cambios de intensidad evidentes en la obra?

CREA E INTERPRETA

Organizaos en pequeños grupos. Entre todos inventad un acompañamiento con percusión corporal para el estribillo (sección A) del rondó.

8. **Practicad el acompañamiento junto con la audición.**

9. **Interpretad vuestro acompañamiento del tema A con la audición y prestad atención a los otros grupos.**

   a. Considerad qué acompañamientos se ajustaban mejor al carácter de la pieza.

   b. ¿Por qué habéis escogido esos y no otros?

3 Acordes de cuatro notas

Acordes cuatríadas

Añadiendo un intervalo de tercera a un acorde tríada obtenemos un acorde cuatríada. Esa última nota que añadimos forma un intervalo de 7.ª con la nota fundamental:

Los acordes con 7.ª menor producen una disonancia de tono con la fundamental, salvando la distancia de 8.ª. Cuando se forman sobre un V grado (dominante), la tensión que crean suele resolverse con un acorde de tónica o de VI grado, dando sensación de reposo. Estos acordes se llaman 7.ª de dominante (V7). Cualquier acorde mayor se puede convertir en 7.ª de dominante temporalmente para cambiar de acorde o modular a otra tonalidad.

Los acordes que se forman sobre los VII grados de los modos mayor y menor, y sobre el II del menor (acordes de 5.ª disminuida), suelen utilizarse con 7.ª disminuida especialmente en la guitarra: si-re-fa-la♭, re♯-fa♯-la-do, sol♯-si-re-fa, etc. Estos acordes pueden hacer la función de dominante.

Los acordes con 7.ª mayor (disonancia de semitono) no tienen función tonal, aunque se utilizan en el *jazz*, en el *rock*, en la música brasileña y en otras músicas populares.

Además de la 7.ª, a los acordes se les pueden añadir notas a diferentes intervalos respecto a la fundamental. Por ejemplo, la 6.ª mayor o menor: do-mi-sol-la (6.ª M), la-do-mi-fa (6.ª m). Estos acordes se denominan acordes con 6.ª añadida. Entre las 5.as y las 6.as de estos acordes se producen disonancias de tono que no son molestas al oído. Son las mismas con las que improvisamos en los laminófonos si quitamos si-fa y do-mi.

1. Forma un grupo de cuatro compañeros e interpreta estos acordes con las flautas o con otros instrumentos. Cada uno tocará una de las cuatro notas de cada acorde. Identifica en la partitura las disonancias y, mientras interpretas, presta atención a cómo se resuelven.

   Recuerda que hay varias posiciones para cada acorde: do-mi-sol-do, mi-sol-do-mi, etc. Sin embargo, la 7.ª o la 6.ª se indican siempre en relación con la fundamental (aunque esta no coincida con la nota más grave del acorde).

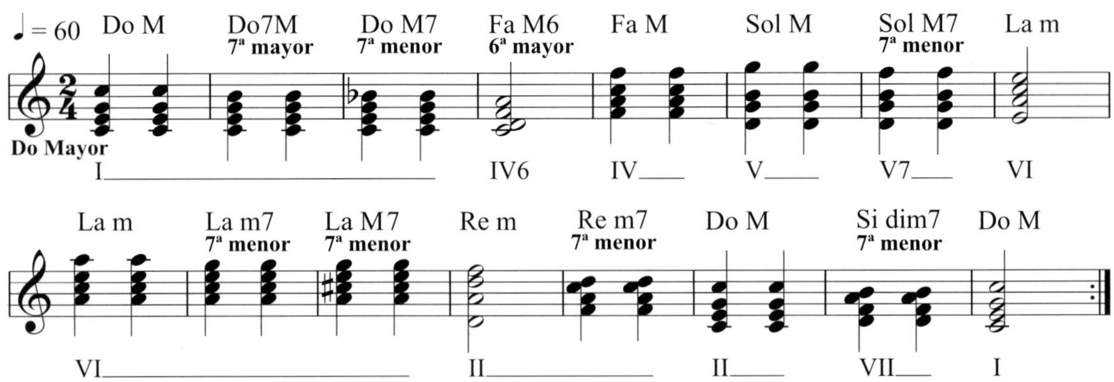

EJEMPLO SONORO 1 38

Escuchar y reconocer

Escucha y reconoce auditivamente los diferentes tipos de acordes estudiados.

- ¿Puedes identificar los acordes de 7.ª? ¿Y los de 6.ª?

smSaviadigital.com PRACTICA
Averigua de qué acorde se trata.

2. Escucha esta melodía tradicional en La menor y síguela en la partitura. Puedes llevar el pulso con instrumentos de pequeña percusión. Fíjate en cómo suenan los acordes de 7.ª de dominante y ten en cuenta que algunos están incompletos porque no utilizamos las láminas de sol♯.

1

39

3. Interpreta la partitura. Puedes sustituir la flauta por un carillón cromático (con la nota sol♯).

La Tarara

TRADICIONAL

4. Estas son las notas de los acordes de cada uno de los grados. I: la-do-mi. IV: re-fa-la, V: mi-sol♯-si, V7.ª: mi-sol♯-si-re, VI: fa-la-do, VI6.ª: fa-la-do-re. ¿En qué compases hay acordes incompletos?

5. Observa en internet varias versiones de esta melodía y las diferentes versiones de letras. Elige una de ellas y apréndela: www.e-sm.net/IIesomu_sv_05_03

4 Concierto para varios instrumentos

- Interpreta esta pieza para concertino (flautas 1, 2 y 3) y *tutti* (a las tres flautas se les añade la flauta 4 y el xilófono).

Concierto de Brandemburgo n.º 4 (BWV 1049) J. S. Bach

- ¿Sabes qué significan las siglas BWV puestas al inicio de la partitura? ¿Todos los compositores barrocos las indican en sus obras? Busca información sobre estas cuestiones y compártela con tus compañeros.

5 Ronda de zapatos

Para hacer música no siempre es imprescindible disponer de un instrumento musical. Aprovecha la ocasión y sácale el mayor partido sonoro a los objetos o materiales que se encuentren cerca de ti. Busca una función musical a tus prendas, bolígrafos, reglas, sillas, mesa...

Ronda del zapato

1 PARTE A (ESTRIBILLO): INTERPRETACIÓN

- Formad grupos de cuatro personas y practicad este ritmo con palmas.

- Sentaos en círculo y quitaos los zapatos.
- Inventad una coreografía para vuestros zapatos siguiendo el ritmo anterior.
- Utilizad todas las posibilidades sonoras (golpear, chocar, frotar) y posiciones en el espacio (derecha, izquierda, delante, detrás, arriba, abajo, rodeándoos, etc.) de los zapatos.

¡Ojo! Tenéis que permanecer sentados en el círculo.

2 PARTE B: IMPROVISACIÓN

- Numeraos del 1 al 4.
- Cada miembro del grupo improvisará ritmos con sus zapatos durante un compás de $\frac{2}{4}$.
- Empezará el número 1.
- Haced varias rondas de improvisaciones hasta que estéis seguros de que los ritmos encajan con el pulso y el compás.

3 PARTE C: CREACIÓN

- Elaborad entre todos una frase rítmica de cuatro compases en $\frac{2}{4}$ utilizando las figuras y combinaciones de figuras que conocéis.
- Emplead los zapatos y cread una coreografía para vuestra línea rítmica.

4 PARTE D: INTERPRETACIÓN

Alternad el estribillo con las improvisaciones de la parte B y vuestra creación de la parte C, e interpretad la *Ronda del zapato*.

MATERIAL

– Zapatos

Música e imágenes

¿Has pensado alguna vez en la diferencia que existe entre mirar un vídeo musical o incluso a una orquesta, un solista u otra agrupación tocando y solo escuchar la música grabada? Como decía el compositor Michel Chion, "No se ve lo mismo cuando se oye, y no se oye lo mismo cuando se ve". Por esto hablamos de dos experiencias distintas, aun cuando escuchemos la misma música. Te invitamos a comprobarlo.

- **Música visual**
  Algunos creadores han elaborado obras traduciendo los sonidos de una pieza musical a imágenes u otras formas de representación visual. Un ejemplo es el del pintor, animador y realizador alemán Oskar Fischinger (1900-1967), creador de un "poema óptico" para la segunda *Rapsodia húngara* de Liszt.

- **Diaporamas**
  Un diaporama es una creación audiovisual que en su versión más elemental consta de una serie de imágenes fijas acompañadas de música. Generalmente, la música tiene alguna relación con el contenido de las imágenes o cumple la función de despertar determinadas emociones en el espectador. También se puede realizar seleccionando imágenes relacionadas con una determinada pieza musical.

Partituras gráficas animadas

Existen aplicaciones que permiten crear partituras gráficas animadas. Estas aplicaciones traducen las notas de una partitura a líneas de distinto color y longitud y ubicadas en distintos lugares en el plano. Una de las aplicaciones más utilizadas para conseguir este efecto es Music Animation Machine.

La aplicación lee los datos de un archivo MIDI que contiene información sobre todas las notas e instrumentos de la partitura y los traduce.

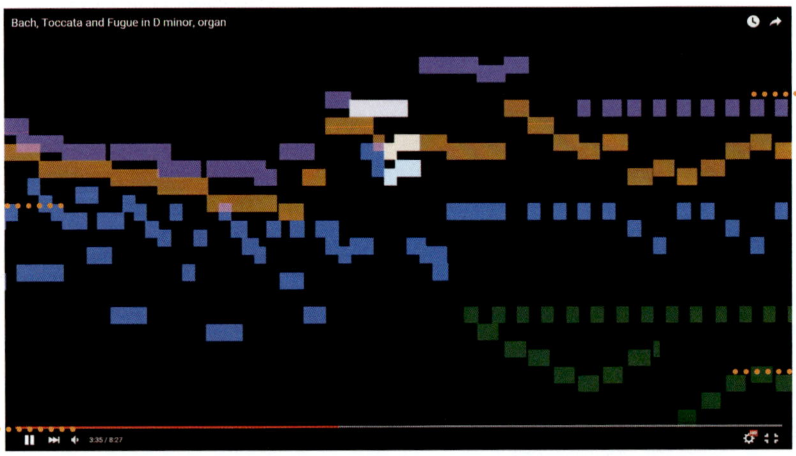

La longitud de las líneas indica la duración de cada sonido. La altura en el plano muestra si el sonido es más grave o más agudo, y los colores representan a los distintos instrumentos.

Al animar las imágenes, lo que vemos coincide con lo que escuchamos.

PON EN PRÁCTICA

Comprueba el efecto que producen las siguientes acciones sobre el poema óptico creado por Oskar Fischinger con la música de la segunda *Rapsodia húngara* de Liszt. www.e-sm.net/IIesomu_sv_05_04

- Escucha solo la música.
- Mira solo las imágenes.
- Observa y escucha el vídeo.

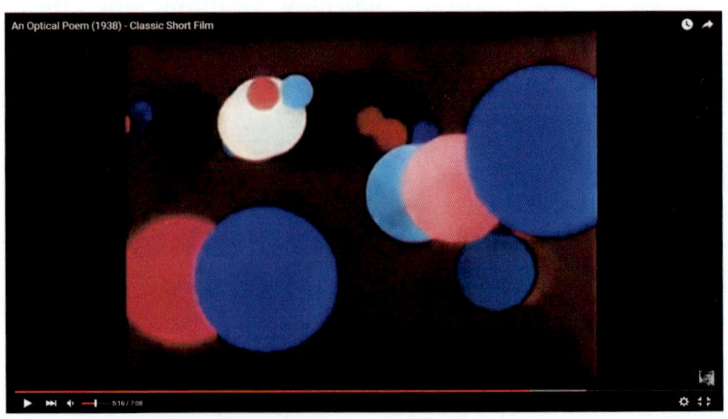

1 Partituras animadas

La posibilidad de sincronizar imagen y sonido ha dado la opción de crear numerosos vídeos en los que podemos ver cómo pasa la partitura mientras suena la música.

a) Descarga la partitura completa del "Aleluya" de *El Mesías*, de Haendel usando este enlace: www.e-sm.net/IIesomu_sv_05_05

b) Escucha la música grabada en este enlace y sigue la partitura. Con los tres primeros minutos será suficiente. www.e-sm.net/IIesomu_sv_05_06

¿Ha resultado fácil?

c) Ahora escucha y mira este vídeo.

www.e-sm.net/IIesomu_sv_05_07

Compáralo con la actividad anterior: ¿hay algo que resulte más fácil o más difícil?

d) Finalmente, escucha y mira otra versión grabada: www.e-sm.net/IIesomu_sv_05_08

e) ¿Cómo ha resultado la experiencia? ¿Qué ventajas o desventajas tiene cada una de estas opciones?

2 Debate

¿Te has preguntado alguna vez cómo podría sonar una imagen? Para comprobarlo vamos a utilizar una aplicación informática que hará una interpretación de la imagen.

a) Descarga una o dos imágenes desde internet y guarda los archivos en una carpeta.

b) Abre la página Music in images: www.e-sm.net/IIesomu_sv_05_09

c) Usando el botón de arriba a la izquierda, sube una de las imágenes. Una vez que se haya cargado comenzarás a escuchar la música.

d) ¿Qué sucede si haces clic repetidas veces en el mismo lugar de la imagen? ¿Y si lo haces en distintos lugares?

e) También puedes probar los efectos que se producen eligiendo un instrumento distinto para la melodía o para los acordes.

3 Músicos animados

Animusic (www.e-sm.net/IIesomu_sv_05_10) es una compañía dedicada a la creación de música visual que convierte en animaciones la música grabada en MIDI. Puedes ver algunas de sus producciones en la página web.

a) Imagina que una revista de música y tecnología te encarga una columna de 300 palabras para comentar el trabajo y los vídeos de esta compañía. ¿Qué dirías?

Puedes elaborar tu texto solo o en pareja. Antes de empezar, poned en común las ideas y elaborad un sencillo esquema o un mapa mental. Luego escribid el texto. Finalmente, revisadlo para comprobar que estáis conformes con los resultados y comparadlo con los del resto de la clase. Si tenéis una web o un blog de aula, podríais publicarlos.

4 Crea un diaporama

En YouTube podrás encontrar distintos diaporamas creados para acompañar "La primavera" de *Las cuatro estaciones* de Vivaldi usando imágenes fijas. Aquí tienes dos ejemplos:

www.e-sm.net/IIesomu_sv_05_11

www.e-sm.net/IIesomu_sv_05_12

¿Te atreves a crear tu propia versión?

Sigue estos pasos:

a) "La primavera" tiene un pequeño argumento que te servirá como guía para seleccionar las imágenes. Búscalo en internet.

b) Selecciona las imágenes más adecuadas para los dos primeros minutos de música.

c) Crea una presentación de diapositivas con Photo Peach: www.e-sm.net/IIesomu_sv_05_13

d) Pasa el enlace a tu clase para que puedan dejar comentarios en el vídeo.

¿Qué has aprendido?

Conoce la música barroca

1. Completa en tu cuaderno este esquema sobre las características del Barroco.

2. Compara las características musicales del Renacimiento y el Barroco en los aspectos señalados. Completa el cuadro en tu cuaderno.

	Música renacentista	Música barroca
Polifonía	•••	•••
Perfil melódico	Melodías sencillas, equilibradas y poco adornadas.	•••
Música instrumental	•••	•••
Música vocal profana	•••	•••

3. ¿Qué es el bajo continuo? ¿De qué época es característico? Responde en tu cuaderno.

Distingue las formas de la música vocal profana

4. ¿En qué se parecen y en qué se diferencian la ópera, la cantata profana y la zarzuela? Responde en tu cuaderno.

Diferencia los instrumentos y las formas instrumentales del Barroco

5. ¿Cuál de estos instrumentos es una guitarra barroca? ¿Qué instrumento fue sustituido por ella? Escribe el nombre de un compositor de música para guitarra barroca en tu cuaderno.

6. ¿A qué forma instrumental pertenece cada característica? Responde en tu cuaderno.

a) Concierto en el que dialogan varios solistas con el resto de la orquesta.

b) Es la evolución de la *suite*.

c) Piezas que suelen abrir una obra de mayor dimensión.

d) Pieza en la que una frase musical pasa de una voz a otra.

Diferencia los acordes tríadas de los cuatríadas

7. ¿Cuáles de estos acordes son tríadas? ¿Y cuáles son cuatríadas? Responde en tu cuaderno.

a)
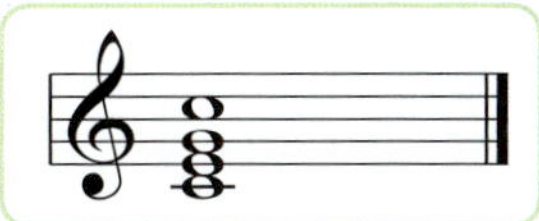

b)
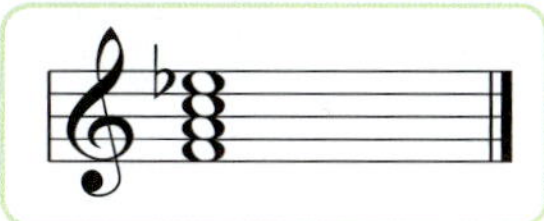

c)
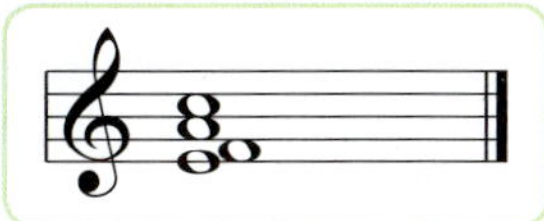

d)
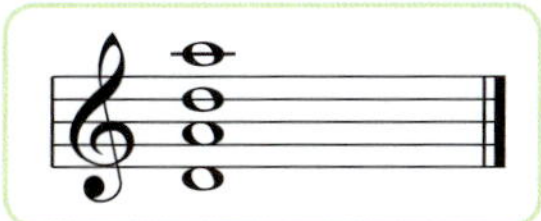

Clasifica los acordes cuatríadas

8. Clasifica en tu cuaderno estos intervalos según sean de 7.ª mayor, de 7.ª menor o de 6.ª añadida.

a)
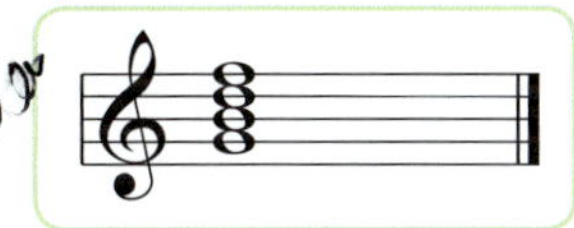

b)
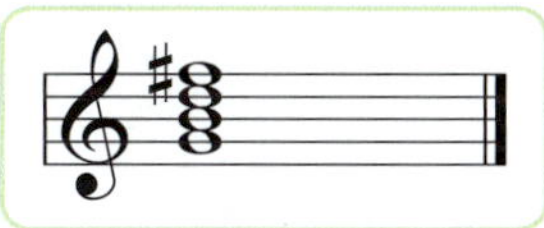

c)
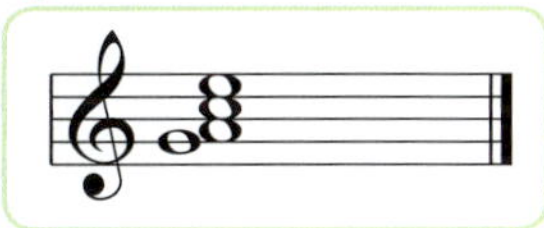

d)
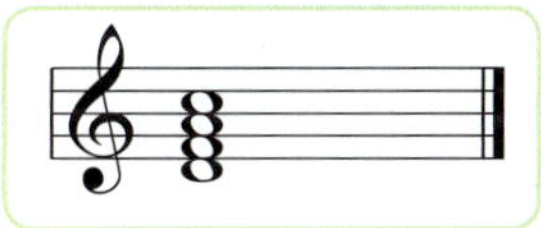

9. ¿En qué consiste un acorde de 7.ª de dominante? En esta partitura hay un acorde de 7.ª de dominante: encuéntralo y escríbelo en tu cuaderno.

Repasa los tipos de compases

10. Escribe qué compás tiene este ejercicio e indica si es un compás simple o compuesto. ¿Qué otro tipo de compás existe además de los simples y compuestos? Responde en tu cuaderno.

APRENDE A PENSAR

Sobre el Barroco musical se pueden aprender muchas cosas. A cada persona le pueden resultar interesantes unas cuestiones u otras.

¿Qué más te gustaría saber y no hemos mencionado?

- Elabora una lista con todas las preguntas que te han surgido sobre la música, compositores e instrumentos barrocos. No importa que el tema no haya sido tratado en el texto.

6 La música clásica

Abre tu mirada

Todo lo que pasa a nuestro alrededor nos influye de una manera u otra y afecta a cómo nos sentimos. La música es un medio de expresión del ser humano. Elegimos escuchar y componer músicas que se relacionen con nuestro estado de ánimo y lo reflejen. El arte y la música son un reflejo de la situación social de una época y de un pueblo. ¿Te sentirías igual si tu país estuviera en guerra? ¿Es lógico que los compositores que viven en diferentes contextos tengan distinta mentalidad y estilo?

Los músicos y artistas del Barroco y el Clasicismo vivieron situaciones diferentes y lo reflejaron en su música.

- ¿Cuáles son las características del Clasicismo musical?
- ¿Cómo era la música instrumental clásica?
- ¿Cuáles son las tonalidades cercanas? ¿Recuerdas las diferentes escalas?
- ¿Interpretamos una canción con instrumentos de láminas al estilo de Mozart?
- ¿Experimentamos las formas clásicas?

Observa y piensa

Es muy común referirse a la música académica como música clásica. Sin embargo, la música clásica es la compuesta durante el Clasicismo.

La música de Mozart, Haydn y Beethoven consiguió llegar y gustar tanto al público, que en los siglos XIX y XX la gente consideraba que sus obras eran unos clásicos. Esta terminología se fue extendiendo hacia todos los grandes compositores de la historia y, por eso, hoy día todavía hay mucha gente que confunde la música del período clásico con la académica.

La Antigüedad griega y romana también se denomina Antigüedad clásica. En torno a la mitad del siglo XVIII los artistas quisieron dejar el estilo recargado del Barroco y volver a una música más clara y natural, como la de la Antigüedad clásica. Por eso, llamaron Clasicismo a esta época. ¿Crees que llegaron a hacer una música parecida a la griega y a la romana? ¿Por qué?

Observa y reflexiona

El Barroco fue un período muy diverso y cambiante, con conflictos religiosos y políticos, en el que Europa vivió también una revolución científica. Los músicos europeos de diferentes zonas vivían de forma muy distinta. Existieron muchos estilos musicales y algunos levantaron grandes pasiones y debates.

Durante el Clasicismo hubo muchos reyes y gobernantes que habían nacido en países distintos a los que gobernaban. Los artistas viajaron y vivieron por toda Europa sin importar cuál fuera su patria. Las grandes ciudades se extendieron rápidamente y la clase media consiguió más poder. Todo esto propició un cambio en el gusto musical: se buscaba una música natural y equilibrada que agradara a la mayoría del público. J. J. Quantz, flautista y compositor, defendió que la mejor música sería la que combinase lo bueno de los estilos musicales de cada lugar. Esto acabó convirtiéndose en una tendencia general: se buscó una música universal, con un único lenguaje común a todas las naciones.

Y tú, ¿qué opinas?

¿Qué ventajas y desventajas crees que tendría que todo el mundo hablara el mismo idioma?

¿Y que existiera un único estilo musical?

¿Crees que las condiciones en las que se vive en diferentes lugares del mundo influyen de forma determinante en los gustos musicales?

¿Crees que todos los pueblos tienen las mismas oportunidades?

¿Sabes crear una infografía musical?

ESCUCHARÁS:

- ***Pequeña serenata nocturna*, "Minueto" (W. A. Mozart)**
- **Sinfonía n.º 5 (L. v. Beethoven)**
- **Sinfonía n.º 94, *La sorpresa* (J. Haydn)**

1 El Clasicismo musical

AUDICIÓN 2 1

***Pequeña serenata nocturna*, "Minueto",**
W. A. MOZART (1756-1791)

Guía de la audición

– Este es el tercer movimiento de la *Pequeña serenata nocturna* en Sol mayor. Es un *Allegretto* y está formado por dos partes, un minueto que se repite al final y una parte central llamada trío, que está en la tonalidad de la dominante, Re mayor.

– Esquema con el nº de compases de $\frac{3}{4}$:

A8 - A8 - B8 - B8 (MINUETO) - C8 - C8 - D12 - D12 (TRÍO) - A8 - B8 (MINUETO)

– Todas las frases comienzan con anacrusa.

Afina el oído

- **Sigue la audición con este esquema temporal:**
  Minueto: 00:00 A - 00:12 A - 00:23 B - 00:34 B
  Trío: 00:46 C - 00:59 C - 01:11 D - 01:29 D
  Minueto: 01:49 A - 02:01 B
- **Puedes tocar el tema A con la flauta:**

Características generales

En el Neoclasicismo, como en el Renacimiento, todas las artes pusieron su atención en los modelos clásicos. La música continuó su evolución por la carencia de huellas musicales clásicas. Solo algunos temas de óperas, el equilibrio en la interpretación y la definición de las formas musicales son reflejo del espíritu de la época.

El comienzo del **Clasicismo** se suele situar en 1750, año del fallecimiento de Bach, y su finalización en 1827, año del fallecimiento de Beethoven. Distinguimos los siguientes estilos previos al Clasicismo:

- **Rococó** o **estilo galante**. Surgió en Francia con obras destinadas a agradar al público, sin complicaciones musicales. Destacan como autores tres hijos de Bach (W. Friedemann, C. P. Emanuel y J. Christian).
- **Estilo sentimental** o **Escuela de Mannheim**. Johann Stamitz (1717-1757) y otros compositores reformaron el estilo instrumental: contrastes rápidos en la expresión, movimiento melódico en el bajo (desaparece el bajo continuo), reforma orquestal, etc.

Características musicales

- Aunque a veces se utiliza la polifonía imitativa, se generaliza la **melodía acompañada** y la **homofonía** (armonía vertical), y desaparece el bajo continuo, ya que los acordes suelen escribirse.
- La armonía se basa en los **acordes I, IV** y **V**, con cadencias definidas. Prevalece el **modo mayor** y los **cambios de tonalidad**.
- Se busca la **claridad** y la **simetría en la forma**: frases musicales de similar duración y a base de "preguntata-respuesta".
- Se indican en la partitura todos los **elementos expresivos**, para recoger exactamente las indicaciones del compositor.
- Durante el Clasicismo desaparecen la *suite*, el coral, el preludio, el *concerto grosso*, la cantata, la tocata y la fuga; y se afianzan la **sonata**, la **sinfonía**, el **concierto solista**, y la **ópera seria** y **cómica**.
- La **música instrumental** alcanza más importancia que la vocal: aumenta la orquesta y se desarrolla la música de cámara con la aparición del piano y el afianzamiento del cuarteto de cuerdas.

1710 **1720** **1730** **1740** **1750**

G. B. PERGOLESI **(1710-1736)** Uno de los más importantes compositores de la ópera bufa.

J. J. ROUSSEAU **(1712-1778)** Enciclopedista francés y compositor que defendió el estilo operístico italiano en Francia.

CH. W. GLUCK **(1714-1787)** Conocido por la reforma de la ópera emprendida a partir de 1761.

LUIS DE MISÓN **(1727-1776)** Autor barcelonés de tonadillas de mucho éxito.

J. HAYDN **(1732-1809)** Uno de los compositores más relevantes del Clasicismo. Considerado "padre de la sinfonía y del cuarteto de cuerda".

Haydn, a la derecha, dirigiendo un cuarteto de cuerda

A. SALIERI **(1750-1825)** Compositor italiano que trabajó en Viena. Fue muy reconocido en su época.

V. MARTÍN Y SOLER **(1754-1806)** Autor español reconocido en toda Europa por sus óperas y *ballets*.

BLAS DE LASERNA **(1751-1816)** Autor de tonadillas, que defendió el pintoresquismo español frente a la influencia italiana.

Música escénica

La música religiosa, como género mixto, pierde el protagonismo a favor de la **ópera** y sus variantes.

- **Opera cómica frente a la ópera seria.** La burguesía descubre la ópera a través de la ópera cómica, con personajes y lugares de la vida cotidiana y argumentos en los que predominaba el enredo. Sin embargo, la nobleza prefería la **ópera seria** o tragedia lírica, con sus argumentos basados en la mitología clásica o la historia, además de utilizarla como elemento de ostentación social.
- **Conflicto entre el estilo francés y el italiano.** La ópera cómica italiana, también llamada ópera bufa, se expandió desde Italia al resto de países de la mano de autores como **G. B. Pergolesi**, **D. Cimarosa**, **A. Salieri** y **L. Cherubini**. Con su melodía fácil y elegante y la pérdida de importancia del recitativo y del aria, entró en conflicto con la ópera seria, cuyo máximo exponente estaba situado en Francia.
- **Reforma de la ópera.** El compositor alemán establecido en Francia **Ch. W. Gluck** sintetizó en su obra los dos estilos. Dio más importancia a la expresión de los sentimientos que al virtuosismo en el canto, y acortó las arias y los recitativos añadiéndoles música orquestal.
- **Escuela de Viena.** Coinciden muchos músicos europeos. Se suma la experiencia orquestal con la sensibilidad melódica italiana. Destacan:
  - **J. Haydn:** escribió más de 15 óperas y 2 oratorios.
  - **W. A. Mozart:** escribió varias óperas en diferentes estilos, destacando por la expresión orquestal y el estudio de los personajes. También compuso obras religiosas, entre las que sobresale el *Réquiem*.
  - **L. v. Beethoven:** fue autor de la ópera *Fidelio* y de obras mixtas como misas, oratorios, cantatas, *lieder*, etc.
  - **V. Martín y Soler:** fue un gran autor español que triunfó por toda Europa. Escribió óperas y *ballets* de estilo italiano.
- **España.** Se escribieron óperas de estilo italiano, aunque el público prefería las **zarzuelas** y las **tonadillas**. Estas fueron obras de humor y costumbres, destinadas a un público más popular que el de la zarzuela. Sus principales autores fueron **Luis de Misón** y **Blas de Laserna**.

EJEMPLO SONORO 2 2 3

La "querella de los bufones"

La serva padrona, G. B. PERGOLESI (1710-1736)

Cástor y Pólux, J. PH. RAMEAU (1683-1764)

A mediados del siglo XVIII tuvo lugar en Francia la llamada "querella de los bufones", entre los partidarios de la ópera bufa y la ópera seria. Ocurrió a raíz de la representación en París de la ópera bufa *La serva padrona*, del italiano **G. B. Pergolesi**. Autores franceses de ópera seria, como **J. B. Lully** y **J. Ph. Rameau** defendieron el estilo francés de tragedia lírica, frente a estas nuevas influencias, defendidas por autores como el filósofo y músico **J. J. Rousseau**.

- Escucha y escribe qué características puedes asignar a cada tipo de ópera.

ACTIVIDADES

Trabaja en la red

1. smSaviadigital.com COMPRENDE
Escucha en el eje cronológico interactivo la música del Clasicismo.

1760 — 1770 — 1780 — 1790 — 1800

L. CHERUBINI **(1760-1842)** Trabajó en Francia, autor de muchas obras. Beethoven lo reconoció como el más grande compositor de óperas de su época.

W. A. MOZART **(1756-1791)** Genio de la música, su huella marcó la Historia de la Música.

Escena de la ópera de Mozart Don Giovanni

L. V. BEETHOVEN **(1770-1827)** Uno de los compositores más importantes de la historia. Sus composiciones se pueden situar desde el Clasicismo hasta los inicios del Romanticismo.

1827: FALLECIMIENTO DE BEETHOVEN. INICIO DEL ROMANTICISMO MUSICAL

En el siglo XVIII la música entró en los salones de la burguesía

Música instrumental

Instrumentos

El empleo del **clave**, **clavecín** o **clavicémbalo** va decayendo paralelamente al desarrollo técnico del **piano**, que en esta época se denominaba ***fortepiano***.

Se pasa de pulsar las cuerdas con plectros a percutirlas con un macillo que rebota; siempre mediante el teclado. Así se conseguía un sonido más potente y prolongado, o más suave y corto. El origen está en el **clavicordio**, y se hicieron muchos intentos previos.

Desaparecen instrumentos y se perfeccionan otros:

- La **flauta travesera** evoluciona a partir del **traverso** barroco y se incluye en la orquesta en el siglo XIX. Las flautas de pico dejan de interesar hasta el siglo XX.
- La **trompeta** y la **trompa** pasan de naturales a cromáticas, al incorporárseles pistones y válvulas.
- El **arpa** alcanza casi todas las características actuales.
- El **clarinete** se incorpora a la orquesta a finales del XVIII, desde que Mozart escribió un concierto para él.

Tipos de obras instrumentales

- **Sonata.** Evoluciona desde el Barroco, modificando el tempo y carácter de cada uno de los cuatro movimientos:

  1.º) ***Allegro.*** Sigue un tipo de forma por desarrollo denominado precisamente **forma sonata**. Consiste en la **exposición** de dos temas, **desarrollo** de ambos, y **reexposición** de estos, y coda o recapitulación.

  2.º) ***Andante.*** Más lento y melódico que el primero.

  3.º) ***Allegretto.*** Puede ser un **minueto** o un ***scherzo*** (desde Beethoven), en compás ternario.

  4.º) ***Allegro.*** Generalmente es un **rondó**.

  Este esquema, con algunas variaciones, se utilizó mucho en diversas formaciones instrumentales.
- **Sinfonía.** Es una sonata para orquesta, aunque puede tener muchas variantes.
- **Concierto.** Para instrumento solista y orquesta. Tiene tres movimientos, ya que se suprime el tercero de la sonata. Hay partes solistas (como la cadencia) y diálogos con la orquesta.
- **Serenata.** Suele incluir algún movimiento más. Junto con la casación y el divertimento, son piezas para música de cámara o para banda.
- **Dúo, trío, cuarteto, quinteto, etc.** Son obras para ese número de instrumentos. El **cuarteto de cuerda** (2 violines, viola y violonchelo) y el **quinteto de viento** (flauta, oboe, clarinete, trompa y fagot), son las formaciones más utilizadas.
- Piezas para un solo instrumento polifónico: **arpa**, **guitarra** y otros, pero sobre todo para ***fortepiano***.

Haydn y Mozart: amigos y genios

Joseph Haydn (1732-1809)

Retrato de Haydn

De familia muy humilde, estuvo al servicio de grandes señores austriacos hasta llegar al príncipe Esterházy. Al final de su vida viajó por Europa, especialmente Londres.

Haydn y Mozart se conocieron y admiraron mutuamente

Sus obras se caracterizan por el equilibrio clásico. Transfirió el esquema de la sonata a la sinfonía y al cuarteto de cuerdas, con desarrollos más trabajados. Revalorizó el contrapunto y la polifonía orquestal. Aumentó la importancia de los instrumentos de viento.

Escribió 104 sinfonías (se le considera el padre de la sinfonía y del cuarteto de cuerda), oberturas, conciertos, sonatas, óperas, oratorios, etc.

Wolfgang Amadeus Mozart (1756-1791)

Fotograma de la película Amadeus, *de M. Forman*

Mozart fue un niño precoz al que su padre Leopold explotó por toda Europa dando conciertos junto a su hermana Nannerl. No es que fuera un niño prodigio únicamente, sino que era y fue un músico prodigioso durante toda su vida.

Tenía una cualidad única para escribir la música, no corregía casi nada, la veía, la sentía y la escribía. Conoció y recibió clases de los mejores músicos de su época.

No innovó las formas musicales, pero las empleó admirablemente utilizando la técnica alemana junto a la inspiración melódica italiana.

A pesar de su vida desdichada, no se manifestó en su obra la tristeza. Solo en sus tres últimas sinfonías hay un cierto matiz emocional y romántico.

Escribió 41 sinfonías, conciertos para piano y orquesta, óperas cómicas, el *Réquiem*, etc.

EJEMPLO SONORO

Un paseo por las obras del Clasicismo

En el Clasicismo se dio un gran desarrollo de la música instrumental y, en consecuencia, de los tipos de obras que se componían.

- **Observa estos ejemplos e intenta extraer alguna característica que distinga a cada uno: www.e-sm.net/IIesomu_sv_06_01**

Beethoven, un genio clásico con espíritu romántico

Retrato de Beethoven

Ludwig van Beethoven (1770-1827)

Vivió en una época de revoluciones: la independencia de los EE. UU. (1776), la Revolución francesa (1789) y la industrialización y aparición de la clase obrera.

Su padre le dio clases de piano, violín y flauta. A los 17 años obtuvo una beca para ser alumno de Mozart en Viena. Éste dijo: "Reparad en este hombre. Un día será célebre en el mundo entero".

En 1792 volvió a Viena para conocer a Haydn. Se hizo valer como pianista e improvisador. Estrenó la 1.ª y la 2.ª sinfonía. En 1801 sufrió una profunda crisis por los primeros ataques de sordera. Superó la crisis en 1803 y escribió la 3.ª sinfonía. Se la dedicó a Napoleón, pero cuando se declaró emperador le quitó la dedicatoria.

En 1804 escribió la ópera *Fidelio*, las demás sinfonías y varios conciertos, hasta que en 1812 escribió la 8.ª.

Beethoven sufrió de incomprensión por sus ideas políticas. Tradujo en sus obras sus pensamientos sobre la igualdad y sus ideales revolucionarios. Es el primer músico que dejó de ser un sirviente.

Es una figura humana del Clasicismo, pero con una fuerza creadora romántica. En su primer período partió de los esquemas clásicos, interpretándolos y transformándolos. Convirtió la sonata y la sinfonía en formas abiertas a la expresión personal.

Interior de la casa-museo de Beethoven, en Bonn

Escribió 32 sonatas para piano, 17 cuartetos, 10 sonatas para violín y piano, la ópera *Fidelio*, un oratorio, 9 sinfonías, 5 conciertos para piano y orquesta, uno para violín, misas, oberturas, variaciones, etc.

ACTIVIDADES

Trabaja en la red

2. smSaviadigital.com COMPRENDE
Trabaja sobre los tres grandes compositores del Clasicismo con esta presentación interactiva.

AUDICIÓN 2 4

Sinfonía n.º 5 (Fragmento del 1.er movimiento),
L. V. BEETHOVEN (1770-1827)

Guía de la audición

- Escuchamos solo la exposición de los temas A y B. Esta sinfonía es una de las más conocidas de Beethoven, por su motivo inicial del tema A, que se repite, se imita por las diferentes familias orquestales, y se transforma a lo largo de la obra:

- Observa cómo a partir de la exposición va pasando de instrumento en instrumento hasta finalizar en tres acordes.
- A continuación se repite de nuevo en los cordófonos, en la madera y en las trompas; y de nuevo en las cuerdas, que finalizan con el tema completo y con dos acordes que presentan el tema B:

- Este tema B lo tocan violines, clarinetes y flautas. Luego la cuerda lo repite y lo desarrolla. El motivo inicial de A participa en el acompañamiento.
- Otra parte del tema B lleva a la repetición de la exposición.

Afina el oído

- Sigue la audición con las anteriores indicaciones y con este esquema temporal:

00:00 A - 00:44 B - 01:25 A - 02:09 B

Audición práctica — "Sinfonía *La sorpresa*"

La Sinfonía n.º 94 en Sol mayor, *La sorpresa*, es la segunda de un grupo de doce sinfonías compuestas por Joseph Haydn y conocidas como las "Sinfonías de Londres". La obra está escrita para una orquesta pequeña integrada por una sección de cuerdas, dos flautas, dos oboes, dos cornos ingleses, dos fagots, dos trompas y timbales.

CONOCE AL COMPOSITOR

Joseph Haydn fue uno de los compositores más importantes del Clasicismo. Se le conoce como el "padre de la sinfonía y del cuarteto de cuerdas" por sus importantes contribuciones al desarrollo de estos dos géneros. Durante la mayor parte de su vida trabajó como músico de corte para una rica y aristócrata familia húngara, los Esterházy, que mantenían una de las mejores orquestas de su tiempo. Haydn compuso más de cien sinfonías, tríos y cuartetos para varios instrumentos, sonatas para piano, óperas y cantatas, misas y otras obras religiosas, entre las que se cuentan tres grandes oratorios.

Joseph Haydn (1732-1809)

GUÍA DE LA AUDICIÓN

- La forma o estructura de este Andante es el de un tema con variaciones. El tema es una sencilla melodía con forma AABB'. Al final del segundo A, escucharás un acorde fortísimo tocado por toda la orquesta.
- Tras la exposición comienza la primera variación. Seguimos escuchando el tema tocado por las cuerdas graves, pero se añaden nuevas melodías en el registro agudo.
- La segunda variación comienza con la misma melodía, esta vez en modo menor, y en la segunda parte escuchamos una música más enérgica que nos lleva a la siguiente variación, que retoma el modo mayor.
- La cuarta variación comienza con un carácter más enérgico que los anteriores, aunque alterna con partes más calmadas.
- La obra termina con una coda.

smSaviadigital.com PRACTICA
Escucha la audición y sigue el musicograma.

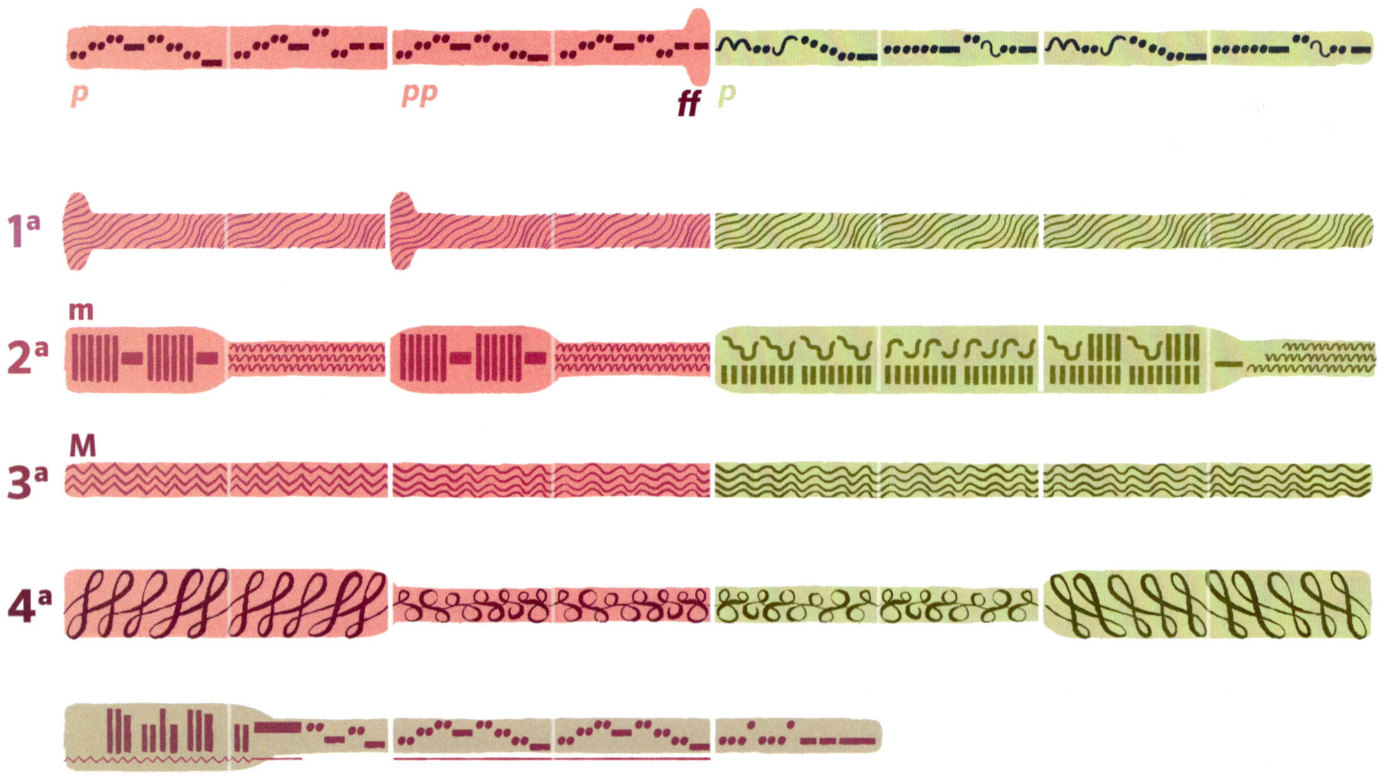

INVESTIGA

1. Como has leído en la introducción, esta composición pertenece a un grupo de doce sinfonías de Haydn conocidas como las "Sinfonías de Londres". Busca información y averigua por qué se denominan así.
2. La música de Haydn suele incluir algunas bromas muy sutiles. En el caso del Andante que has escuchado, la broma consiste en un fortísimo repentino tocado después de un pasaje pianísimo en el medio de la sección A. ¿A quién quería gastar una broma Haydn con este recurso? ¿En qué consistía esa broma?

ESCUCHA Y ANALIZA

3. El movimiento que has escuchado alterna partes en las que solo tocan los instrumentos de cuerda con otras en las que se suman los instrumentos de viento metal. ¿Podrías reconocerlas y completar este esquema indicando los instrumentos? Seguramente podrás hacerlo solo escuchando, pero si tienes alguna duda puedes consultar la partitura de la obra en el siguiente enlace: www.e-sm.net/IIesomu_sv_06_02
4. Para que tengas un modelo, hemos escrito algunas partes. Completa el cuadro en tu cuaderno.

A				Variación 1				Variación 2			
a	a	b	b'	•••	•••	•••	•••	•••	•••	•••	•••
Cuerdas	Cuerdas	Cuerdas	*Tutti*	•••	•••	Cuerdas	Cuerdas	•••	•••	•••	•••

Variación 3				Variación 4				Coda
a	a	b	b	•••	•••	•••	•••	•••
•••	•••	•••	•••	•••	•••	•••	•••	•••

COMPÓN Y TOCA

5. Haced un grupo de 4 a 6 participantes. Juntos tendréis que tocar la melodía del Andante con algún instrumento como la flauta y componer al menos dos variaciones. Léela una octava alta.

Ten en cuenta que para componer una variación puedes, entre otras cosas:

- Alterar el ritmo y/o la melodía añadiendo más notas.
- Alterar el tempo.
- Cambiar la tonalidad de Do mayor (sin alteraciones) a Do menor (tres bemoles, en si, mi y la).

6. Ensayad vuestra composición e interpretadla para toda la clase.
7. Si queréis tocar un bajo o añadir un acompañamiento armónico podéis usar el que acompaña a la partitura.

3 Tonalidades cercanas. Repaso de escalas

Tonos relativos y vecinos: escalas

Las tonalidades que comparten la misma **armadura de la clave** (alteraciones propias) se denominan tonalidades o **tonos relativos** (relacionados). Por ejemplo: Do mayor y La menor (ninguna alteración), Fa mayor y Re menor (1♭), Sol mayor y Mi menor (1♯), etc. Ejemplo:

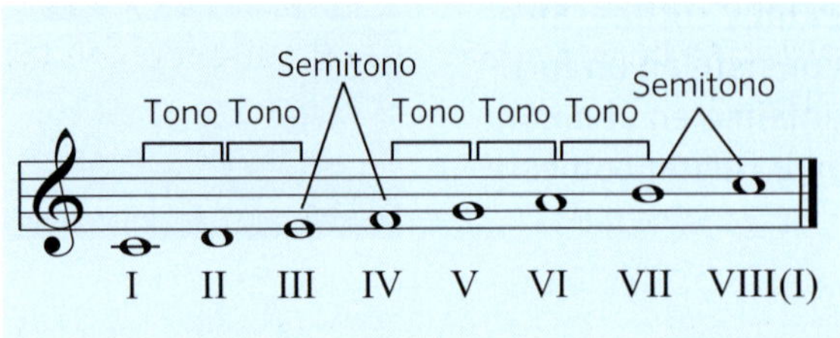

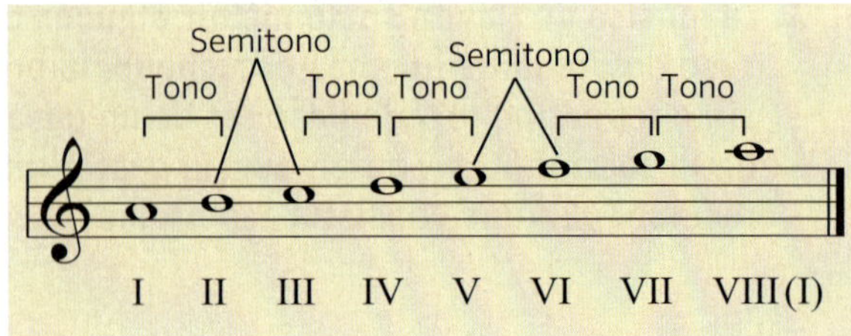

Se llaman **tonalidades vecinas** a las que tienen una alteración más o menos en la armadura de clave. Ejemplo: Do M / La m son vecinas de Fa M / Re m y Sol M / Mi m.

Escala melódica menor

Se forma con una escala ascendente **mixta menor-mayor** y una descendente **menor natural**. Las alteraciones ascendentes de los grados VI y VII igualan las distancias de tono y semitono con las escalas mayores: deja de ser S-T-T y pasa a ser T-T-S.

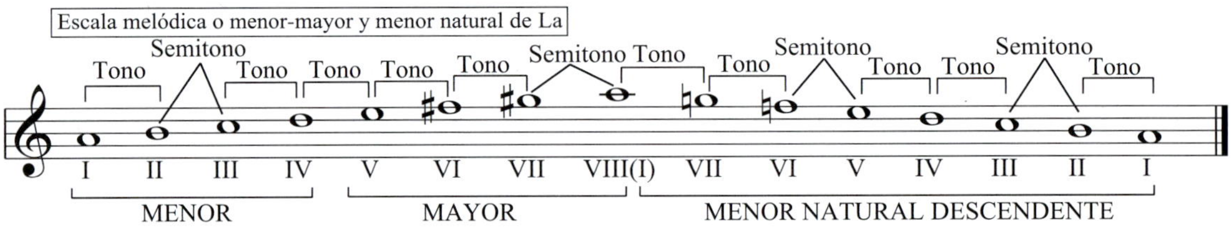

Otras escalas

La distancia de tono+semitono entre el VI y el VII grado, que en la escala anterior evitamos elevando un semitono el VI grado, en otras culturas se utiliza de forma natural. Por ejemplo:

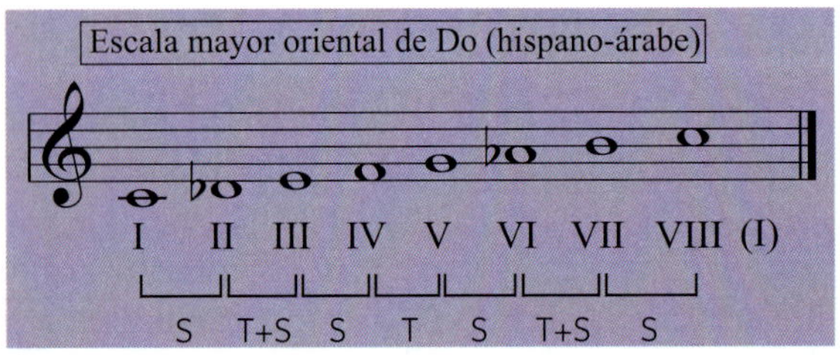

1. **Toca estas notas con el ritmo y duración que quieras, manteniendo el orden en el que aparecen en cada sucesión. Puedes cambiar de octavas y repetir notas, pero sin mezclar los grupos:**

   a) sol, la, sol, mi, do, si, la, fa, re, do, mi, do, re, sol, do.

   b) la, sol, fa, mi, fa♯, sol♯, la, si, do, re, mi, sol♯, la.

   c) do, mi, re♭, do, mi, sol, fa, mi, fa, la♭, sol, fa, mi, re♭, do.

   d) la, sol♯, fa, mi, fa, sol♯, la, si, re♭, mi, fa, mi, la.

2. **¿A qué escala pertenece cada una de las cuatro sucesiones de notas que has tocado?**

EJEMPLO SONORO 2 6

Escuchar y reconocer

Escucha y reconoce auditivamente los diferentes tipos de escalas estudiadas.

sm**Savia**digital.com **PRACTICA**
Identifica estas escalas.

3. Escucha esta adaptación del comienzo de una famosa Sonata en Do mayor para piano de Mozart, y síguela en la partitura. Observa las escalas modales de la, sol, fa, mi y re que hace la melodía.

Fíjate también en los cuatro primeros compases del acompañamiento: son acordes con sus tres notas arpegiadas siempre de la misma forma. Se llama "bajo de Alberti" en honor del clavecinista y compositor barroco Domenico Alberti, que lo utilizó mucho en sus obras, al igual que sucedió con los instrumentos de tecla en el Clasicismo. Imita este acompañamiento percutiendo con las manos en las rodillas, mientras oyes la música.

Mozarteando W. A. Mozart (Adapt. Á. Müller G.)

4. Estudia la melodía en la flauta o el acompañamiento del xilófono, con ayuda del profesor. El tempo real es un *allegro*, pero nosotros la tocaremos mucho más lenta, sobre todo al principio.

Flauta: toma aire en los silencios y después de la primera corchea de las escalas. Articula con "tere" las notas correlativas y con "te" las separadas.

Xilófono: excepto en las semicorcheas, las plicas hacia arriba indican mano derecha, y hacia abajo, mano izquierda.

4 Pa, pa, pa... Pa-pa-ge-no

- Imita a Papageno, de la ópera *La flauta mágica* de W. A. Mozart y toca esta canción con instrumentos de láminas.

La flauta mágica — W. A. MOZART

- Si queréis saber cómo suena la melodía de Papageno, dividid la clase en dos grupos y tocad este fragmento musical.

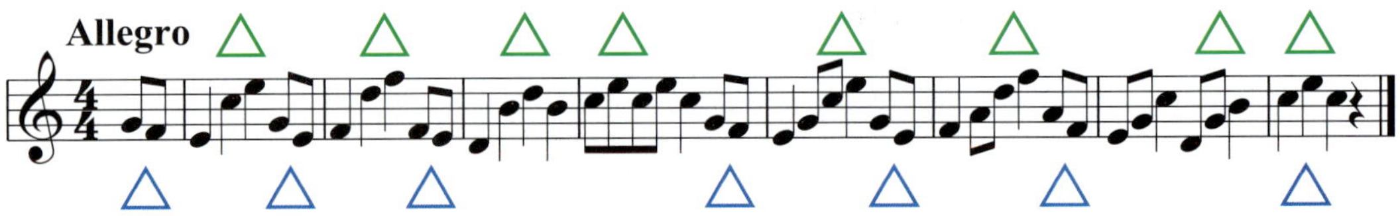

- Moderniza la versión de esta pieza acompañándote de este ostinato para percusión corporal. Repítelo tantas veces como necesites hasta que la pieza llegue a su fin.

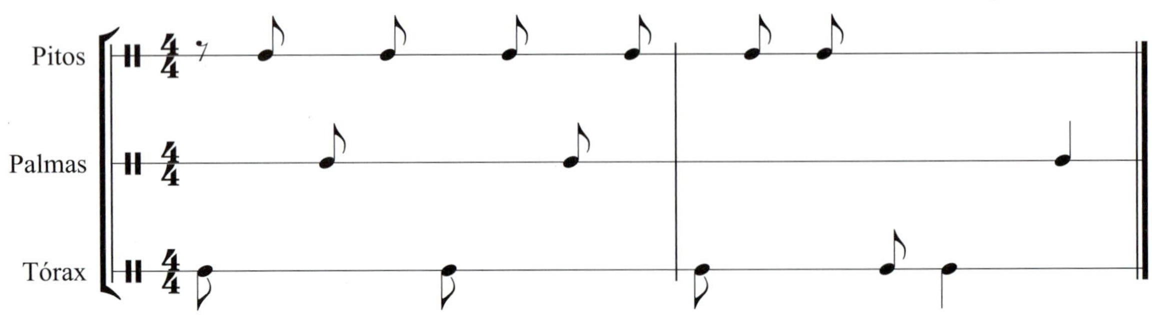

La búsqueda de la belleza a partir de la sencillez y la simplicidad era una de las máximas que los autores clásicos llevaban a su más alto nivel. Inténtalo tú: forma figuras armoniosas y equilibradas con todos tus compañeros.

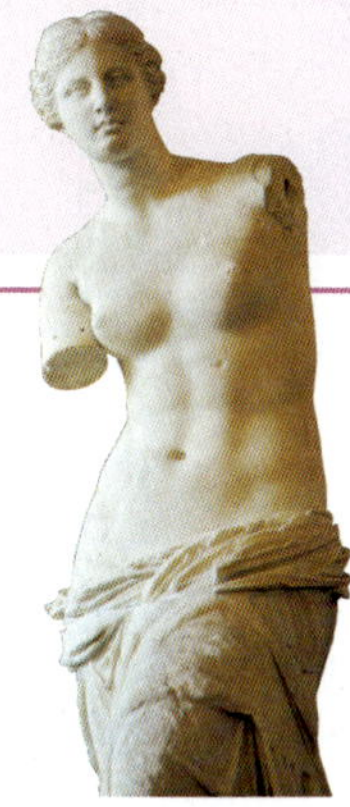

Confecciona una máscara neutra

1 ELABORAD una máscara.

- Mide la distancia entre tus orejas pasando por los ojos y señálala horizontalmente en tu goma EVA blanca.
- Calcula la distancia entre la frente y la barbilla y márcala verticalmente en cada uno de los extremos de tu señal anterior.
- Cierra las marcas formando un rectángulo, recórtalo y redondea los ángulos inferiores.
- Realiza un par de incisiones a la altura de los ojos y agrándalas hasta que compruebes que puedes ver con comodidad. Para la nariz, efectúa otro corte horizontal a la altura de las fosas nasales y, en los bordes, haz una pequeña hendidura vertical siguiendo la línea del tabique nasal.

Solo te queda ponerle la goma elástica.

2 INTERPRETAD

Escucha esta danza alemana de W. A. Mozart.
www.e-sm.net/IIesomu_sv_06_03

- Detecta cuántas frases musicales aparecen. Fíjate muy bien en cuándo comienzan y cuándo terminan. Numeraos y poneos las máscaras.
- Empezando por el número 1, tendréis que bailar hasta llegar al centro del aula. Una vez allí, os quedaréis en una posición estática, cuanto más creativa mejor.
- El desplazamiento se realizará al inicio de una frase musical y os quedaréis quietos justo cuando la frase termine. El número 2 bailará al inicio de la segunda frase. De igual modo, los demás números se incorporarán por frases hasta terminar la pieza.

  Una vez acabada toda la clase, habréis formado una figura plástica.
- Repetidlo con diferentes opciones: formando entre todos una figura simétrica, destacando los brazos, complementando el gesto del compañero anterior, etc. Probad con melodías de diferentes estilos.

MATERIAL

- Goma EVA blanca
- Goma elástica
- Tijeras

PROCESO DE ELABORACIÓN DE LA MÁSCARA

Infografía musical

Clásicos divertidos es el título de una serie de discos que reúne algunos de los temas más pegadizos y populares del repertorio de música clásica o culta europea de todos los tiempos. Vamos a trabajar algunos de los clásicos divertidos de la segunda mitad del siglo XVIII. También vamos a presentar la información a través de la creación de infografías y animaciones.

- **¿Qué es una infografía?**
  Una infografía es una representación visual o un diagrama con textos e imágenes que resume o explica un hecho, un procedimiento, un acontecimiento, etc. En los últimos años, gracias a la facilidad para crearlas usando la tecnología, se han popularizado como un recurso informal y atractivo para comunicar y explicar diferentes ideas.

- **¿Qué es una animación?**
  Una animación es una creación audiovisual realizada con dibujos u objetos que se animan para dar la sensación de movimiento. Con el desarrollo tecnológico, el proceso de animación se ha hecho más sencillo. Además, disponemos de aplicaciones para realizar vídeos animados.

Cómo crear una infografía

Crear una infografía es sencillo, pero el resultado será más interesante si sigues estos pasos.

1. Elige un tema y piensa lo que quieres comunicar: explicar un concepto, mostrar los pasos de un proceso...

2. Recopila la información necesaria y selecciona lo que te parece más relevante, novedoso o sorprendente.

3. Elige una plantilla adecuada para la información que vas a presentar y elabora un borrador.

4. Diseña tu infografía. Una vez que hayas terminado la primera versión, revisa todos los elementos.

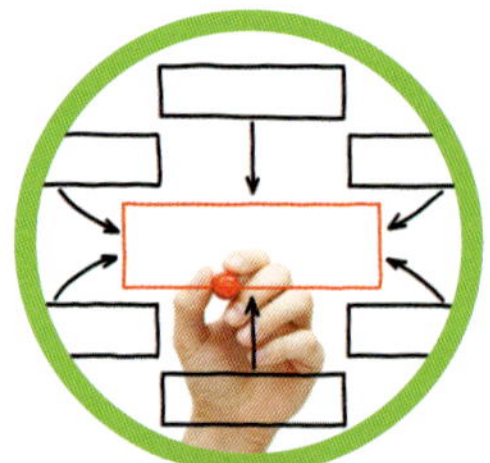

5. Si es posible, publícala y difúndela en internet.

PON EN PRÁCTICA

1. Observa esta infografía que presenta algunos de los beneficios de la música para la salud:
   www.e-sm.net/IIesomu_sv_06_04
2. Lee un artículo que trata del mismo tema: "Beneficios de escuchar música para la salud".
   www.e-sm.net/IIesomu_sv_06_05
3. ¿Qué diferencia hay entre los dos formatos? ¿Cuál te ha resultado más atractivo? ¿Por qué?

1 Compara y crea infografías

Para aprender a hacer infografías atractivas e interesantes podemos comenzar por mirar las que otros han hecho; esta es una forma interesante de encontrar ideas.

a) Entra en Pinterest (www.e-sm.net/IIesomu_sv_06_06) y escribe estas dos palabras clave: "infografías" y "música".

b) Elige cinco infografías de entre las que aparecen en los resultados.

c) Observa y compara las distintas infografías. ¿De qué temas tratan?
- ¿Qué tipo de datos presentan?
- ¿El formato guarda alguna relación con los datos?

Ahora vas a crear tu propia infografía.

a) Elige un tema relacionado con la música del Clasicismo sobre el que te gustaría realizar la infografía. Puede ser sobre una obra, un compositor, un instrumento, una agrupación musical, etc.

b) Sigue los pasos de la página anterior, donde se explica cómo crear una infografía.

c) Elige una aplicación en línea para crear infografías. Puedes probar Genial.ly (www.e-sm.net/IIesomu_sv_06_07) o Easel.ly (www.e-sm.net/IIesomu_sv_06_08).

d) Si en tu clase se dispone de una página web o un blog pide a tu profesor que publique la infografía que has elaborado. En caso contrario, puedes imprimirla y colgarla en un muro del aula.

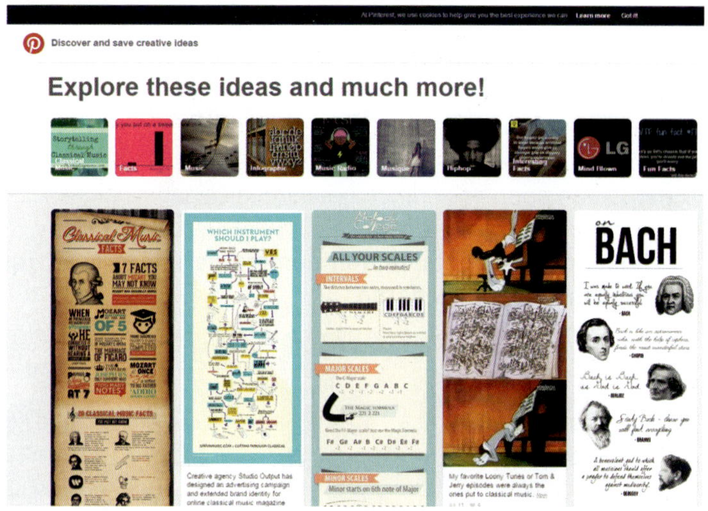

2 Crea un vídeo animado

El objetivo de esta actividad es crear un vídeo animado que trate de alguna anécdota o curiosidad de la vida de un compositor del Clasicismo.

a) ¿Conoces alguna anécdota o curiosidad?

b) ¿Cómo podrías encontrarla?
Si tienes acceso a una biblioteca quizá encuentres libros como *Por qué Beethoven tiró el estofado* y muchas más historias acerca de las vidas de grandes compositores.
También puedes encontrar información en Google, usando palabras clave como "anécdotas – compositores – música – clásica" o buscándolas en las biografías de los grandes compositores.

c) Una vez que hayas encontrado la anécdota o historia que quieras contar, prueba la aplicación PowToon (www.e-sm.net/IIesomu_sv_06_09), con la que crearás el vídeo animado. Familiarízate con dos o tres plantillas y elige la que parezca más adecuada a la historia que vas a contar.

d) A continuación, escribe un sencillo guion sobre la historia que vas a contar.

e) Monta el vídeo animado usando imágenes de fondo, textos, personajes, etc. Intenta que tu vídeo no dure más de dos minutos. Si es necesario, mira un videotutorial para aprender a utilizar PowToon.

f) Haz clic en el botón **Sound**. Añade una banda sonora o graba textos o sonidos.

g) Termina la producción de tu vídeo animado y preséntalo a tu clase.

¿Qué has aprendido?

Clasifica las obras instrumentales clásicas

1. Algunos tipos de obra reciben su nombre del número de instrumentos que la interpretan; otros, de su estructura. Completa este diagrama en tu cuaderno para saber diferenciar las formas instrumentales clásicas.

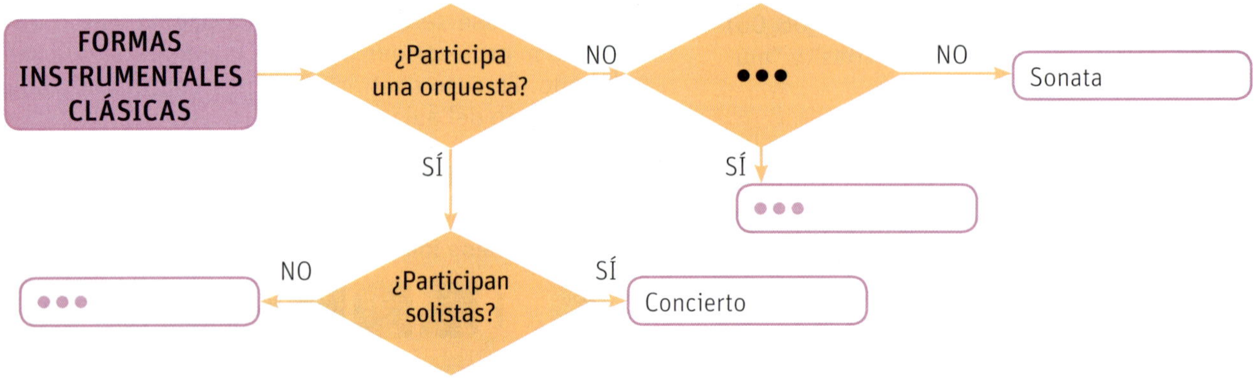

2. Teniendo en cuenta solo el número de intérpretes, ¿qué tipo de obras toca cada agrupación? Responde en tu cuaderno.

a) 
b) 
c) 

Conoce las características de la música del Clasicismo

3. Compara las características musicales del Barroco y el Clasicismo en los aspectos señalados. Completa el cuadro en tu cuaderno.

	Música barroca	Música clásica
Melodía	Melodías muy adornadas, expresivas, con improvisación y uso de muchos elementos expresivos.	•••
Tonalidad y armonía	•••	•••
Textura	Una especie de melodía acompañada en la que destacan la voz superior y el bajo. Se usa el bajo continuo.	•••
Música instrumental	•••	•••

4. ¿Qué dos estilos musicales previos al Clasicismo existen? Explica en qué consisten en tu cuaderno.

5. ¿Cómo se llaman estos compositores clásicos? Escribe en tu cuaderno un dato biográfico y una característica del estilo musical de cada uno.

a) 
b) 
c) 

6. ¿Qué dos tipos de ópera rivalizaron durante el Clasicismo? ¿En qué se diferencian? Responde en tu cuaderno.

Repasa las tonalidades mayores y menores

7. ¿Dónde se encuentran los semitonos en las escalas mayores? ¿Qué tonalidad y modalidad tiene esta escala? Responde en tu cuaderno.

Conoce los tonos relativos y vecinos

8. ¿Cuál es la tonalidad relativa de Re mayor? ¿Cómo se llaman sus otras tonalidades vecinas? Responde en tu cuaderno.

Distingue diferentes tipos de escalas

9. ¿Cómo se encuentran distribuidos los tonos y semitonos en las escalas menores? ¿Y en las melódicas? Escribe la escala melódica de Mi en tu cuaderno.

10. ¿Qué tipo de escala es? Tócala y escúchala.

a) Escala mayor oriental de La   b) Escala menor oriental de La   c) Escala melódica de La

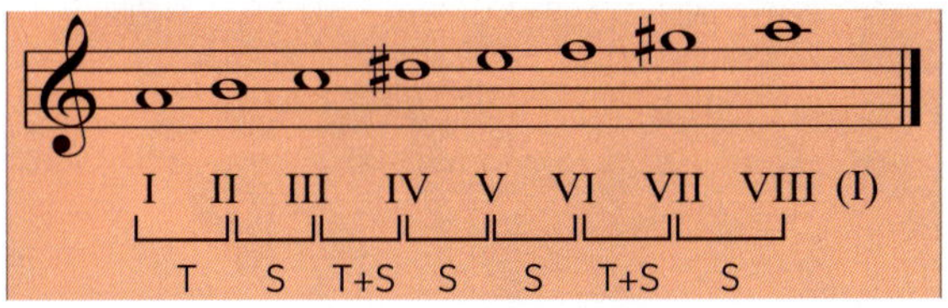

APRENDE A PENSAR

Tu implicación en el proceso de aprendizaje es esencial. Tus resultados dependerán, en parte, de ti mismo.

Haz un cuadro para ser consciente de qué vas a aprender en esta unidad y cuál será la mejor manera de hacerlo. Si tienes dudas, pide ayuda a tu profesor.

¿Qué voy a aprender?	¿Cuál sería la mejor forma de aprenderlo?	¿Qué disposiciones personales necesito para esta tarea?
•••	– Formulándome preguntas – •••	– Persistir en la tarea – •••
		Y eso, ¿cómo se hace?
		– Usando lo que ya sé – •••

7 La música en el Romanticismo

Abre tu mirada

Tras la claridad y el equilibrio del Clasicismo, la música del siglo XIX se volvió más oscura, intensa, ostentosa y con mayores pretensiones: el arte mostraba una visión de las cosas más profunda que la percibida por los sentidos. En esta importante misión, la música era el arte más conectado con la esencia de las cosas y con los sentimientos. Al no buscar el simple entretenimiento, la música académica se fue separando cada vez más de la popular. Sin embargo, la participación del público en la vida musical y la asistencia a conciertos llegó a las cotas más altas conocidas hasta ese momento.

Richard Wagner fue uno de los compositores más seguidos del Romanticismo y uno de los que más influyó en los músicos posteriores.

- ¿Cómo era la música en el Romanticismo?
- ¿Cómo se desarrolló la música instrumental en el Romanticismo?
- ¿Qué son y cómo se utilizan los recursos compositivos?
- ¿Puedes interpretar una pieza de ópera de forma instrumental?

2 9

Escucha un fragmento de la melodía más conocida de *El anillo del Nibelungo*. ¿Sabes cómo se llama? ¿Qué sensaciones te produce? ¿Qué historia podría acompañar esta música?

Observa y escucha

Wagner tenía una idea muy clara de cómo debía sonar e interpretarse *El anillo del Nibelungo*. Está escrita para una enorme orquesta formada por los instrumentos habituales y otros más exóticos como seis arpas, un corno inglés o un *glockenspiel*. Además, algunos instrumentos fueron modificados para esta obra a petición de Wagner. Prueba de ello es la tuba wagneriana, que tiene boquilla de trompa. Escucha cómo suena: www.e-sm.net/IIesomu_sv_07_01

Observa y piensa

Wagner contribuyó a la reinvención de la ópera: unió la música y la acción dramática hasta hacerlas inseparables, de modo que sus óperas (o dramas musicales, como él mismo los llamaba) exponían una historia sin pausas musicales. *El anillo del Nibelungo* es uno de sus dramas musicales más conocidos. Consta de cuatro óperas a modo de capítulos de una serie, en los que narra una enrevesada historia basada en la mitología: diferentes razas de seres fantásticos luchan por conseguir un anillo hecho con oro del Rin. El anillo mágico dará un poder absoluto a quien lo posea, pero también lo cargará con una maldición. ¿Te suena este argumento? ¿Conoces alguna saga de libros o películas basada en las mismas leyendas?

Wagner tardó 26 años en escribir la música y la letra de estas cuatro óperas. La representación de *El anillo del Nibelungo* puede durar más de 15 horas.

El sueño de Wagner fue crear un teatro de proporciones nuevas donde interpretar su ciclo de óperas. Diseñó un teatro con un escenario enorme, un espacio debajo para la orquesta y unas cualidades acústicas que permitieran escuchar a los cantantes con facilidad.

¿Consideras que el tamaño de la agrupación instrumental puede influir en su capacidad expresiva?

Y tú, ¿qué opinas?

¿Por qué crees que el Romanticismo se ha llamado así?

En *El anillo del Nibelungo* los personajes deben elegir entre el poder que da el anillo y el amor (quien lo posea estará maldito sin amor). ¿Tú qué elegirías?

¿Interpretamos una escena de ópera?

¿Experimentamos con el sonido digital?

ESCUCHARÁS:
- ***Ave María* (F. P. Schubert)**
- **Nocturno en Mi mayor Op. 9 n.º 2, (F. Chopin)**
- ***Mazurca* (C. W. Schumann)**

1 La música en el Romanticismo

AUDICIÓN 2 10

Ave María, F. P. Schubert (1797-1828)

Guía de la audición

- Aunque la religión ya no era el centro de la música, muchos compositores románticos escribieron misas, oratorios, corales, etc.
- Este es un arreglo para voz y orquesta de un *lied* de Schubert sobre el avemaría. Sigue el esquema: I 4 c. - 00:17 A 12 c. - 01:03 B 11 c. - 01:48 I 4 c.
- (I= solo instrumentos. c= n.º de compases)

Afina el oído

- Este es el tema A. ¿Cuántas semifrases tiene? ¿Cuántos compases dura cada una?

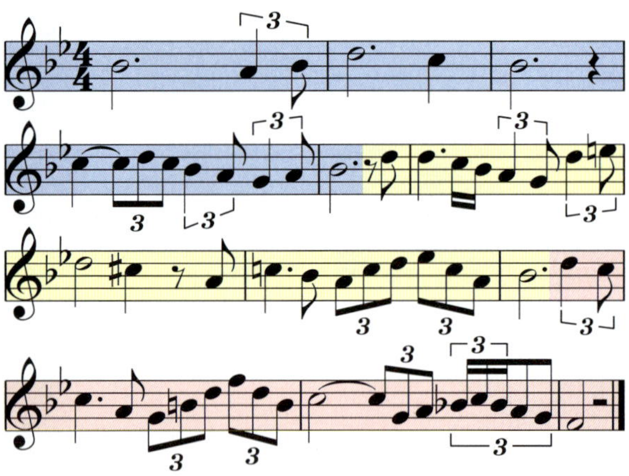

- Identifica las semifrases del tema B. ¿Cuántas tiene? ¿Coincide alguna con las del tema A?

Características generales

El Romanticismo musical surge como oposición al racionalismo de la época anterior, y se extiende aproximadamente durante todo el siglo XIX. Se suelen establecer estas etapas: Romanticismo temprano (1800-30), Romanticismo pleno (1830-50), Romanticismo tardío (1850-90) y Posromanticismo (1890-1914).

Sociedad. La burguesía toma el poder en la sociedad y nace el público musical. Al Romanticismo musical se le califica como el "arte de la burguesía", porque se potencia la **música de salón** y la creación de **teatros** musicales y operísticos. La música académica se va separando de la música popular urbana o de entretenimiento.

Músicos. Predomina la **libertad para expresar** sentimientos a través de la melodía y de otros elementos musicales. El compositor es más libre, ya que tiende a depender solo de su público y no de un mecenas o protector que lo condicione. Se valora al director y a los intérpretes, pero se sobrevalora en exceso el virtuosismo.

Características musicales

- Se desarrolla la **tonalidad** y se explotan todas sus posibilidades, combinándose tonalidades diferentes.
- Se utilizan **armonías disonantes**, sucesiones melódicas con semitonos (**cromatismos**) y **ritmos complejos**.
- Se desarrolla la **música de programa** o descriptiva, porque facilita la expresión de las ideas, las emociones y los estados de ánimo.
- Las formas clásicas se modifican libremente. De las grandes formas instrumentales predominan la **sonata**, la **sinfonía** y el **concierto**. También son muy utilizadas **pequeñas formas** instrumentales, especialmente pianísticas: preludio, vals, bagatela, fantasía, etc.
- Destaca como la más romántica la pequeña forma mixta denominada ***lied***. Consiste en una canción con acompañamiento de piano. Los *lieder* nacen en Alemania, y el piano es protagonista junto a la voz y al texto de la poesía. De las grandes formas mixtas destacan la **ópera** y el **oratorio**. Surge la **opereta** y continúa la **zarzuela**.

Música escénica: autores del Romanticismo temprano (1800-1830)

L. v. Beethoven (1770-1827)
Uno de los compositores más importantes de la historia; sus composiciones se pueden situar desde el Clasicismo hasta los inicios del Romanticismo.

G. Donizetti (1797-1848)
Destaca su ópera *Lucia di Lammermoor,* dentro del estilo del bel canto.

V. Bellini (1801-1835)
Compuso óperas para virtuosos del bel canto. Destaca el aria "Casta Diva", de la ópera *Norma*.

G. Rossini (1792-1868)
Autor de más de 35 óperas, entre las que destacan las de asunto cómico, como *El barbero de Sevilla*.

Representación de la ópera Pagliacci, *G. Rossini*

Música escénica

A lo largo del Romanticismo destaca la **ópera** como el género mixto más popular. Los empresarios teatrales, las compañías de ópera, los cantantes, los instrumentistas y los compositores compiten por satisfacer los deseos de nuevas obras por parte del público.

Hay partidarios de distintos estilos y surgen disputas que estimulan la creación. Aparece el **drama musical** en Alemania, la **opereta** en Francia y Austria, y en España se continúa con la **zarzuela**.

- **Ópera italiana.** Hasta 1850 predomina el culto a los solistas, que son los **divos** del bel canto y el centro del espectáculo. Destacan G. Donizetti, V. Bellini y G. Rossini, que unió facilidad melódica con calidad.

  A partir de 1850 se incorporan nuevas tendencias francesas y alemanas, y G. Verdi las combina con su estilo personal. Surge el **verismo** o realismo, que valora al ser humano en su entorno social, con autores como P. Mascagni y R. Leoncavallo, con obras de intensidad dramática; y G. Puccini, que ilustra la acción escénica con la música y crea melodías que se han incorporado a la memoria popular.

- **Ópera francesa.** Después de la reforma de Gluck, se abrió la puerta al bel canto italiano. Este se combinó con los efectos escénicos y surgió la *grand opéra*, en la que destaca G. Meyerbeer. J. Offenbach fue el creador de la **opereta** francesa. Por último, en la obra de H. Berlioz hay influencias de Beethoven. Su mejor ópera es *Les Troyens*. Fue también autor de oratorios.

- **Ópera alemana.** Después de la ópera *Fidelio* de Beethoven, fue C. Mª. v. Weber el creador de la ópera romántica y nacionalista alemana. En *El cazador furtivo* utiliza el *leitmotiv* o tema musical asociado a personajes o escenas. Pero la gran figura de la ópera romántica alemana es el compositor, director, poeta, libretista y teórico Richard Wagner:
  - Desarrolló el *leitmotiv* en sus óperas, a las que llama **dramas musicales**.
  - Integró todas las artes plásticas, escenográficas y musicales en un espectáculo escénico para el que diseñó un teatro especial.
  - Rechazó el lucimiento personal de los cantantes, destacando la acción, que es ilustrada por la música.
  - Amplió la orquesta y creó algunos instrumentos para ella.

EJEMPLO SONORO

La ópera romántica

El elixir de amor, G. Donizetti (1797-1848)
Los cuentos de Hoffmann, J. Offenbach (1819-1880)
La valquiria, R. Wagner (1813-1883)

smSaviadigital.com ESCUCHA
Escucha estos fragmentos musicales e identifica algunas de las características de la ópera italiana, francesa y alemana a través de estos fragmentos.

ACTIVIDADES

Trabaja en la red

1. smSaviadigital.com COMPRENDE
Escucha en el eje cronológico interactivo la música de los compositores más importantes del Romanticismo y aprende más sobre sus características.

Autores del Romanticismo pleno (1830-1850)

G. Verdi (1813-1901)
Autor de obras maestras donde la música ilustra la acción, sobre temas heroicos como *Nabucco* o *Aida*.

G. Verdi

G. Puccini (1858-1924)
Su obra está entre el verismo y la ópera francesa; las últimas son posrománticas: *La bohème* y *Tosca*.

Autores del Romanticismo tardío (1850-1890)

G. Meyerbeer (1791-1864)
Principal representante de la *grand opéra* francesa, de temas serios e históricos, como *Los hugonotes*.

J. Offenbach (1819-1880)
Compositor de óperas y creador de la opereta francesa. Destaca su ópera *Los cuentos de Hoffmann*.

R. Wagner (1813-1883)

R. Wagner

Figura central del Romanticismo europeo, sobre el que ejerció una gran influencia con el drama musical.

2 Música instrumental

Instrumentos y obras

El **piano** alcanza un gran perfeccionamiento técnico a principios del siglo XIX y se convierte en el instrumento por excelencia de este período. Es popularizado por la burguesía, que lo incorpora al mobiliario de la casa. También destacan el **violín**, la **guitarra** y el **arpa**.

Se amplía la orquesta, aumentando los instrumentos **aerófonos** y de **percusión** y adaptándose a las necesidades de las diferentes obras.

Predominan la **sinfonía orquestal**, el **concierto**, la **sonata** y las **pequeñas formas** para piano (fantasía, preludio, nocturno, vals, polonesa, etc.), el ***lied*** y la **ópera**.

Compositores

L. v. Beethoven (1770-1827). Además de sus sonatas y sinfonías, escribió pequeñas formas pianísticas, como el famoso *Para Elisa*, que es una bagatela. También compuso *lieder* de tema amoroso y religioso.

C. Mª v. Weber (1786-1826). Autor de sonatas, conciertos y de la famosa pieza *Invitación al vals*, además de su producción operística.

F. P. Schubert (1797-1828). Continuó la sonata beethoveniana y la sinfonía, e introdujo las pequeñas formas pianísticas, como los momentos musicales, los impromptus (improvisaciones) y los más de 600 *lieder*.

F. Mendelssohn (1809-1847). Compuso 2 oratorios, y en el ámbito instrumental 5 sinfonías, varios conciertos, música de cámara, y obras pianísticas como las canciones sin palabras. Contribuyó a redescubrir la obra de Bach.

R. Schumann (1810-1856). Compuso varios ciclos de *lieder* y de piezas pianísticas, dándole cierta unidad con títulos como *Escenas infantiles*, *Carnaval*, etc. Como crítico musical defendió la nueva música de su época.

F. Chopin (1810-1849). La mayor parte de su obra son las pequeñas formas, de las que fue un gran maestro.

N. Paganini (1782-1840). Virtuoso del violín, autor de música para ese instrumento y otros como la guitarra.

F. Liszt (1811-1886). Desarrolló la música orquestal de programa con sus poemas sinfónicos, donde la música describía y hacía imaginar escenas. Fue un virtuoso del piano, y sus obras pianísticas son de gran dificultad.

J. Brahms (1833-1897). Opuesto a las ideas de Wagner, su obra es más intimista. Cultivó el *lied*, acercándolo a la canción popular. Escribió 4 sinfonías y varias obras para piano.

A. Bruckner (1824-1896). Escribió 9 sinfonías muy extensas, con una original utilización de los timbres instrumentales. Destaca también su música religiosa.

El piano

El **piano** alcanza su forma y características, casi iguales a las actuales, a principios del siglo XIX, sobre todo desde la incorporación de los **pedales de intensidad** y de los **macillos de fieltro**.

El uso de las pequeñas formas pianísticas (preludios, fantasías, impromptus, nocturnos, valses, polonesas, mazurcas, baladas, etc.), estaba justificado por la adaptación al gusto del público burgués. La sonata clásica sigue vigente en el piano, así como el concierto para piano y orquesta.

EJEMPLO SONORO

Un paseo por las obras instrumentales del Romanticismo

Escucha estos ejemplos de la música instrumental de algunos de los compositores más importantes del Romanticismo e intenta extraer alguna característica que los distinga a cada uno: www.e-sm.net/IIesomu_sv_07_02

El piano estaba presente en las casas burguesas, en salones de concierto y en grandes teatros musicales o de ópera. También estuvo presente dentro de la **música ligera de salón**, y para él se realizan adaptaciones de arias de ópera, conciertos, sinfonías, música de cámara, etc. Además es indispensable en el acompañamiento de la **romanza**, que es una canción narrativa por lo general de contenido galante.

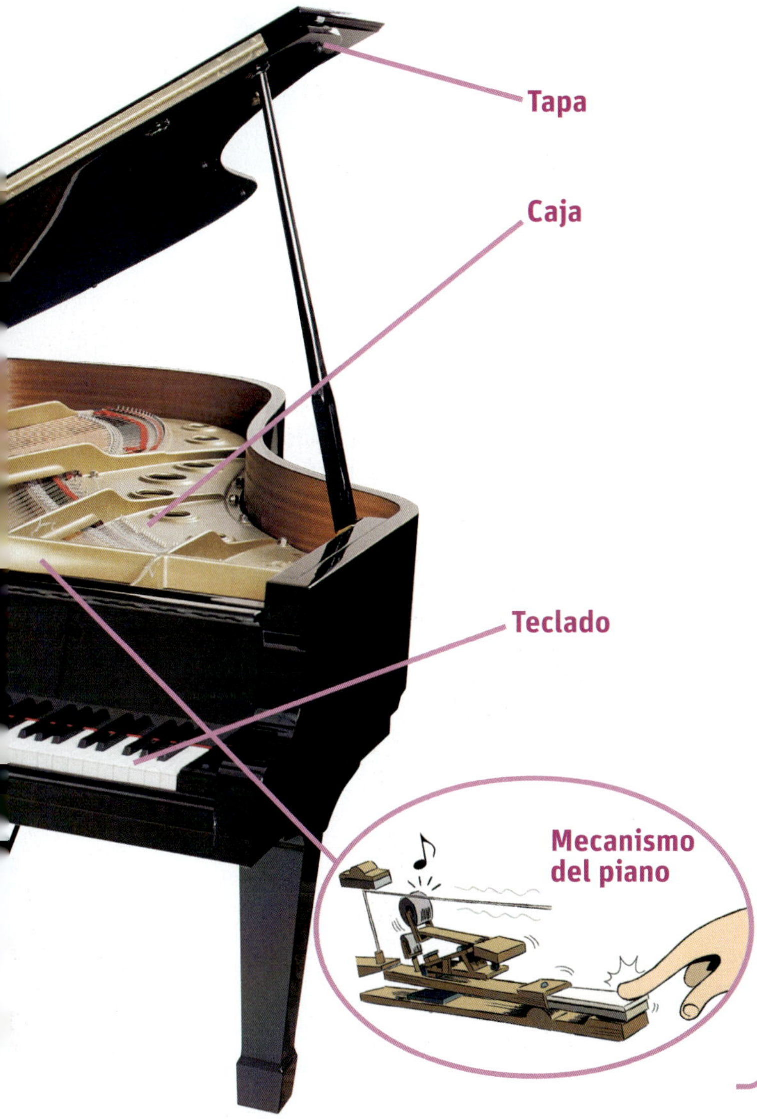

AUDICIÓN 2 11

Nocturno en Mi mayor Op. 9 n.º 2, F. CHOPIN (1810-1849)

Guía de la audición

- Chopin compuso veintiún nocturnos, de los cuales este es una de las piezas pianísticas del autor más interpretadas. Como muchas de sus obras, expresa melancolía, y en este caso sugiere una noche a la luz de la luna.
- La pieza completa tiene la estructura **AABABAC**, o sea, es un **rondó**; pero nosotros solo escucharemos un fragmento.
- El compás es $\frac{12}{8}$, pero al ser un tempo más bien lento (andante), puedes contar cada compás como si fueran 4 de tres tiempos, o bien contar 12 percusiones por compás. El acompañamiento es mediante bajo y acordes.
- Sigue la audición en este esquema temporal. Al lado de cada letra representativa de los temas, está el minutaje. Cada tema tiene 4 compases y empiezan en anacrusa:

00:00 **A** - 00:27 **A** - 00:55 **B** - 01:26 **A**

Afina el oído

- **Estas son las notas principales del tema A. ¿Por qué crees que en el esquema temporal hemos representado este tema con diferentes tonalidades de color?**

ACTIVIDADES

Trabaja en la red

2. smSaviadigital.com COMPRENDE
Trabaja sobre la música pianística del Romanticismo con esta presentación interactiva.

Audición práctica 2 12 "Mazurca"

La "Mazurca" es la tercera pieza de las *Veladas musicales,* Op. 6, de Clara Schumann, una especie de *suite* para piano que incluye una *tocattina*, un nocturno, una balada, otra mazurca y una polonesa. El título de la obra, compuesta cuando la compositora tenía 16 años, hace referencia a las reuniones o tertulias características del siglo XIX.

CONOCE AL COMPOSITOR

Clara Schumann fue una destacada intérprete y compositora alemana, considerada como la pianista más distinguida del Romanticismo. Su carrera como concertista duró más de 61 años, y en ese período cambió el formato y el repertorio de los recitales para piano, así como el gusto del público. Mantuvo contacto con otros grandes compositores de la época, como Robert Schumann o Johannes Brahms, muchas de cuyas piezas para piano fueron estrenadas por ella.

Clara Wieck Schumann (1819-1896)

GUÍA DE LA AUDICIÓN

- La mazurca es un baile de salón de origen polaco que se popularizó por toda Europa durante el siglo XIX. Era una danza animada que se bailaba en parejas y pasó rápidamente de la nobleza a las clases populares.
- Está en compás ternario ($\frac{3}{4}$) y su estructura característica es ABA (o AABA).

smSaviadigital.com PRACTICA
Escucha la audición y sigue el musicograma.

- Esta mazurca comienza con una melodía de ocho compases acompañada por el ritmo marcado de la mano izquierda del piano. La melodía se repite inmediatamente con una pequeña variación y está seguida por un fragmento de 16 compases (indicado en la partitura como *Marcato e legato*) que, a modo de puente, sirve para unir la sección A y la B.
- La pieza continúa con una larga sección B, tras la que volvemos a escuchar el tema inicial, con algunas diferencias respecto al original.

INVESTIGA

1. Lee el siguiente fragmento de un texto del músico contemporáneo Urko Sangroniz.

Hoy en día rara es la ocasión en la que un grupo de personas se reúne en un hogar por el mero placer de hacer o escuchar música. En una época como la actual, donde cada uno dispone de una cantidad ingente de música allá donde esté, al alcance de un simple botón o una pantalla táctil, la idea de acudir a un evento como ese suena anacrónico y, seamos sinceros, los que alguna vez nos hemos visto en esa situación nos hemos sentido incómodos. Aun así, hubo un tiempo en el que reunirse para disfrutar de una velada musical era lo usual. [...] Tras cruzar el umbral, se entraba al salón y en él, junto a un piano que presidía la estancia, se situaban generalmente unas sillas para los invitados a la velada musical.

Urko Sangroniz (2010), Reseña de *Hausmusik. Música en el hogar de Robert y Clara Schumann.*

Estas veladas podían tener lugar en casa de los Schumann o de cualquier otro músico de la época, y en ellas era frecuente que coincidieran grandes compositores, como Johannes Brahms o Franz Liszt.

2. Busca información y haz una breve reflexión en tu cuaderno sobre las veladas musicales. Puedes guiarte por estas cuestiones:
   - ¿Por qué crees que eran tan habituales las veladas musicales en el siglo XIX?
   - ¿Por qué esa costumbre se ha ido perdiendo?
   - ¿La posibilidad de escuchar música en dispositivos electrónicos ha acabado con el placer de escuchar música en directo?
   - ¿Puedes pensar en algún tipo de velada musical similar que tenga lugar en nuestros días?

REFLEXIONA Y DEBATE

3. ¿Te has parado a pensar alguna vez por qué no hay apenas mujeres entre los grandes nombres de la música?

   smSaviadigital.com PRACTICA
   Escucha estos fragmentos y trata de averiguar qué pieza de cada par fue compuesta por una mujer.

   a. Una de estas dos piezas es de W. A. Mozart. La otra es de Ana Amalia de Prusia.

   b. Una de estas dos piezas es de J. Brahms. La otra es de Clara Schumann.

4. ¿Es el género un factor que determine la calidad de la pieza compuesta? ¿Influye a la hora de decidir quién pasa a la historia y quién se queda en el olvido? Explica tu respuesta. ¿Qué te parece? ¿Crees que esto ha cambiado en la actualidad? ¿Por qué?

3 Recursos compositivos I

Los compositores unen las notas y forman unidades cada vez mayores: **motivo**, **semifrase**, **frase**, **período**, etc. Así organizan sus ideas y crean temas musicales que pueden repetir, alternar con otros similares, transformar o variar, imitar, desarrollar o improvisar sobre ellos. Las obras compuestas a partir de estas estructuras se conocen como formas por **adición**, **variación**, **imitación**, **desarrollo** e **improvisación**. El compositor puede adoptar una forma estructural establecida, modificarla, o utilizar otro recurso personal.

Adición

Es la forma más sencilla de construcción musical. Consiste en la suma o sucesión de los diferentes temas musicales. Esquemas: **AAA, ABAB, ABA, AAB, ABC, ABACADA...**

Variación

Se varían algunos elementos del tema, pero se conservan otros. La variación puede ser en el ritmo, en la melodía, en la armonía, en el timbre, en el tempo, etc. Esquema: **AA'A''A'''...**

Vamos a practicar estos dos recursos con pequeños elementos rítmicos:

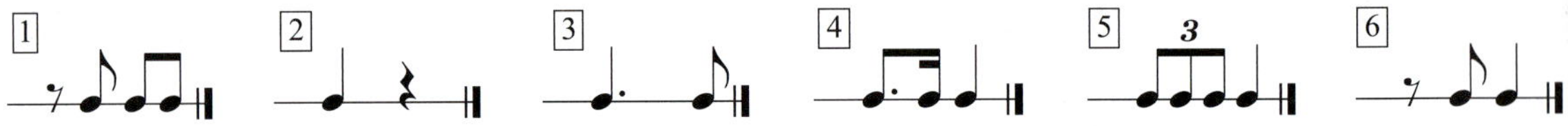

Adición: sumándolos de diferentes formas obtenemos otras estructuras. Por ejemplo:

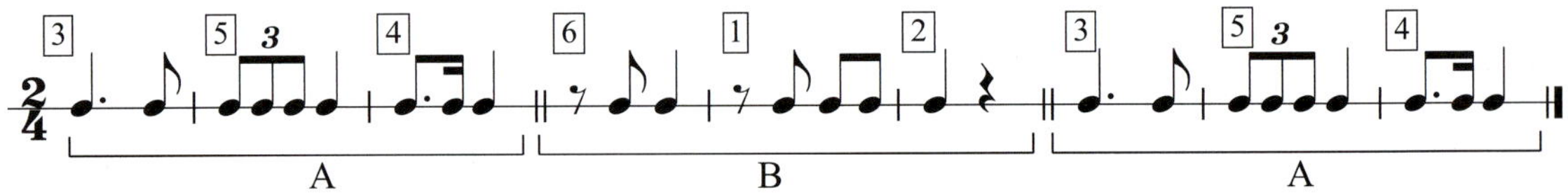

Variación: modificando elementos de **A** obtenemos otras estructuras: **A', A'', A'''**. Por ejemplo:

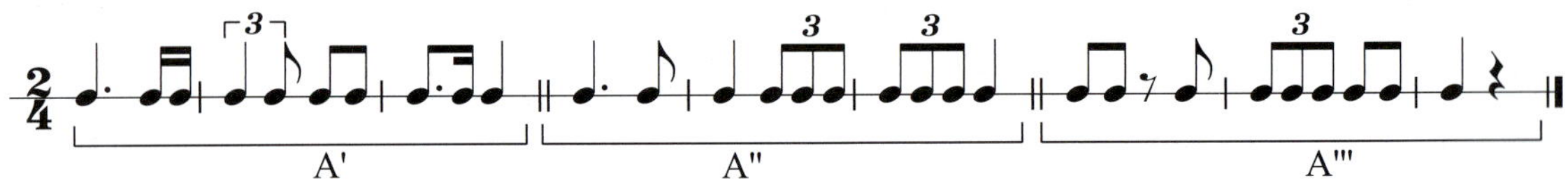

1. Toca con percusiones los ejemplos anteriores y crea tú mismo otras formas por adición y variación con los mismos elementos. Escríbelas e interprétalas.

2. Forma un grupo y toca con instrumentos corporales o de percusión las 4 frases siguientes. Observa que se han realizado con los seis elementos rítmicos iniciales. Forma diferentes combinaciones temáticas siguiendo la forma por adición. Ejemplo: ABACADA. Puedes cambiar el orden y repetir. Ejemplo: BBCAACDDA.

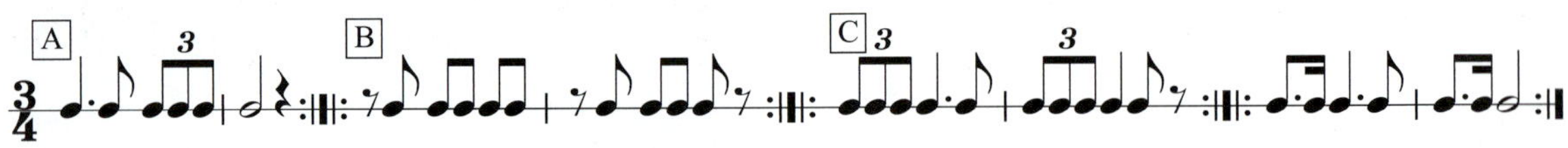

EJEMPLO SONORO (2) (13)

Escuchar y reconocer

Escucha y reconoce auditivamente los elementos formales y rítmicos estudiados en esta página:

1.º) 1 2 3 4 5 6 2.º) A B A 3.º) A A' A'' A''' 4.º) A B C D

smSaviadigital.com **PRACTICA**
Averigua qué proceso se ha utilizado para componer.

3. Acompaña este fragmento de la Serenata n.º 4 de Schubert con palmas en las rodillas.

4. Busca los elementos rítmicos trabajados y observa los acordes. Empieza en Re menor, modula a Fa mayor, vuelve a Re menor y luego a Re mayor: indica los compases donde cambia de tonalidad.

5. Interpreta la partitura con ayuda del profesor. La flauta se divide en algunos compases en dos voces. Xilófonos soprano y alto: mantén las láminas de fa, fa♯, si y si♭. Bajos: cambia el si por el si♭.

2 15

- Interpretad esta habanera de la ópera *Carmen* con la flauta y los xilófonos.

El amor es un pájaro rebelde

G. BIZET

La ópera experimenta una evolución muy importante en el Romanticismo, y se convertirá en el espectáculo preferido por la burguesía de la época. Se concibe como la unión de distintas artes escénicas: la música, el drama, la poesía, el teatro...

Italia, Francia y Alemania son los países donde se produce un mayor desarrollo de esta forma musical en el siglo XIX. Mientras, en España se cultiva un género propio: la zarzuela.

Un día en la ópera

MATERIAL

- Ordenador
- Cámara de vídeo
- Material para el vestuario y el decorado

1 **LIBRETO.** Memorizad la letra de este coro tan conocido. Buscad en internet su traducción, así sabréis lo que estáis cantando.

"Va, pensiero"
(Coro de peregrinos), del tercer acto de la ópera *Nabucco*,
(G. VERDI)

Va, pensiero, sull'ali dorate;
va, ti posa sui clivi, sui colli,
ove olezzano tepide e molli
l'aure dolci del suolo natal!
Del Giordano le rive saluta,
di Sionne le torri atterrate...
Oh mia patria sì bella e perduta!
Oh membranza sì cara e fatal!
Arpa d'or dei fatidici vati,
perché muta dal salice pendi?

Le memorie nel petto raccendi,
ci favella del tempo che fu!
O simile di Solima ai fati,
traggi un suono di crudo lamento,
o t'ispiri il Signore un concento
che ne infonda al patire virtù.
che ne infonda al patire virtù.
che ne infonda al patire virtù.
al patire virtù!

2 **MÚSICA.** Para aprender la melodía, escuchad el siguiente enlace:

www.e-sm.net/IIesomu_sv_07_03

3 **DIRECCIÓN ARTÍSTICA.** Una vez aprendida la letra y la melodía, dramatizad la secuencia. Para que se parezca lo máximo a la escena, volved a visualizar el enlace. Imitad las posiciones de los personajes y su distribución en el escenario. Esforzaos en interpretar los gestos y emociones que transmiten.

4 **ATREZO.** Con materiales que encontréis por casa, recread la escenografía y el vestuario del vídeo.

5 **ENSAYO GENERAL.** Ensayad y grabaos en vídeo para comprobar la similitud con la escena.

6 **¡QUE COMIENCE EL ESPECTÁCULO!**

Mostrad la escena en clase, tened en cuenta la actitud de los personajes, la sincronización vocal y coreográfica, así como un buen vestuario y escenografía.

Música digital

Así como los pintores poseen una paleta de colores que usan para pintar sus cuadros, los músicos disponen de distintos instrumentos, cada uno con su timbre o color característico. De hecho, se considera que el timbre es a la música lo que el color a la pintura. Seguramente sabes lo que sucede cuando mezclas distintos colores; ¿y cuando mezclas distintos timbres? Vas a comprobarlo experimentando con las posibilidades que ofrecen las tecnologías digitales.

- **Nuevos instrumentos, nuevos timbres**
  Desde sus inicios, la música del siglo XX se caracterizó por la búsqueda de nuevos timbres. Se empezaron a sumar objetos sonoros a los instrumentos tradicionales y clásicos. Estos sonidos eran producidos con instrumentos manipulados (como el piano preparado), y muchísimos otros eran producidos con medios electrónicos. De hecho, las tecnologías han permitido la multiplicación de timbres o colores hasta límites insospechados.

- **Sintetizadores**
  Los sintetizadores son instrumentos electrónicos que pueden imitar a otros instrumentos o generar nuevos timbres.

  Aunque los primeros se construyeron a finales del siglo XIX, uno de los más populares fue el creado por Robert Moog en la década de 1960.

Sonido analógico y digital

Existen dos tipos de sonidos: analógico y digital.

Los sonidos de la naturaleza, la voz, el cuerpo e instrumentos como el piano, la guitarra o el violín son analógicos.

La tarjeta de sonido de un ordenador es la encargada de digitalizar un sonido analógico que recibe, por ejemplo, a través de un micrófono.

La transformación de señales analógicas en información digital se lleva a cabo mediante un dispositivo denominado Convertidor Analógico Digital (ADC), que convierte las ondas sonoras en una secuencia de ceros y unos. De esta utilización de dígitos para representar el sonido viene el término digital.

PON EN PRÁCTICA

¿Cómo sonaría la música tocada con este teclado virtual? www.e-sm.net/IIesomu_sv_07_04

1. Prueba las distintas opciones del teclado (acordes, percusión y diferentes timbres). ¿Los sonidos se parecen a los de los instrumentos que imitan?
2. Improvisa o crea una pieza breve usando las opciones de este teclado.

1 Orquesta

La orquestación es el arte de escribir música asignando distintos instrumentos a las líneas de una partitura orquestal. A lo largo de la historia de la música, algunos compositores han llegado a ser reconocidos por su maestría en la orquestación; entre ellos, Maurice Ravel, que además de sus obras orquestó las de otros compositores. Una de las más famosas es *Cuadros de una exposición*, de Modest Mussorgski.

En la web de la Orquesta Filarmónica de Nueva York encontrarás una sencilla aplicación (Orchestration Station www.e-sm.net/IIesomu_sv_07_05) con la que podrás crear tu propia orquestación de un fragmento de esta obra.

No te conformes con el primer resultado. ¡Prueba distintas combinaciones!

2 Crea una partitura

Los editores de partituras tienen sus propios sintetizadores. A través de ellos podemos elegir los timbres para cada una de las partes y, según nuestra selección, obtendremos un resultado u otro.

Crea una partitura desde cero o modifica otra que ya esté creada cambiando la asignación de timbres. Tienes dos opciones:

a) Trabajar en línea utilizando Noteflight: www.e-sm.net/IIesomu_sv_07_06

   Usa la opción **Try the demo** y crea una sencilla partitura para al menos tres instrumentos distintos. Si no estás conforme con los resultados, cambia los instrumentos asignados.

b) Utilizar un editor de partituras instalado en tu ordenador (como Musescore, Finale o Sibelius).

3 Investiga

Elige uno de los siguientes temas para hacer una investigación:

- Los primeros sintetizadores aditivos.
- El sintetizador Moog.
- Teclados polifónicos.
- El *sampler*.
- Instrumentos virtuales.

Busca información en internet para averiguar qué son y poder explicarlo al resto de la clase en una sencilla presentación de no más de cinco minutos. Además de textos, intenta encontrar archivos sonoros, imágenes y vídeos que hagan más interesante tu presentación.

4 Identifica timbres

¿Te atreves a poner a prueba tu capacidad para identificar algunos instrumentos orquestales por su timbre? Puedes hacerlo con un sencillo juego en línea. Al pulsar *play* comenzarán a sonar los instrumentos uno a uno. Debes escoger el instrumento correcto de la parte inferior.

www.e-sm.net/IIesomu_sv_07_07

¿Qué has aprendido?

Clasifica las formas musicales románticas

1. Completa este esquema sobre las formas musicales románticas. Recuerda que debes usar muy pocas palabras.

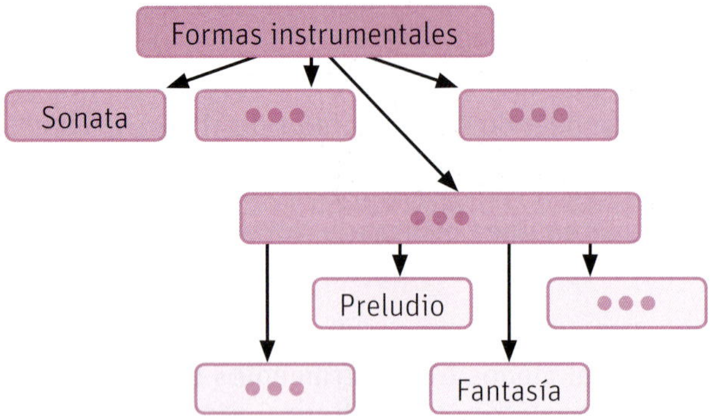

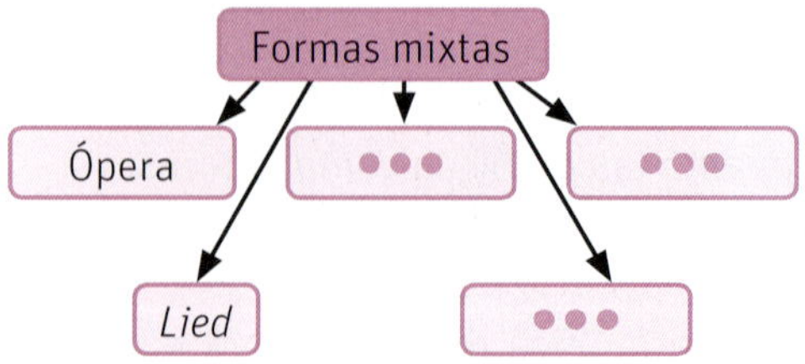

Conoce características y autores de la época

2. Escribe en tu cuaderno si estas afirmaciones sobre la música del Romanticismo son verdaderas o falsas.

a) Las formas de expresión están muy pautadas.

b) Se combinan tonalidades diferentes.

c) Nunca se utilizan armonías disonantes.

d) La música de programa facilita la expresión de ideas, emociones y estados de ánimo.

3. Relaciona en tu cuaderno estos autores con la corriente operística a la que pertenecen:

- Ópera italiana
- Ópera francesa
- Ópera alemana

- R. Wagner
- G. Verdi
- H. Berlioz
- G. Rossini

Recuerda e identifica instrumentos románticos

4. ¿Cuáles son los cuatro instrumentos más destacados de la época? Responde en tu cuaderno.

5. Copia este esquema en tu cuaderno y escribe las partes del piano.

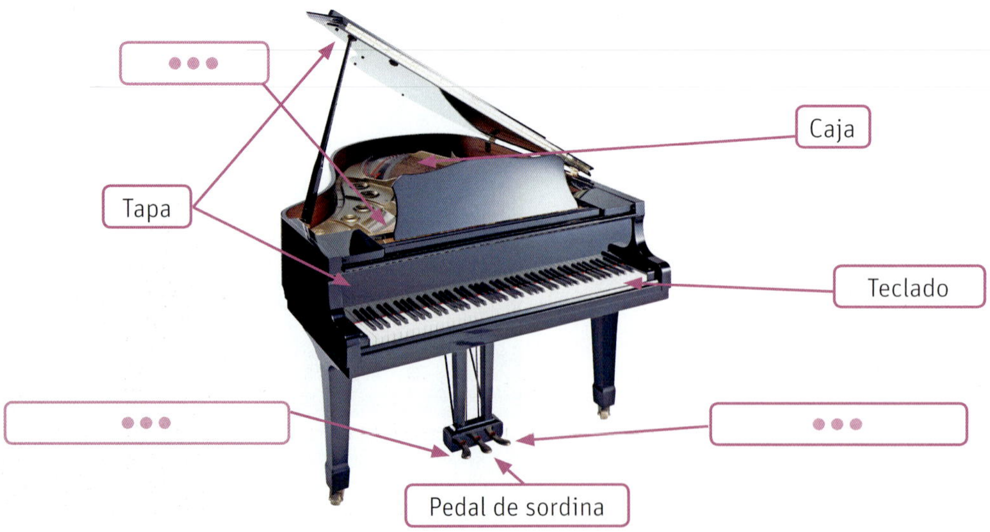

6. Nombra cinco de los compositores más importantes del Romanticismo.

Repasa las formas musicales

7. Escribe el nombre de estas formas musicales y clasifícalas según sean formas por adición o por variación.

a) 

b) 

c) 

Diferencia las formas por adición y por variación

8. ¿Qué esquema representa la forma de esta melodía?

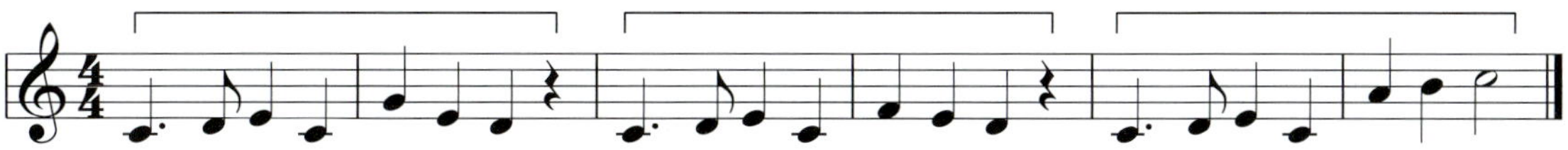

a) ABC b) AA'A'' c) ABA

9. Observa este motivo (A) y tócalo con la flauta o el xilófono. Crea una variación de este motivo (A') y otro motivo nuevo para añadirle (B).

10. Analiza esta partitura y responde a las preguntas en tu cuaderno.

a) ¿Comienza en anacrusa?

b) ¿Qué tipo de compás tiene?

c) ¿Se caracteriza por tener síncopas o contratiempos?

d) ¿Cuántas frases musicales tiene?

e) ¿Qué esquema formal tiene?

f) ¿Es una forma por adición o por variación?

APRENDE A PENSAR

¿Para qué sirve conocer la historia de la música?

- Forma un grupo de 4 o 5 compañeros. Cada uno dará su opinión sobre el tema y se escribirán los puntos de acuerdo y desacuerdo.
- Los puntos en desacuerdo serán argumentados por todos los miembros del grupo.
- Votad los argumentos para llegar a un consenso y escribid el acuerdo final que se ha votado.

smSaviadigital.com **VALORA LO APRENDIDO** > Autoevaluación

8 La música después del Romanticismo (XIX-XX)

Abre tu mirada

Desde hace siglos, el ser humano está interesado en conocer su pasado para comprender mejor su presente. Hemos visto cómo la historiografía analiza los hechos históricos y los agrupa en épocas. Conocer toda la realidad de forma objetiva es imposible porque estamos influidos por muchas cosas, como la época en la que vivimos. Pero debemos intentar tener una visión amplia y la mente abierta para comprender la música en su contexto.

De las épocas cercanas tenemos más testimonios para estudiar, pero resulta más difícil clasificar los hechos porque no tenemos perspectiva. Desde finales del siglo XIX tenemos además otra dificultad, y es que la historia del arte se diversifica mucho: existen muchos estilos musicales. Para entender estos estilos debemos tener en cuenta qué sucedía en el mundo y en otras artes.

- ¿En qué consiste el nacionalismo, el posromanticismo y el impresionismo?
- ¿Cómo era la música española después del Romanticismo?
- ¿En qué consisten la imitación, el desarrollo y la improvisación?
- ¿Sabes interpretar una pieza basada en el minimalismo musical?

Escucha y reflexiona

La música de Debussy tuvo una gran influencia en sus contemporáneos y en los compositores posteriores porque revolucionó la visión que se tenía sobre la obra musical. Con su música no pretendía contar una historia o expresar sentimientos profundos, como en el Romanticismo, sino evocar una atmósfera, una sensación o una imagen en la mente del oyente.

2 16

Abre tu mente y escucha estos fragmentos musicales. **¿Qué sensaciones o imágenes te evocan?**

Observa y piensa

Desde finales del siglo XIX se suceden muchos y rápidos cambios en la sociedad y las tecnologías: la electricidad llega a los hogares, se fabrican los primeros coches y se descubre cómo grabar y reproducir sonidos. Esto ocasionó una sensación de optimismo y fe en la mejora de la humanidad.

El gran público de las ciudades seguía venerando a los compositores del Clasicismo, por lo que los nuevos autores debían competir para que sus músicas despertasen interés. En todas las artes surgen nuevos y originales estilos. En la poesía, el simbolismo intenta sugerir experiencias y sensaciones con símbolos y una redacción más libre de normas. Con Monet y su pintura *Impresión, sol naciente*, surge el impresionismo pictórico. Los pintores mostraban los objetos con trazos de colores y sin detalles. Este intento de no mostrar la realidad, sino la sensación que produce en el autor, también se llevó a cabo en la música. Debussy fue el principal representante del impresionismo musical.

Y tú, ¿qué opinas?

¿Por qué crees que el público de finales del XIX seguía demandando escuchar a los compositores clásicos?

¿Cómo crees que aceptó el público de finales del XIX que la nueva música no expresara los sentimientos tal cual?

¿Crees que los avances tecnológicos siempre son positivos y ayudan a mejorar la sociedad?

1 La música después del Romanticismo (siglos XIX y XX)

AUDICIÓN 2 17

***Gymnopédie* n.º 1,** E. SATIE (1866-1925)

Guía de la audición

- Este fragmento pertenece a la primera de las tres piezas para piano a las que Erik Satie dio el título de unas festividades de la antigua Grecia en las que bailaban jóvenes.
- Está en Re mayor, pero se basa en acordes disonantes: hasta el compás 18, sobre dos acordes de 7.ª mayor; también modula a otras tonalidades.
- Aunque este fragmento finaliza en Re mayor, en la repetición cambia a Re menor. Sigue el esquema: 00:00 Ñ 4c 00:11 A 4c 00:20 Ñ 4c 00:31 A 4c 00:39 B 5c 00:51 C1 5c 01:02C25c 01:14 D 8c (Ñ= acordes de acompañamiento; c= n.º de compases)

Afina el oído

- Sigue el tema A con la partitura. ¿A qué grados de la escala de Re corresponden los acordes?
- En la audición también hay algunos acordes consonantes. Trata de identificarlos.

Nacionalismo

En 1830 comenzó la transformación de las monarquías absolutistas en parlamentarias. También se formaron nuevos estados. En muchos países surgió el **nacionalismo musical** como reacción a la influencia musical de Alemania e Italia.

Se exalta la esencia de la **música tradicional** expresada con nuevos recursos y lenguajes musicales. Esto sucedió en diferentes fechas, dependiendo de los países, y se extiende hasta 1950.

- **Rusia.** A partir de M. Glinka surgen dos corrientes nacionalistas: el **nacionalismo puro**, que intenta utilizar temas populares y la lengua rusa en las óperas, en el que destacan Mussorgski y Rimsky-Korsakov; y el **nacionalismo cosmopolita**, con influencia europea, en el que destacan Rubinstein, Tchaikovski, Rachmaninoff y Scriabin.
- **Checoslovaquia.** Al independizarse de Austria surge el interés por el folclore en Smetana y Dvořák; este último lo mezcla con las formas europeas como la sinfonía y la música de cámara.
- **Países nórdicos.** Noruega se independiza de Suecia y Grieg escribe la obra escénica *Peer Gynt*. Finlandia se independiza de Rusia y Sibelius escribe su poema sinfónico *Finlandia*.
- **Hungría.** Junto a España, este país inspiró a otros compositores románticos. En el siglo XX destacan Béla Bartók y Zoltán Kodály.

Posromanticismo

No hay una fecha exacta para el final del Romanticismo, depende de cada país. La última generación de músicos románticos evolucionó en sus obras al incorporar nuevas tendencias:

- Vuelta a la **música sinfónica** sobre formas clásicas con un lenguaje musical más avanzado y no tan estrictamente tonal.
- Se desarrolla la **instrumentación orquestal**, aumenta la flexibilidad en los instrumentos y en la incorporación de coros.
- **Abandono de la influencia de Wagner** en la ópera por resultar excesiva en lo extramusical: coreografía, teatro, etc.
- **Reafirmación nacional en Francia** a partir de 1850, lo que se expresa en la ópera y en la música instrumental. Más tarde derivará a una nueva corriente estilística: el modernismo.

Impresionismo

Surgió en Francia al final del XIX, y coincidió con la corriente pictórica del mismo nombre. Destacan Fauré, Debussy, Satie y Ravel.

- **Abandono** de las formas musicales tradicionales y búsqueda de la transmisión de **emociones sensoriales** o sensaciones, más que emociones sentimentales.
- Representación de **escenas** a través de recursos musicales y elementos como el timbre.
- Desaparición de las funciones tonales de los acordes y utilización de **escalas modales y exóticas**, como las orientales.

Compositores nacionalistas, posrománticos e impresionistas

M. GLINKA (1804-1857)
Utiliza en sus óperas fragmentos melódicos rusos. Tiene una gran influencia en otros compositores.

CH. GOUNOD (1818-1893)
Autor de óperas, oratorios y dos sinfonías. Fue un compositor muy influyente en su época.

1850

C. FRANCK (1822-1890)
Emplea cambios tonales y cromatismos. Da unidad a sus obras con motivos que se repiten variados.

C. SAINT-SAËNS (1835-1921)
Obras orquestales de música programática: *Carnaval de los animales* y *Danza macabra*.

G. BIZET (1838-1875)
Con influencias de Offenbach y Gounod, es autor de la célebre ópera *Carmen* y de la suite *La arlesiana*.

M. MUSSORGSKI (1839-1881)
Se anticipa al impresionismo. Obras descriptivas y óperas con el pueblo ruso como protagonista.

1875

P. I. TCHAIKOVSKI (1840-1893)
Sus obras son muy conocidas: sinfonías y los *ballets El cascanueces* y *El lago de los cisnes*.

A. DVOŘÁK (1841-1904)
Mezcla folclore checo y formas europeas. Influencia de EE. UU: *Sinfonía del Nuevo Mundo*.

M. RAVEL (1875-1937)
Mezcla diferentes estilos (ecléctico). Es el autor del famoso *Bolero*. Fue un gran orquestador.

E. GRIEG (1843-1907)
Su obra escénica *Peer Gynt* es una muestra romántica y nacionalista del folclore noruego.

1900

N. RIMSKI-KORSAKOV (1844-1908)
Autor de óperas y música de programa, así como de tratados de armonía y orquestación.

G. FAURÉ (1845-1924)
Considerado el primer músico impresionista. Utilizó los recursos compositivos de cada momento.

G. MAHLER (1860-1911)
Director de orquesta y compositor. Su 8.ª sinfonía destaca por el gran número de instrumentos y voces.

C. DEBUSSY (1862-1918)
Es el músico más representativo del impresionismo. Escribió obras instrumentales y escénicas.

1925

R. STRAUSS (1864-1949)
Música orquestal al servicio de la escena. Escribió *lieder* casi atonales, poemas sinfónicos y óperas.

J. SIBELIUS (1865-1957)
Principal representante de la música nacionalista finlandesa, con su poema sinfónico *Finlandia*.

E. SATIE (1866-1925)
Compositor impresionista francés, con algunos títulos extraños, como *Tres piezas en forma de pera*.

B. BARTÓK (1881-1945)
Z. KODÁLY (1882-1967)
Compositores e investigadores del folclore húngaro: este último fue el creador del método Kodály.

1950

EJEMPLO SONORO

La música después del Romanticismo

***Finlandia*, op. 26,** J. SIBELIUS (1865-1957)
Sinfonía n.º 8, G. MAHLER (1860-1911)
***El mar*,** C. DEBUSSY (1862-1918)

smSaviadigital.com ESCUCHA
Escucha estos tres ejemplos sonoros de la música nacionalista, posromántica e impresionista y escribe qué características puedes distinguir de cada uno de ellos.

ACTIVIDADES

Trabaja en la red

1. smSaviadigital.com COMPRENDE
Escucha en el eje cronológico interactivo la música de los compositores más importantes del nacionalismo, posromanticismo e impresionismo, y aprende más sobre sus características.

2 La música española

AUDICIÓN 2 18

***Serenata andaluza*, Manuel de Falla (1876-1946)**

Guía de la audición

- Esta obra para piano fue compuesta por Falla en 1900, antes de recibir las influencias nacionalistas e impresionistas. No obstante, refleja ya una calidad que lo hacía diferente a otros compositores de su época en el tratamiento de los temas tradicionales andaluces.
- El compás es $\frac{3}{4}$ y el tempo un *Allegretto*. Hay muchas variaciones agógicas, dinámicas, de carácter, y de expresión en general.
- Empieza en Re menor, y el tema B termina en la dominante y cambia a Re mayor. Luego modula a otras tonalidades, y este fragmento finaliza en el acorde de Mi mayor, dominante de La. Utiliza la cadencia andaluza o frigia (La m, Sol M, Fa M, Mi M) de forma muy elaborada.
- Sigue la audición en este esquema temporal y formal, e intenta contar los compases para no perderte: 00:00 A 16c 00:20 B 24c 00:53 C 23c 01:22 D 21c 01:42 E 22c

Afina el oído

- **Observa el inicio de uno de los temas, escucha la audición e indica a cuál de ellos pertenece.**

Situación general

En el siglo XIX había en nuestro país poco conocimiento de la música que se estaba haciendo en el resto de Europa. Hasta mediados del siglo XIX no se extendieron por España las tendencias del Romanticismo, el nacionalismo o el impresionismo. Sin embargo, la música folclórica española era objeto de interés por parte del Romanticismo musical europeo, aunque sin profundizar más allá de lo considerado como típico.

Hasta 1850 hay una italianización de la música, que afecta incluso a la zarzuela grande u ópera española. Solo triunfa el sainete o género chico. En la música instrumental sí destacan intérpretes-compositores como M. del Adalid en el piano, P. Sarasate en el violín y F. Tárrega en la guitarra.

Compositores

A finales del XIX y comienzos del XX, se despierta el interés por las raíces musicales españolas, a la vez que algunos autores estudian en el extranjero y traen las nuevas ideas musicales a España.

H. Eslava (1807-1878)
Compositor de música religiosa. Pedagogo y musicólogo.

E. Arrieta (1823-1894)
Autor de zarzuelas grandes y óperas españolas, como por ejemplo *Marina*.

1850

F. Asenjo Barbieri (1823-1894)
Compositor de zarzuelas como *Pan y toros*, y musicólogo.

F. Pedrell (1841-1922)
Investigador del folclore, influyó sobre los compositores para instaurar el nacionalismo.

1875

T. Bretón (1850-1923)
Destaca como compositor de zarzuelas del género chico: *La verbena de la Paloma.*

R. Chapí (1851-1909)
Compositor de música de cámara y de zarzuela grande y chica: *La Revoltosa.*

1900

I. Albéniz (1860-1909)
Fue niño prodigio. Destaca en sus obras menores para piano, como la *suite Iberia.*

E. Granados (1867-1916)
Investiga otras formas, pero triunfa con *Goyescas* y *Danzas españolas.*

1925

M. de Falla (1876-1946)
Compositor español internacionalmente reconocido. Su música es nacionalista e impresionista.

J. Turina (1882-1949)
Compositor de música de inspiración andaluza: *La procesión del Rocío, Sinfonía sevillana.*

1950

Ó. Esplá (1886-1976)
Su obra está dedicada a resaltar las raíces musicales levantinas: *Sinfonía Aitana.*

F. Mompou (1893-1987)
Destacan sus obras pianísticas breves de influencia impresionista, sobre temas catalanes.

Manuel de Falla

Manuel de Falla (1876-1946)

Manuel de Falla fue uno de los primeros compositores de la **música nacionalista española**. Cultivó un estilo tan español como alejado de los tópicos.

Las primeras lecciones musicales que recibió se las dio su propia madre. La asistencia a conciertos y representaciones operísticas que se celebraban en su Cádiz natal estimularon su afición por la música. Con 23 años se trasladó a Madrid para seguir con sus estudios musicales y probar fortuna como **compositor de zarzuelas**, pero el éxito no le acompañó. El contacto con Felipe Pedrell, padre del nacionalismo musical español, le abrió nuevos horizontes.

En 1907 marchó a París, donde consiguió el éxito de ***La vida breve*** (ópera española en un acto). En esta etapa entró en relación con Claude Debussy, Maurice Ravel, Paul Dukas e Isaac Albéniz, cuya impronta es perceptible en sus composiciones de ese período, especialmente en *Noches en los jardines de España*, obra de tres movimientos ("En el Generalife", "Danza lejana" y "En los jardines de la sierra de Córdoba"). Sobresale por su capacidad para describir las **esencias del paisaje andaluz** a través de una música de un exquisito refinamiento.

Manuel de Falla se convirtió en uno de los ejes de la vida cultural granadina gracias a su amistad, entre otros, con ***Federico García Lorca****.*

Al estallar la Primera Guerra Mundial volvió de nuevo a Madrid, donde estrenó el *ballet* titulado ***El amor brujo***.

En 1919 Falla se instaló en Granada y estrenó otro *ballet* en Londres: *El sombrero de tres picos*. Durante su estancia en Granada vivió rodeado de un pequeño grupo de intelectuales, entre los que se encontraba Federico García Lorca. Allí desarrolló una **intensa actividad musical**.

Los últimos veinte años de su vida los pasó trabajando en la que consideraba había de ser la obra de su vida: la **cantata escénica *Atlántida***, sobre un poema de Jacint Verdaguer. Esta cantata escénica de vastas dimensiones para solistas, coro y orquesta era considerada por el autor como su testamento artístico y espiritual. El fin de la Guerra Civil y la amenaza de la Segunda Guerra Mundial en Europa le decidieron alejarse de España y buscar refugio en Argentina, donde murió sin que hubiera podido culminar la obra. La tarea de finalizarla según los esbozos dejados por el maestro correspondió a su discípulo **Ernesto Halffter**. Un año después de su muerte sus restos fueron repatriados y enterrados en la cripta de la catedral de Cádiz.

Catedral de Cádiz

EJEMPLO SONORO 2 19 20 21

La música española

Recuerdos de la Alhambra, F. TÁRREGA (1852-1909)
Iberia, I. ALBÉNIZ (1860-1909)
Canciones y danzas, F. MOMPOU (1893-1987)

- Escucha estos tres ejemplos sonoros de la música española de finales del XIX y comienzos del siglo XX. ¿Qué características musicales distingues en cada ejemplo?

ACTIVIDADES

Trabaja en la red

2. smSaviadigital.com COMPRENDE
Trabaja sobre la música de Manuel de Falla con esta presentación interactiva.

Audición práctica 2 22 "Bolero"

El *Bolero* es una pieza compuesta por Maurice Ravel en 1928 y estrenada en la Ópera Garnier de París ese mismo año. La obra obtuvo un éxito inmediato y llegó a convertirse en una de las piezas más famosas de Ravel y de la música de principios del siglo XX.

CONOCE AL COMPOSITOR

Maurice Ravel fue un pianista, compositor y director de orquesta francés. Junto a Claude Debussy, es considerado como uno de los máximos exponentes del impresionismo. En su carrera, Ravel fue construyendo un estilo propio en el que incorporó elementos del Barroco, del Neoclasicismo y del *jazz*. Compuso obras para piano, como *Gaspard de la nuit* (1908), y para orquesta, como *Daphnis et Chloé* (1912); también elaboró algunos arreglos famosos, entre los que destaca la orquestación de *Cuadros de una exposición* de Mussorgski.

Maurice Ravel (1875-1937)

GUÍA DE LA AUDICIÓN

- El *Bolero* es una obra extensa, de casi 18 minutos de duración.
- El **ritmo** es el típico del bolero, en tres tiempos, con la indicación *tempo di bolero moderato assai*. La música comienza con un ostinato de dos compases que se repite ciento sesenta y nueve veces a lo largo de la obra.

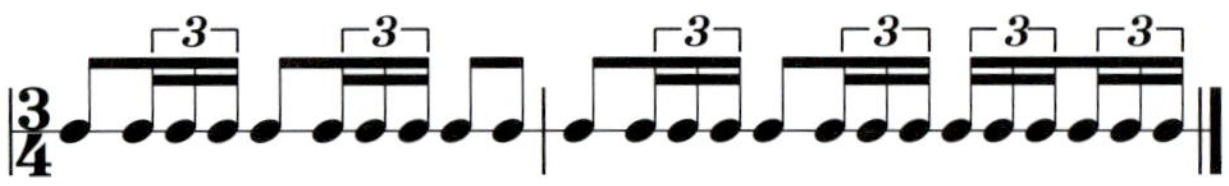

smSaviadigital.com PRACTICA
Escucha la audición y sigue el musicograma.

- Después escuchamos la melodía, integrada por un tema A de 16 compases y un tema B, derivado del anterior, con un carácter contrastante, también de 16 compases.
- Otro ostinato con el mismo ritmo, pero tocado con diferentes instrumentos, de dos compases, separa cada una de las entradas del tema.
- La obra termina con una coda imponente que, sin embargo, no escucharás ahora, puesto que el fragmento elegido corresponde al principio de la pieza.

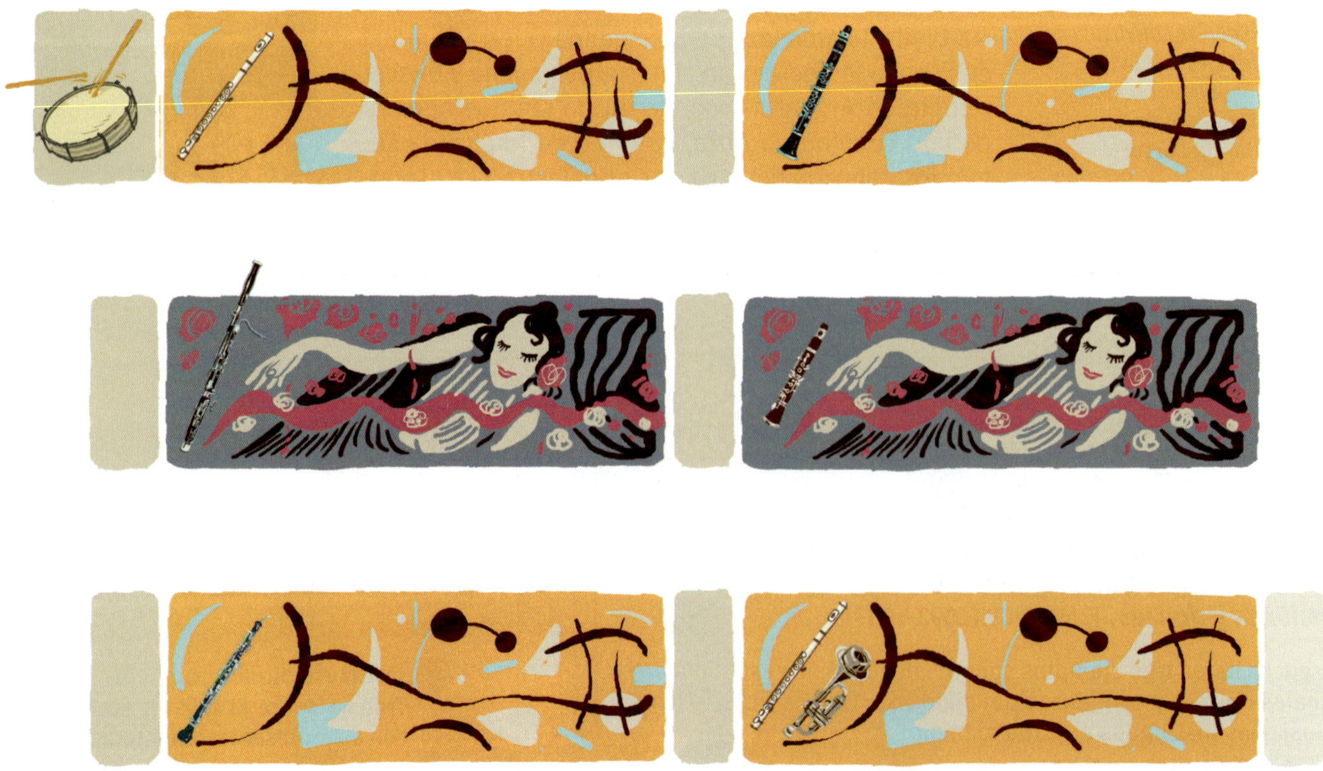

OBSERVA Y CREA

1. El *Bolero* de Ravel es una de las piezas más versionadas de la música clásica. Observa algunas de las versiones más curiosas:
   a. www.e-sm.net/IIesomu_sv_08_01
   b. www.e-sm.net/IIesomu_sv_08_02
   c. www.e-sm.net/IIesomu_sv_08_03

2. Ahora es tu turno. El ostinato ya lo conoces de la audición anterior, y esta es la melodía principal del *Bolero*.

Crea tu propia versión del *Bolero*. Puedes repartir la melodía entre varios instrumentos, crear una segunda voz a distancia de tercera, deformar el ritmo, probar a usar solo instrumentos de percusión... Déjate llevar por la inspiración.

CADA MÚSICO EN SU LUGAR

3. En la orquestación del *Bolero*, Ravel utilizó los siguientes instrumentos:

violines primeros	4 trompas	1 clarinete bajo en si bemol
violines segundos	1 trompeta en re	2 fagotes y 1 contrafagot
2 cajas claras	3 trompetas en do	violas
3 timbales	1 flautín	violonchelos
1 corno inglés	2 flautas	contrabajos
2 clarinetes en si bemol	2 oboes	1 saxofón soprano
1 requinto en mi bemol	1 oboe de amor	1 saxofón tenor
3 trombones	1 tuba	bombo
celesta	tamtam	platillos

Imagina que te contratan en un auditorio y tu misión consiste en colocar las partituras para cada instrumento en los atriles correspondientes ubicados en el escenario. ¿Dónde situarías los instrumentos que hemos nombrado? Responde completando el siguiente esquema en tu cuaderno. Si tienes alguna duda, busca imágenes de orquestas sinfónicas en enciclopedias, libros o en la red.

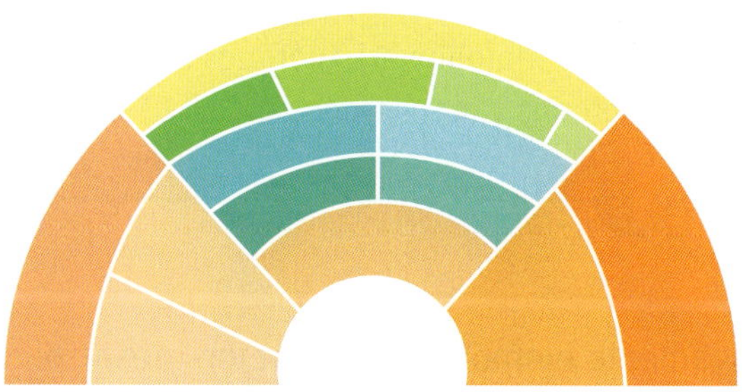

3 Recursos compositivos II

Imitación

Consiste en la exposición de un tema y su repetición en otras voces, desarrollando sus elementos melódicos o rítmicos. Se utiliza en el **canon** y la **fuga**.

A partir del compás 6 no coinciden los acentos. Es una polirritmia denominada ***hemiolia***.

Desarrollo

El tema se fragmenta en motivos, se imita con diálogos instrumentales, se cambia de tonalidad, etc. Es más libre que la **variación**. La **sonata** es la forma por desarrollo más elaborada.

Comienzo de un tema de la Sinfonía inacabada de Schubert

Fragmento del Desarrollo del Tema

Improvisación

El compositor da libertad al intérprete para que improvise. Se ha utilizado tanto en la música académica como en algunas músicas tradicionales, pero especialmente en el *jazz*.

1. **Imitación:** toca con tus compañeros el ejemplo con instrumentos de percusión de diferente timbre.
2. **Desarrollo:** toca en la flauta el ejemplo e intenta escucharlo en una grabación.
3. **Improvisación:** quitaremos las láminas de do y fa. Luego improvisaremos durante 8 compases de dos tiempos con cada uno de estos grupos de instrumentos, mientras el bombo lleva el pulso:
   1) Carillones soprano y alto. **2)** Madera (pequeña percusión). **3)** Metalófonos soprano y alto.
   4) Membranófonos. **5)** Xilófonos soprano y alto. **6)** Metal (pequeña percusión).
   7) Xilófonos y metalófonos bajos. **8)** Todos juntos.

EJEMPLO SONORO 2 23

Escuchar y reconocer

Escucha y reconoce auditivamente ejemplos de imitación, desarrollo e improvisación.

smSaviadigital.com PRACTICA
Participa en una *jam session*.

4. Sigue la audición del *Rondó instrumental* con este esquema y las partituras: ESTRIBILLO (4 compases) - A (2 veces: 16 c.) - EST. (4 c.) - B (16 c.) - EST. (4 c.) - C (16 c.) - EST. (4 c.) - A (1 vez: 8 c.)

5. Observa las hemiolias en el acompañamiento de A y en el estribillo. A está en La menor y B en Do mayor (termina en el V grado de La menor). Escribe los acordes y grados correspondientes al tema B, observando la partitura verticalmente. El tema C (improvisación) se basa en esta escala pentatónica: re mi sol la si.

Rondó instrumental Á. MÜLLER G.

TEMA C 16 compases de IMPROVISACIÓN para pequeña percusión y laminófonos (sin láminas de do y fa).

6. Con la ayuda del profesor, realiza el montaje instrumental representado en las partituras:

ESTRIBILLO. Reparto de voces: 1.ª triángulo. 2.ª pandero. 3.ª claves. O instrumentos similares.

TEMA A: la melodía se puede tocar con la flauta o con laminófonos (carillones o xilófono soprano). Si lo necesitas, el sol♯ se puede sustituir por el mi. Debes alternar las baquetas en el bajo.

TEMA B: la flauta se divide en dos voces. Los grupos de 3 corcheas los puedes tocar ligados.

TEMA C: improvisamos durante 16 compases con la pequeña percusión y con los metalófonos sin do y fa, sobre la grabación.

4 Minimalismo musical

- Interpreta esta pieza basada en la adición sobre un pulso constante de figuraciones rítmicas 1, 2, 3: 

Percusión con bolígrafo

CRISTINA GARCÍA

Fase 3 Improvisación

- En la fase 1, repetid cada compás todas las veces que se indica manteniendo la pulsación de negra a 180 por minuto. Para la fase 2, dividíos en dos grupos y bajad el pulso de negra a 152. La fase 3 vuelve al tempo de negra igual a 180. Improvisad sobre las figuraciones de negra, doble corchea y tresillo de corcheas durante diez compases.
- Si quieres saber más sobre este tipo de piezas, te proponemos los siguientes enlaces:

www.e-sm.net/IIesomu_sv_08_04 www.e-sm.net/IIesomu_sv_08_05 www.e-sm.net/IIesomu_sv_08_06

5 Coreografía 4 + 4 + 4 + 4...

Al igual que la música, la danza también ha experimentado nuevas manifestaciones y técnicas a lo largo de su historia. Descubre la danza contemporánea a través de algunos movimientos.

Danza contemporánea

1 PRACTICAD series del 1 al 4 manteniendo un pulso constante con la ayuda de un metrónomo.

La velocidad a la que debéis recitar la numeración será la de ♩= 80

MATERIAL

– Metrónomo

2 DIVIDÍOS EN GRUPOS de cinco personas. Cada alumno practicará una de las siguientes series, teniendo en cuenta que cada una dura cuatro pulsaciones al ritmo que habéis memorizado:

- Serie 1: estrella-bolita

- Serie 2: estrella-bolita-rueda-estrella

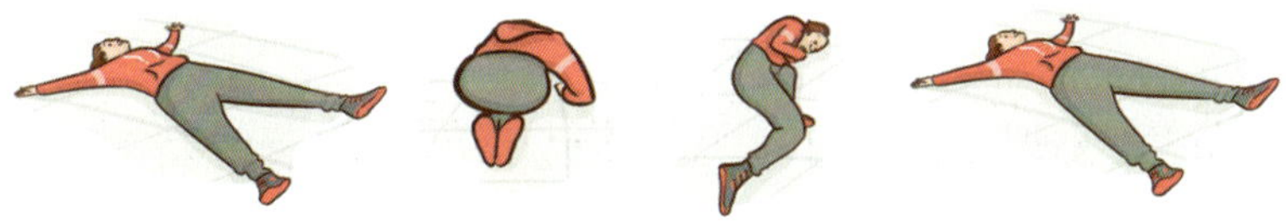

- Serie 3: estrella-bolita

- Serie 4: estrella-lado derecho-estrella-lado izquierdo-estrella

- Serie 5: ángulo-rueda-sentado

3 DANZAD SIGUIENDO ESTA COREOGRAFÍA: cada alumno recibirá un número. Siguiendo ese orden, uno por uno representará su coreografía mientras el resto de la clase va contando en voz alta las series del 1 al 4 manteniendo el pulso de ♩ = 80.

Para la representación, podéis desplazaros por el espacio y seguir cualquier itinerario. Tenéis que estar atentos a la numeración para que la pulsación no se pare: cuatro pulsos para el n.º 1, cuatro pulsos para el n.º 2, etc., hasta llegar al último número.

Opinar sobre música en la red

Cuando hablamos de música pensamos normalmente en escuchar, interpretar o componer. Sin embargo, hay profesionales que se dedican a hablar y escribir sobre música: desde los locutores de radio que realizan programas de contenido musical hasta los críticos y periodistas musicales, pasando por aficionados que escriben en blogs o redes sociales o crean sus propios *podcasts*. Cuando se trata de música, hay mucho que decir.

- **El periodismo musical**
  Algunos periodistas, músicos y otros profesionales interesados en la música se dedican a escribir y hablar sobre música. Generalmente trabajan en medios de prensa escrita, como los periódicos o las revistas, en radio o en televisión. Sin embargo, en los últimos años, muchos han ampliado su ámbito de trabajo y publican sus noticias y comentarios en redes sociales, blogs y otros sitios de internet.

- **La radio musical**
  Aunque la radio no puede entenderse sin música, puesto que la inmensa mayoría de los programas la usan de un modo u otro, hay programas especializados en música de todos los géneros y estilos. En algunos solo se reproducen canciones y piezas musicales intercalando breves comentarios. En otros se dedica más tiempo a hablar de música.

Hablar de música en la red

La música es un tema importante y atractivo para muchas personas. Por ello, además de en los medios tradicionales en formato digital (como los periódicos o las radios en línea), en la red podemos encontrar miles de páginas con contenidos musicales.

Numerosos periodistas y aficionados han elegido el blog como un formato interesante para escribir sobre distintas temáticas musicales. Un ejemplo es clubbingspain.com, dedicado a la música electrónica.

Los *podcasts* que hablan de música, además de reproducir piezas musicales de distintos géneros y estilos, son cada vez más numerosos. Están creados tanto por profesionales como por aficionados.

Los usuarios también comentan y escriben sobre música al utilizar servicios de reproducción musical como LastFM, páginas como YouTube o portales en los que pueden subir su propia música o escuchar la de otros usuarios, como es el caso de SoundCloud.

PON EN PRÁCTICA

1. Entra en este vídeo de YouTube: www.e-sm.net/IIesomu_sv_08_07
2. Debajo del vídeo verás los comentarios de otros usuarios que han escrito algo relacionado con el vídeo. Léelos.
3. Participa en un debate con tu clase: ¿Los comentarios que has leído son interesantes? ¿Se relacionan siempre con la música o tratan de otros temas? ¿Qué puede motivar a los usuarios a escribirlos?

1 Investiga

Visita la sección de música de un periódico publicado en internet. Entre otras, tienes estas opciones:

- *Eldiario.es* www.e-sm.net/IIesomu_sv_08_08
- *El País* www.e-sm.net/IIesomu_sv_08_09
- *El Mundo* www.e-sm.net/IIesomu_sv_08_10
- *ABC* www.e-sm.net/IIesomu_sv_08_11

Observa todas las noticias publicadas en una misma página y responde a estas preguntas:

a) ¿Se refieren a distintos estilos musicales o hay uno que predomina?

b) ¿Cuál es el objetivo? Por ejemplo, comentar conciertos, reseñar discos, hablar de la vida de los músicos, etc.

c) Abre dos o tres noticias. ¿Qué elementos usan para proporcionar información?

2 Escribe tu *post*

Imagina que te contratan como colaborador en un blog sobre música para que escribas algunos *post* sobre tus músicos preferidos. ¿Qué escribirías?

Para realizar esta tarea, comienza por localizar algunos blogs que traten sobre un tipo de música de tu interés. Una vez que los hayas localizado realiza las siguientes actividades:

a) Lee algunos *posts* y presta atención a la extensión, al tipo de lenguaje que utilizan, a los temas de los que tratan, etcétera.

b) Decide cuál será el tema de tu *post*. Puede ser algún evento relacionado con la carrera de tu músico preferido, una canción, un concierto, etc.

c) Escribe un *post* de no más de 500 palabras. Busca también algunos recursos para ilustrarlo (al menos una imagen y un vídeo).

CLUB DE MÚSICA

Luis Brea

Acústico y cáustico punk

SHUARMA VUELVE CON *Grietas*

A LA VENTA EL 15 DE MARZO DE 2012

CONCIERTO MADRID

4 de mayo

Sala El Sol

3 Graba tu *podcast* sobre música

Un *podcast* es un archivo de audio, cuyo formato y contenido puede ser similar al de un programa de radio, que se distribuye a través de internet. En la red hay miles de *podcasts* que tratan de distintos temas relacionados con la música.

Haced grupos de cuatro a seis participantes para crear vuestro propio *podcast* sobre algún tema relacionado con la música del impresionismo o la música contemporánea.

Dentro de este tema, intentad elegir un aspecto de vuestro interés, por ejemplo, un compositor y alguna de sus obras, algún estilo específico, algún instrumento, etc. Una vez que hayáis elegido el tema seguid estos pasos:

a) Decidid qué rol va a asumir cada miembro del grupo. Aunque todos podéis hacer todo, quizá resulte más interesante repartirse las tareas. Así, una persona podría dedicarse a investigar y aportar documentación, otra a escribir los guiones, otra sería locutor o locutora, otra estaría a cargo de la grabación y el montaje, etc.

b) Una vez que hayáis dividido los roles, decidid sobre qué tema tratará vuestro *podcast* y pensad qué queréis contar sobre el tema, qué estilo tendrá el *podcast* (por ejemplo, serio o desenfadado). La duración no deberá ser mayor de 5 minutos.

c) Elaborad una planificación estableciendo el orden de tareas a realizar, el responsable y para cuándo ha de tenerlas.

d) Para grabar vuestro *podcast* utilizaréis Audacity, una aplicación que ya habéis usado en este curso. Necesitaréis, además, el ordenador, un micrófono y un sitio silencioso para grabar la locución. Recordad que no es necesario grabar todo a la vez, puesto que podéis grabar distintas pistas y luego hacer la edición hasta obtener el resultado deseado.

¿Qué has aprendido?

Conoce la música posterior al Romanticismo

1. Completa este esquema sobre la música posterior al Romanticismo.

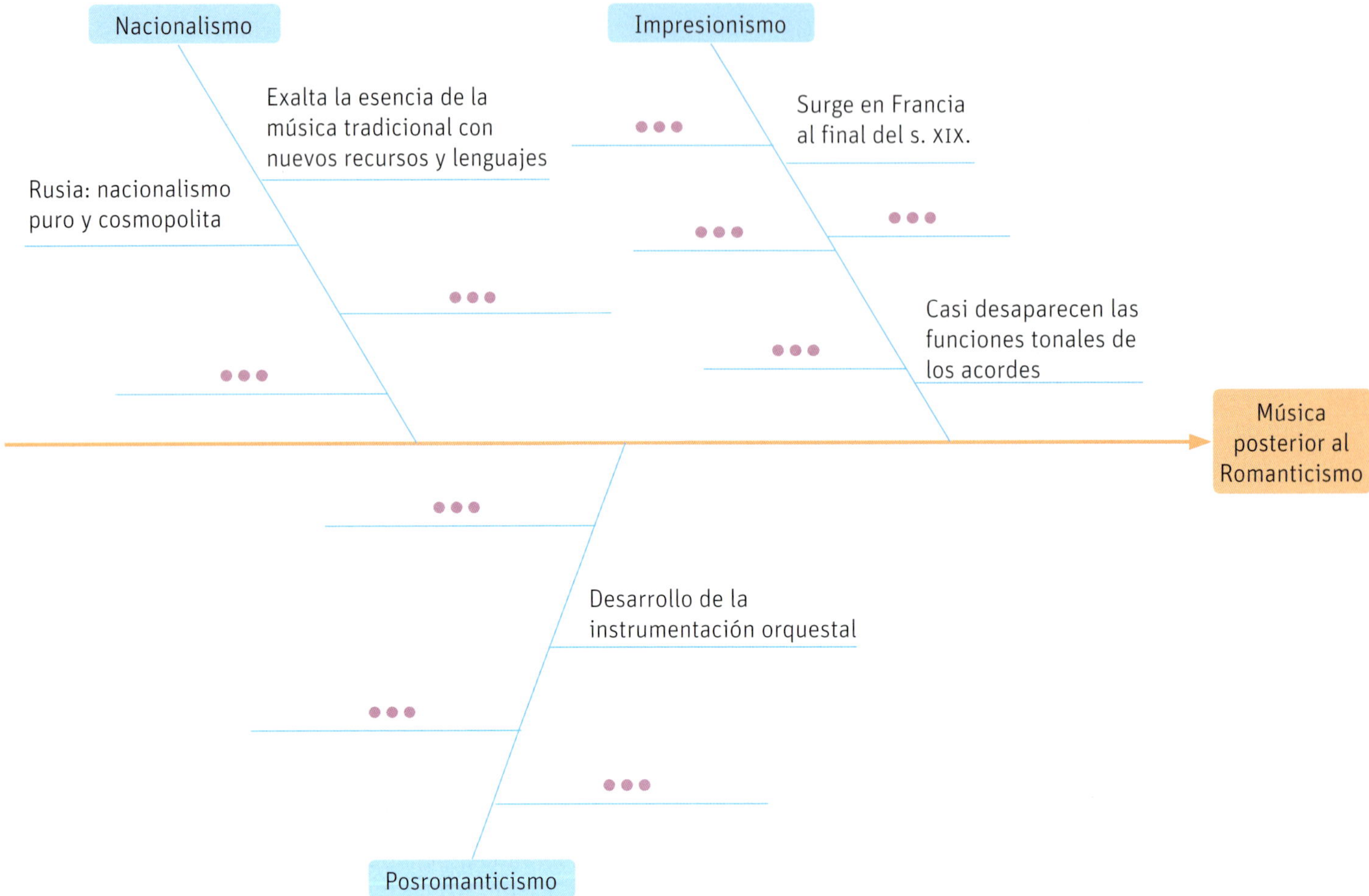

2. ¿Qué dos corrientes nacionalistas encontramos en Rusia? ¿En qué consisten? Responde en tu cuaderno.

3. ¿Se siguieron las formas musicales clásicas en el posromanticismo y en el impresionismo? Explica la respuesta en tu cuaderno.

Diferencia los compositores posteriores al Romanticismo

4. ¿A qué corriente musical pertenecen estos compositores? Responde en tu cuaderno.

Bizet — Ravel — Mussorgski — Debussy — Bartók — Strauss

5. Clasifica estos compositores según el país al que pertenezcan. Escribe en tu cuaderno una característica de cada uno.

Sibelius — Bartók — Falla

a) 

b) 

c) 

Conoce la música española de finales del siglo XIX

6. ¿Qué género musical destacó a finales del XIX en España? Busca información y explica en tu cuaderno en qué consiste.

Repasa y diferencia los diferentes recursos compositivos

7. Completa en tu cuaderno este mapa conceptual sobre los recursos compositivos.

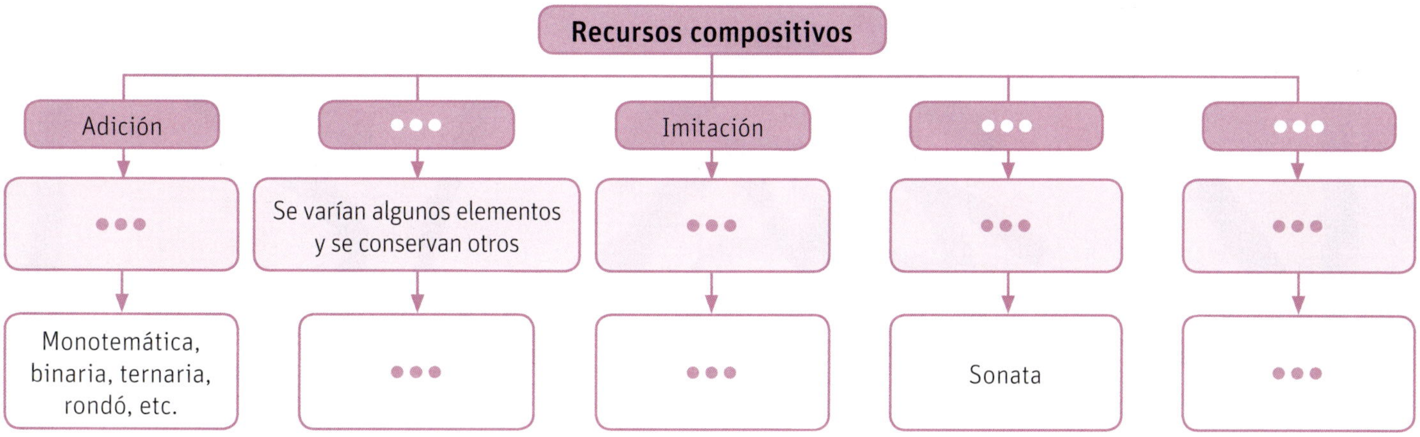

8. ¿Qué recurso compositivo es posible confundir con la variación? ¿En qué se diferencian? Responde en tu cuaderno.

9. Copia este fragmento musical en tu cuaderno. Luego, rodea las imitaciones del mismo color que su motivo.

Repasa las cadencias

10. Observa las alteraciones fijas de esta partitura y escribe su tonalidad en tu cuaderno. Luego, revisa los acordes para saber qué cadencia tiene.

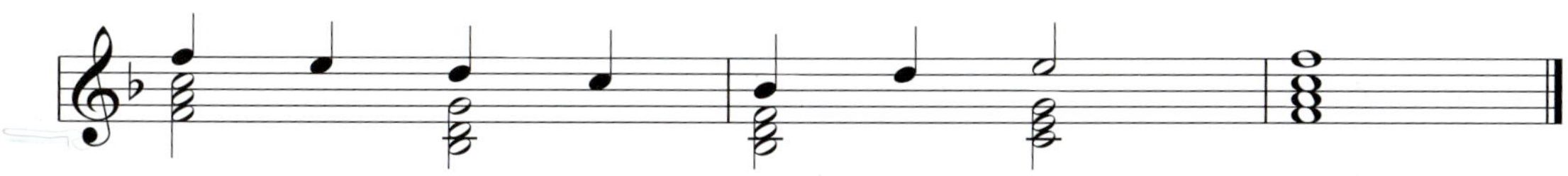

APRENDE A PENSAR

Sobre la música posterior al Romanticismo se pueden aprender muchas cosas. A cada persona le pueden resultar interesantes unas cuestiones u otras.

¿Qué más te gustaría saber y no hemos mencionado?

- Elabora una lista con todas las preguntas que te han surgido sobre la música, músicos e instrumentos posteriores al Romanticismo. No importa que el tema no haya sido tratado en la unidad.

smSaviadigital.com VALORA LO APRENDIDO > Autoevaluación

9 La música contemporánea

Abre tu mirada

El siglo XX nace con una sociedad que piensa que los avances tecnológicos van a mejorar sus vidas. Este optimismo desaparece con la Primera Guerra Mundial. Los nuevos artistas se sienten alejados de la cultura burguesa y responsables de denunciar los problemas e intentar cambiar la situación.

En el siglo XX todas las artes huyeron del realismo, no querían seguir imitando a la naturaleza, por lo que buscaron formas de cambiar las técnicas tradicionales y liberarse. El primer pintor que rompió todos los estándares e hizo pinturas completamente abstractas fue Kandinsky. Los compositores del siglo XX siguieron diversos caminos para romper las bases tradicionales de la música. El intento más original fue el de Schoenberg, que ideó un sistema en el que todos los sonidos eran iguales y ninguno desempeñaba una función más importante que los demás.

- ¿Cómo es la música contemporánea culta?
- ¿En qué consiste la música ligera actual?
- ¿Sabes cuáles son los elementos de una obra musical a través de su partitura?
- ¿Sabes interpretar una pieza vocal a modo de *beatbox*?

Gracias al teclado diseñado por Scriabin, la sala entera debía llenarse con colores proyectados que cambiarían siguiendo este código:

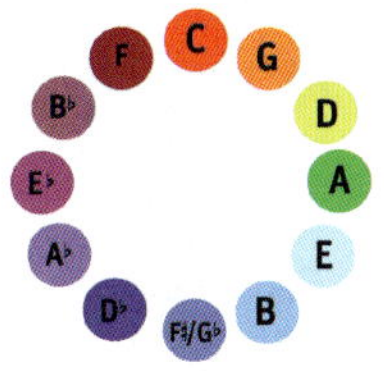

¿Qué sensación crees que experimentaría el espectador?

Observa y reflexiona

A principios del siglo XX, Estados Unidos era una nueva potencia económica mundial. La población afroamericana quiso ir al norte del país en busca de nuevas oportunidades, pero tuvo que enfrentarse al problema del racismo y vivir en barrios separados. Las tradiciones musicales afroamericanas impregnaron la música popular para siempre. Los nuevos ritmos cautivaron a los jóvenes del mundo occidental y consiguieron un auge de la música popular nunca antes visto.

La innovación y la búsqueda de nuevos lenguajes no fue algo exclusivo de la música académica, sino que también afectó a la música popular. Gracias a las aportaciones afroamericanas, se crearon géneros tan importantes como el *ragtime* o el *jazz*.

¿Conoces más géneros musicales que tengan influencias afroamericanas?

Observa y piensa

Desde el siglo XX las diferentes artes han estado más unidas que nunca. Todas buscaron revolucionar la mentalidad y los gustos tradicionales con nuevas técnicas, pero también colaborar entre ellas y, en ocasiones, intentar hacer obras que implicasen la unión de varias manifestaciones artísticas. En este sentido, hubo diferentes trabajos sinestésicos, es decir, que mezclan las sensaciones percibidas por los diferentes sentidos. Kandinsky plasmó en varios cuadros la impresión que causaba en él la música de Schoenberg. Otro ejemplo lo tenemos en *Prometeo* (1910), una obra orquestal en la que cada nota se asocia a un color concreto. Scriabin diseñó un teclado de luces que tocaría junto a la orquesta.

Y tú, ¿qué opinas?

¿Por qué crees que se llama contemporáneo al arte del siglo XX y XXI?

¿Qué piensas que se recordará en la Historia de la música actual?

¿Has probado alguna vez a dibujar una música? ¿Y a poner música a una imagen? ¿Qué crees que sentirías al hacerlo?

¿Experimentamos la música en vivo?

¿Sabes realizar una investigación musical en internet?

ESCUCHARÁS: – ***Tombeau in memoriam Gérard Grisey*** **(P. Hurel)**
– ***Fanfarria de la libertad*** **(J. Williams)**

1 La música académica (siglos XX y XXI)

EJEMPLO SONORO 2 25 26 27

Pierrot Lunaire, A. Schoenberg (1874-1951)
La consagración de la primavera,
I. Stravinski (1882-1971)
Cuarteto para el fin de los tiempos,
O. Messiaen (1908-1992)

- ¿Qué tienen en común estas tres piezas? ¿Qué las diferencia de la música que se componía hasta entonces? ¿Cómo es su ritmo?
- ¿Crees que los instrumentos elegidos por Messiaen componen un cuarteto clásico? ¿Conoces la historia de esta obra? Busca información sobre este cuarteto y, después de hacerlo, vuelve a escucharla.

EJEMPLO SONORO

Clara Rockmore y el theremin

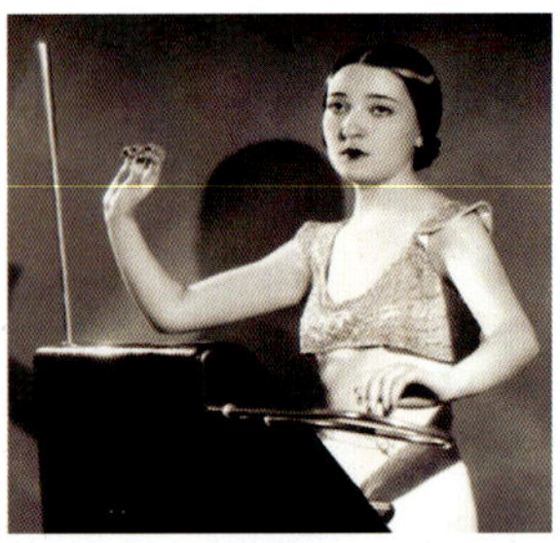

Clara conoció a los 18 años al inventor ruso León Thérémin, que acababa de presentar su innovador instrumento electrónico, y ella se enamoró enseguida de su sonido. Gracias a sus conocimientos de violinista, consiguió desarrollar su propia técnica y ayudó al inventor a mejorar y perfeccionar el instrumento, ampliando la tesitura de tres a cinco octavas. También aumentaron el control del tono y modificaron la antena del volumen para que fuera más rápida, entre otras mejoras.

- Escucha cómo sonaba el theremin en manos de Clara Rockmore.

www.e-sm.net/IIesomu_sv_09_01

Las corrientes musicales contemporáneas no se suceden todas cronológicamente. Unas son coetáneas, otras no surgen en todos los países al mismo tiempo, y algunos autores se adscriben a uno u otro movimiento estético a lo largo de sus vidas y obras. La mayoría de estas nuevas tendencias aparecen en París y en Viena.

Nuevos sonidos, nuevas músicas

A partir del impresionismo se van liberando las leyes de la tonalidad y se experimenta con nuevas organizaciones del sonido:

- **Modalismo:** se llama así al uso de las antiguas escalas modales y del contrapunto. Lo emplean compositores nacionalistas como B. Bartók o H. Villalobos. También se da en el Romanticismo y en el impresionismo, e incluso en la música popular como el *jazz*.
- **Dodecafonismo:** se rompe la tonalidad (**atonalidad**) y se usan las 12 notas de la escala cromática organizadas de diversas formas. Lo propone A. Schoenberg, y sus alumnos A. Berg y A. Webern lo desarrollan mediante el **serialismo**. Este consiste en series de sonidos tomados de los 12 de la escala cromática, sin utilizar la tonalidad. También se forman series con la duración, la intensidad y el timbre.

  En España introduce el dodecafonismo R. Gerhard, y lo desarrollan C. Halffter y L. de Pablo.

  Estas tendencias se asocian al **expresionismo**: el artista expresa sus emociones y distorsiona la realidad; mientras que en el impresionismo se representaba la realidad transmitiendo sensaciones.
- **Politonalismo:** es la utilización simultánea de más de una tonalidad en una misma obra. Se da en algunas de las escuelas del siglo XX, como el **Neoclasicismo**. Esta es una reacción ante el Romanticismo, por eso también se denomina **antirromanticismo**. La música no expresa emociones ni sentimientos, solo expone un orden en el tiempo. Se vuelve a la forma clásica con ritmo irregular y tonalidad libre.

  Autores: I. Stravinski, P. Hindemith y S. Prokófiev. En España: Rodolfo y Ernesto Halffter, y J. Rodrigo (**Neoclasicismo casticista**).
- **Microtonalismo:** se proponen nuevos sistemas armónicos para componer con escalas formadas por microtonos, o fracciones de tono diferentes al semitono: tercios, cuartos, sextos, doceavos, etc.

  Se construyen instrumentos especiales para estas músicas: ondas Martenot, theremin, *trautonium*, etc. Algunos compositores incluyen microtonalismos en sus obras o investigan sobre ello; y otros elaboran obras completas. Autores: A. Hába, J. Carrillo y F. Guerrero.

Ondas Martenot

Azar y música

- **Música aleatoria:** A partir de 1950 se introduce la improvisación en el proceso de la creación de una obra. Esto lleva a una mayor libertad del intérprete y a un resultado final imprevisible e irrepetible. Existen varias posibilidades:
  - El compositor puede elegir al azar todos o algunos de los elementos.
  - Se puede dar libertad al intérprete para elegir elementos de la obra.
  - La estructura puede ser abierta: el intérprete elige las secciones.
  - Se pueden marcar tiempos de improvisación libre o con notas dadas.
  - A veces el público participa en la versión final, con su silencio.

  Autores: J. Cage, P. Boulez, K. Stockhausen, L. de Pablo, etc.

Tecnología y música

El desarrollo de la grabación y la electrónica dio lugar a laboratorios de sonido, donde se experimentaron nuevos sonidos y recursos. Las posibilidades creativas crecieron con la informática y el sonido digital. El compositor suele realizar el papel del intérprete.

- **Música concreta:** se compone la obra a partir de grabaciones de sonidos variados y modificados. Autores: P. Schaeffer y P. Henry.
- **Música electrónica:** el compositor sintetiza y transforma el sonido, dándolo a conocer. Si se combina con instrumentos acústicos se llama música **electroacústica**. Autores: H. Eimert y K. Stockhausen.
- **Música estocástica:** en la composición se utilizan ordenadores y cálculo matemático de probabilidades. Autores: I. Xenakis y P. Boulez.

Músicas contemporáneas

Muchos de los recursos anteriores siguen vigentes junto a otros:

- **Minimalismo:** repetición de fórmulas rítmico-melódicas tonales con pequeñas variaciones. Autores: S. Reich, P. Glass, M. Nyman.
- **Neotonalismo:** surge al final del siglo XX como reacción a la música atonal, que es considerada artificial y carente de expresividad. Está abierto a influencias de otras músicas. Hay algunas variantes: **poliestilismo** y **neorromanticismo**. Autores: G. Rochberg, A. Piazzolla, L. Berio.
- **Espectralismo:** aplicación a la música de los descubrimientos acústicos sobre el timbre. Autores: G. Grisey, T. Murail, P. Hurel.
- **Otras tendencias:** conceptualismo, nueva simplicidad, libre improvisación, nueva complejidad y arte sonoro.

AUDICIÓN 2 28

Tombeau in memoriam Gérard Grisey,
P. HUREL (1955)

Guía de la audición

- Un *tombeau* es una pieza instrumental dedicada a la memoria de un personaje (el término francés significa 'tumba').
- P. Hurel la compuso en 1999, y está dedicada a Gérard Grisey, fallecido en 1998 e iniciador del espectralismo, tendencia musical contemporánea seguida por este compositor en gran parte de sus obras.
- La obra está escrita para dúo de piano y percusión. Esta está formada por vibráfono, *glockenspiel* (carillón), crótalos, tambor de madera, gongs afinados, campanas y otros instrumentos.
- Tiene 4 movimientos, de los que escucharemos el 1.º, que dura unos 4 minutos. No hay un solo compás, sino muchos diferentes, y grupos irregulares.

Afina el oído

- Trata de reconocer auditivamente los instrumentos de percusión citados y cómo se mezclan todos los timbres produciéndose nuevos sonidos.
- Sigue la audición en internet con esta partitura: www.e-sm.net/IIesomu_sv_09_02
- Observa la interpretación en concierto: www.e-sm.net/IIesomu_sv_09_03 www.e-sm.net/IIesomu_sv_09_04

ACTIVIDADES

Trabaja en la red

1. Elige una de las corrientes de música contemporánea y realiza una presentación en la que amplíes sus características e incluyas ejemplos sonoros.

2 La música ligera actual

EJEMPLO SONORO

Un paseo por la música popular

La música popular urbana se ha diversificado mucho. Actualmente existen numerosos estilos y subestilos pero podemos encontrar características comunes entre ellos.

- Observa ejemplos de la música popular urbana actual.

www.e-sm.net/IIesomu_sv_09_05

EJEMPLO SONORO 2 29 30

Música *chill out*

Ahí estás tú, Chambao
Arabic and India Balance Mix, Tekiu

El término *chill out*, que significa 'relajación', da nombre a un estilo de música surgido a finales del siglo XX cuya intención es la de sosegar al oyente e invitarle a relajarse y a pensar. Acoge géneros de muy distintas características, que aquí se mezclan, e incluye el tratamiento con sintetizadores y efectos de sonido, haciendo que la música no solo se oiga, sino que también se sienta.

El *chill out* no es solo un género musical, es un estilo de vida. España (y en concreto Ibiza) es uno de los referentes más importantes en el mundo de este estilo.

- Escucha estos fragmentos y describe qué sensaciones te producen. ¿Puedes compartirlas con tus compañeros?
- ¿Qué géneros musicales puedes descubrir dentro de estos fragmentos?

El término de **música ligera** está relacionado con la producción de música como mercancía: se puede adquirir y difundir. Aquí se incluye la **música incidental** (teatro, cine, radio, televisión, publicidad), la **música ambiental** (oficinas, consultas, comercios y grandes almacenes) y la **música popular urbana**.

Música popular urbana: siglos XX-XXI

El estilo ***country*** fue el principal movimiento de música popular en Estados Unidos, y a partir de 1950 fue sustituyéndose por el ***rhythm and blues*** (una derivación del *blues*). El ***rock and roll*** nació de esta fusión, así como sus variantes, como el *rock*.

La música ***rock*** surgió como medio de expresión de emociones. Su actitud y sus ritmos van de la mano de las agitaciones estudiantiles de 1968 y de los movimientos protesta de los años siguientes. La representación de estos movimientos y de su comercialización se observa en festivales masivos, como el de Woodstock. Esta música de los 60 y 70 originó más tarde el ***heavy metal***, el **punk** (este derivó, a su vez, en el ***hardcore*** y el ***grunge***) o el estilo ***new wave***.

En los años 70 aparece el ***funk***, derivado del soul, pero con una proyección más comercial. También aparecen el ***hip-hop*** y la música **disco**, de la que derivarán la música ***dance***, ***techno*** y ***house***.

Mezcla de estilos: fusión

Algunos músicos del siglo XX fusionaron estilos, como en el caso de Bob Dylan, quien creó el ***folk rock*** al unir la música tradicional con la música popular y al introducir la poesía en la canción.

Otras veces se buscan elementos comunes de esas músicas tradicionales y se fusionan en actuaciones conjuntas de diferentes países o culturas: Magreb e India, flamenco y música andalusí, música india y africana, etc.

Muchas culturas han mezclado sus músicas, y han dado lugar, a veces, a un nuevo género. Es el caso de los **cantes de ida y vuelta** a América. A este grupo pertenecen las habaneras, cantos derivados de la tonadilla española y desarrollados a finales del siglo XIX durante los conflictos bélicos de España con la isla de Cuba, que terminaron con la pérdida de esta colonia. Por ejemplo, existen letras de habaneras con alusiones a la guerra del 98.

Canales de acceso a la música

MEDIOS PARA ESCUCHAR MÚSICA
- Soportes digitales: CD, DVD, Blu-ray
- Internet
- Dispositivos móviles
- Radio

CRÍTICA MUSICAL
- Periodistas musicales
- Redes sociales
- Musicólogos

MÚSICA EN DIRECTO
- Conciertos
- Música escénica: ópera, teatro musical, zarzuela, danza, etc.

MÚSICA Y TECNOLOGÍA
- Escuchar música en streaming
- Compartir música
- Crear música

Nuevos modelos de negocio discográfico

El modelo de negocio tradicional de la industria musical ha quedado obsoleto. Por un lado, muchos usuarios no están dispuestos a pagar por un álbum entero, sino que quieren escuchar una o varias canciones. Por otro, la mayoría de internautas prefiere acudir a servicios gratuitos para escuchar música. Por ello existen servicios web que permiten a los usuarios escucharla gratuitamente a condición de recibir publicidad. Los beneficios de estos anuncios se destinan a pagar a las discográficas y a los artistas. Otra forma de financiación es el *crowfunding* o micromecenazgo, que permite la financiación de proyectos por medio de pequeñas aportaciones económicas de una gran cantidad de personas.

ACTIVIDADES

Trabaja en la red

2. Busca en internet qué plataformas ofrecen música gratuita. Escoge una de ellas e investiga las distintas opciones que proporciona.

3. sm**Savia**digital.com COMPRENDE
   Trabaja sobre los canales de acceso a la música con esta presentación interactiva.

Audición práctica 2 31 "Fanfarria de la libertad"

La *Fanfarria de la libertad* es una pieza orquestal compuesta por John Williams en 1986. El compositor recibió el encargo de esta obra con motivo de la celebración del centenario de la construcción de la estatua de la Libertad en Nueva York, aunque la pieza fue estrenada un mes antes, interpretada por la Boston Pops Orchestra bajo la dirección del propio compositor.

CONOCE AL COMPOSITOR

John Williams es un compositor, pianista y director norteamericano, conocido mundialmente por la creación de las bandas sonoras de películas tan famosas como *E.T.: el extraterrestre*, *La guerra de las galaxias*, *Tiburón*, *Superman*, *Indiana Jones* o *Harry Potter*. Asimismo, ha compuesto la música para importantes eventos, como cuatro celebraciones de los Juegos Olímpicos, y para numerosas series de televisión, además de obras orquestales y para instrumentos solistas. Ha ganado varios Óscar y otros premios, como los Grammy o los otorgados por la Academia Británica de Cine.

John Williams (1932)

GUÍA DE LA AUDICIÓN

- La obra, para orquesta, comienza con una breve introducción tocada por las trompetas, a la que siguen cuatro campanas.
- A continuación se escucha una melodía (tema A) tocada por las trompas, que se repite.
- Seguidamente suena la primera fanfarria (tema B), a cargo de toda la orquesta, en la que destacan los toques de las trompetas.
- Nuevamente se escucha la melodía (tema A), esta vez interpretada por los violines.
- Una vez más escuchamos la fanfarria, otra vez interpretada por toda la orquesta.
- El fragmento de la obra que vas a escuchar termina con una coda y los timbales tocando sin acompañamiento.

smSaviadigital.com PRACTICA
Escucha la audición y sigue el musicograma.

ANALIZA

1. ¿Qué elementos musicales utiliza John Williams para llamar la atención en la *Fanfarria de la libertad*?
2. Tomando como modelo esta pieza, ¿cuáles crees que son las características principales de una fanfarria?
   a. Narran una historia o describen un paisaje.
   b. Están compuestas para instrumentos de viento metal y percusión.
   c. Se interpretan en momentos ceremoniales (recibimiento de personas importantes, grandes acontecimientos, etcétera.).
   d. Su tempo es lento y suelen ser piezas suaves.
3. Si has escuchado más obras de John Williams (*La guerra de las galaxias, Superman, Indiana Jones*, etc.) te habrás dado cuenta de que hay una sección de la orquesta que siempre se escucha más y le da un toque épico a sus composiciones. ¿Cuál es?

Indiana Jones. *Paramount Pictures, 1981*

CREA UN DIAPORAMA

4. Usando la *Fanfarria de la libertad* como banda sonora, crea un diaporama de dos minutos (que es la extensión del fragmento escuchado) sobre la estatua de la Libertad: su historia (desde su construcción hasta nuestros días), los motivos por los que se construyó, etc.
   a. Comienza buscando información: en internet, en libros de arte, preguntando a las personas de tu entorno, etc.
   b. Una vez que tengas una idea clara de lo que quieres mostrar en tu presentación, elige las imágenes que te parezcan adecuadas para las distintas partes de esta música (introducción, melodía, fanfarria, etc.), intentando que el relato visual tenga un sentido. Procura que las imágenes tengan licencia Creative Commons.
   c. Para crear tu diaporama puedes utilizar una aplicación en línea como Photopeach. Para ponerle música puedes usar alguna de las versiones de la *Fanfarria de la libertad* disponibles en YouTube.
   d. Después, comparte el vídeo con tus compañeros.
5. Entre todos, comentad qué es lo más logrado y qué podría mejorarse.

Estatua de la Libertad

CREA E INTERPRETA UNA COREOGRAFÍA

6. Imagina que te encargan elaborar una coreografía para el acto de celebración del centenario de la estatua de la Libertad. La coreografía se interpretará junto con la música en el espacio disponible al pie de la estatua. Puesto que se trata de un espacio grande, lo ideal sería que la coreografía fuese interpretada por toda la clase. Para que la tarea resulte más eficaz, dividid las funciones, de modo que haya un coreógrafo con dos ayudantes, un escenógrafo con otros dos ayudantes y un director que coordine todo.

3 La partitura y la obra

Elementos de la partitura

Todos los elementos musicales que has estudiado pueden estar presentes en una partitura. Esta es un fragmento de una obra para violín y piano del compositor inglés Edward Elgar:

1. Sigue en la partitura la audición del archivo MIDI que encontrarás en ejemplo sonoro y, recordando lo estudiado, completa los siguientes aspectos de la audición citando el número de compás. Ten en cuenta que el 2.º pentagrama del piano está en la clave de fa en 4.ª.

   – **Ritmo:** identifica el tipo de compás y los ritmos más característicos, contratiempos, síncopas, puntillos, etc.

   – **Melodía:** descubre la tonalidad en la armadura y observa si hay alguna sucesión o escala característica. Haz una lista de los intervalos más repetidos y clasifícalos.

   – **Forma:** identifica los principales motivos musicales, las semifrases y las frases. Nómbralas con letras. ¿A qué tipo de estructura corresponde este fragmento: adición, variación, desarrollo, etc.?

   – **Armonía:** identifica los acordes y escríbelos; hay algunos que no pertenecen a la tonalidad principal. Busca las disonancias entre melodía y acordes. Especifica los tipos de cadencias. ¿A qué textura armónica corresponde? ¿Cómo es el acompañamiento?

   – **Tempo y matices:** ¿qué significa *Andantino*? Haz listas con todos los términos, signos y abreviaturas correspondientes a matices agógicos (velocidad), dinámicos (intensidad) y de carácter. Sitúa en la partitura estos signos de articulación e indica para qué sirven: ligado, picado, subrayado, acento y arpegio.

   – **Autor y obra:** haz un resumen de su vida y de su obra, y sitúalo en la época correspondiente.

EJEMPLO SONORO

Escuchar y reconocer

smSaviadigital.com **PRACTICA**
Compara el MIDI de la partitura anterior y la grabación completa de la obra.

- Mientras escuchas la obra completa puedes realizar una improvisación plástica de dibujo simultáneo a base de líneas. También puedes hacer un trabajo corporal con movimiento libre sin desplazamiento o con desplazamiento.

Adaptación o arreglo de una obra musical

Las obras musicales pueden adaptarse a instrumentos o voces diferentes a las originales. Para ello hay que conocer muy bien la armonía y las características de los instrumentos.

Vamos a interpretar la anterior partitura en una versión para flautas de pico y laminófonos. La flauta toca la melodía, y en algunos compases se divide en dos y tres voces para poder tocar algunas notas alteradas que con las láminas no podemos. Conviene utilizar los xilófonos y el metalófono bajo, porque en los metalófonos soprano y alto se mezcla más el sonido. Para facilitar la interpretación se ha transportado a la tonalidad de Do mayor.

2. Escucha ahora la versión que vas a tocar con tus compañeros. Síguela atentamente en la partitura para flautas y percusión e imagina cómo vas a tocarla. Atiende también a todos los signos e indicaciones.

3. Forma grupos y elige una de las voces de las flautas o una de las tres voces de acompañamiento. Al xilófono alto le corresponden las notas con las plicas hacia arriba, hay que tocarlas una octava baja con respecto a la escritura. El xilófono y metalófono bajo tocan las notas con las plicas hacia abajo. La melodía se podría tocar en un carillón cromático, ya que se precisan notas alteradas. Para realizar las síncopas puedes dar un golpe en el aire con las baquetas en el silencio de corchea. Sigue las indicaciones del profesor y respeta los diferentes matices.

Salut d'amour E. ELGAR (ADAPT. Á. MÜLLER G.)

4. Compara las dos partituras y haz una lista de las diferencias que observas en cada uno de los aspectos que has estudiado en la actividad 1.

smSaviadigital.com PRACTICA
Repasa lo que has aprendido.

4 "Eye of the Tiger" *¿Jingle o cover?*

- Interpreta esta pieza vocal. Comienza aprendiendo el acompañamiento. Tendrás que emitir los diferentes fonemas con el ritmo que tengan a modo de *beatbox*. La canción en la que se basa es esta: www.e-sm.net/IIesomu_sv_09_06

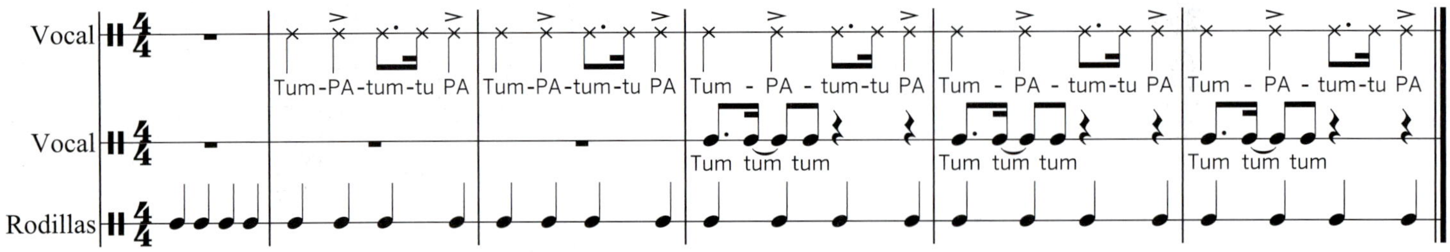

- Dividid la clase en dos grupos y aprended estos fragmentos vocales.

smSaviadigital.com PRACTICA
Interpreta de nuevo la pieza con esta partitura ampliada.

- Ahora que ya sabéis todas las partes de la canción, unid los fragmentos y formad un grupo más para que realice el acompañamiento *beatbox*. Cread diferentes combinaciones, utilizando o no el acompañamiento.

5 Conciertos en vivo

Escuchar música es una actividad que suele resultar placentera y entretenida, pero... ¿y si probamos a disfrutar de la música en directo? Es diferente, sobre todo si el intérprete de la música eres tú. Vamos a formar grupos musicales y a tocar música en directo.

Nuestra banda

1 FORMAD GRUPOS de 5 personas. Elegid entre todos los miembros del equipo una canción que os guste y que queráis interpretar. Escoged vuestro papel en función de lo que necesite la canción que hayáis elegido: batería, bajista, cantante, etc.

Tendréis que conseguir los instrumentos que vayáis a tocar (aunque sea en *playback*). Podéis fabricarlos con materiales reciclados o dibujarlos en cartón a tamaño real. Buscad la letra de la canción y aprendéosla de memoria. Ensayad y grabaos para corregir fallos.

MATERIAL

- Una cartulina blanca por grupo
- Lápices
- Material para colorear

2 PROMOCIONAD EL CONCIERTO

Cuando estéis listos para actuar, elaborad un cartel anunciando vuestro grupo. Deberá incluir el nombre del grupo y el lugar, día y hora de la actuación. Utilizad la cartulina y toda vuestra imaginación para captar la atención de los demás hacia vuestro concierto. Colgadlo en un lugar bien visible de vuestra clase una semana antes de la actuación.

3 ACTUAD

Buscad un *look* para el grupo y preparad los instrumentos.

Interpretad ante vuestros compañeros la canción que habéis preparado. Ponedle ganas e intentad que les guste vuestra interpretación.

4 OPINAD

El público asistente a los conciertos en vivo tiene un papel muy importante, pues realizará una crítica musical de los grupos participantes.

En una crítica constructiva deberá aparecer:

- Descripción del lugar.
- Información sobre el grupo y sus miembros
- Aspectos positivos del concierto y aquello que se podría mejorar.

Elaborad una breve reseña, con estos datos, de cada uno de los grupos que habéis visto actuar. Ponedlas en común con las que otros compañeros han hecho de esos mismos grupos. ¿Coinciden? ¿Por qué creéis que sí o que no?

Búsqueda en internet

Cuando se trata de buscar información relacionada con la música, internet suele ser un punto de partida que, además, ofrece muchas ventajas. No solo podemos leer sobre temas de nuestro interés, sino también buscar y escuchar archivos sonoros, vídeos, imágenes y otros documentos que nos ofrezcan información complementaria. Vamos a comprobarlo buscando y organizando información sobre un tema específico: Adolphe Sax y sus instrumentos. Al hacerlo, descubrirás que además del famoso saxofón, este lutier creó otros instrumentos que no llegaron a ser tan famosos.

- **Adolphe Sax**
  Adolphe Sax (1814-1894) fue un ingenioso fabricante de instrumentos musicales. Su padre, Charles Joseph Sax, le enseñó el oficio. En su intento por mejorar el sonido de las fanfarrias militares, Adolphe inventó varios instrumentos. El más famoso fue, sin duda, el saxofón. Sin embargo, creó otros en cuyos nombres siempre usaba su apellido como prefijo.

- **El saxofón**
  El saxofón, también conocido como saxófono o simplemente saxo, fue inventado por Adolphe Sax en la década de 1840. Es un instrumento de viento madera con una boquilla de caña simple, igual a la de un clarinete, que era el instrumento que el propio Adolphe tocaba. Aunque su presencia en las plantillas orquestales es menos frecuente, es un instrumento insustituible en el *jazz* y en las bandas.

¿Cómo buscar información?

Buscar información en la red es mucho más que escribir una palabra en un buscador de internet. Saber exactamente qué vas a buscar y tener un pequeño plan o estrategia de búsqueda (por ejemplo, las palabras clave que vas a usar o el tipo de información o recurso que necesitas) te ahorrará bastante tiempo.

No te fíes: los primeros resultados que obtienes en un buscador no son necesariamente los más fiables o interesantes. Intenta rastrear al menos los de las dos o tres primeras páginas de resultados.

Tampoco has de fiarte cuando crees haber encontrado la información. Lo mejor que puedes hacer es asegurarte de que la fuente es fidedigna y, en caso de tener dudas, comparar los datos con los de otras dos o tres páginas.

Si realizas las búsquedas en Google, utiliza los filtros que aparecen más arriba (imágenes, noticias, vídeos) para encontrar más fácilmente el tipo de recurso que estás buscando.

PON EN PRÁCTICA

1. Utiliza internet para hacer una búsqueda rápida. Busca los sigientes elementos sobre Adolphe Sax:
   - Localiza un vídeo
   - Encuentra una imagen diferente a la que hay en esta página
   - Aporta una noticia
   - ¿Cómo harás la búsqueda?
2. Guarda los enlaces de los recursos que has encontrado. Puede que los necesites más adelante en esta unidad.

1 Investiga

Como hemos explicado antes, además del saxofón, Adolphe Sax inventó otros instrumentos. ¿Cuáles eran?

Busca información en la red y, para cada uno de estos instrumentos, localiza al menos un texto explicativo y una imagen. Si puedes conseguir una grabación sonora o un vídeo, mucho mejor.

Cuando hayas encontrado información sobre al menos tres de estos instrumentos, crea un informe breve (máximo una página) en el que expliques cuándo fue inventado cada uno de ellos y cuáles son sus principales características.

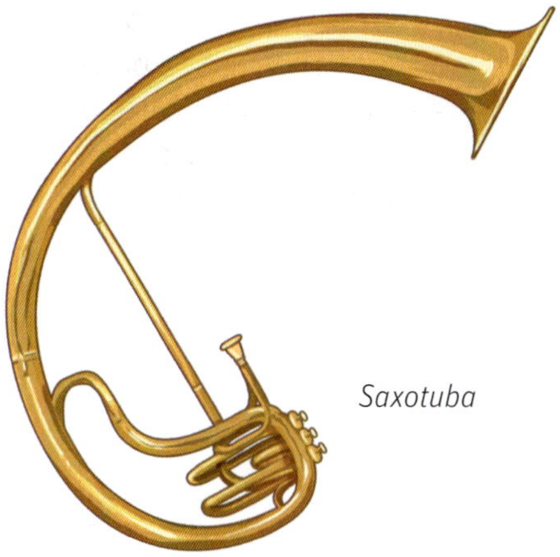

Saxotuba

2 Construye tu instrumento

Ahora que sabes más sobre Adolphe Sax y sus instrumentos, te proponemos un desafío: construir tú mismo un instrumento de viento utilizando como guía algún vídeo de YouTube en el que se indiquen los pasos a seguir.

Para ello sigue estas indicaciones:

a) Entra en YouTube y escribe palabras clave tales como "construir instrumento de viento".

b) Observa los resultados y elige el que te parezca más adecuado.

c) Reúne los materiales y, siguiendo las instrucciones, construye tu instrumento.

d) Presenta el instrumento ante tu clase.

e) Al final de la presentación, comenta con tu clase la utilidad o la no utilidad de los vídeos que explican cómo hacer algo, quiénes son sus creadores y por qué piensas que publican estos vídeos.

3 Crea una línea del tiempo

Busca una biografía completa de Adolphe Sax. Durante la lectura, marca o toma nota de los eventos de su vida que consideres más significativos.

Tu tarea ahora consistirá en crear una línea del tiempo en la que consten su fecha de nacimiento y muerte y los eventos que, desde tu punto de vista, fueron más importantes en su vida y su carrera.

Para ello puedes utilizar alguna de las siguientes aplicaciones:

Dipity: www.e-sm.net/IIesomu_sv_09_07

Timetoast: www.e-sm.net/IIesomu_sv_09_08

TimeRime: www.e-sm.net/IIesomu_sv_09_09

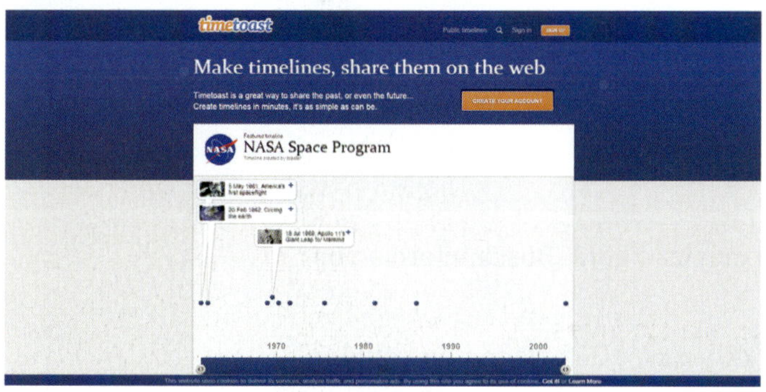

4 Crea un mapa conceptual

Sin duda, el saxofón fue la creación más importante de Adolphe Sax.

Busca información sobre este instrumento y crea un mapa conceptual en el que aportes y relaciones todos los datos que consideres de interés.

Puedes crear tu mapa en un documento de texto o usando una de las aplicaciones en línea que se citan a continuación:

Bubbl.us: www.e-sm.net/IIesomu_sv_09_10

Cacoo: www.e-sm.net/IIesomu_sv_09_11

Creately: www.e-sm.net/IIesomu_sv_09_12

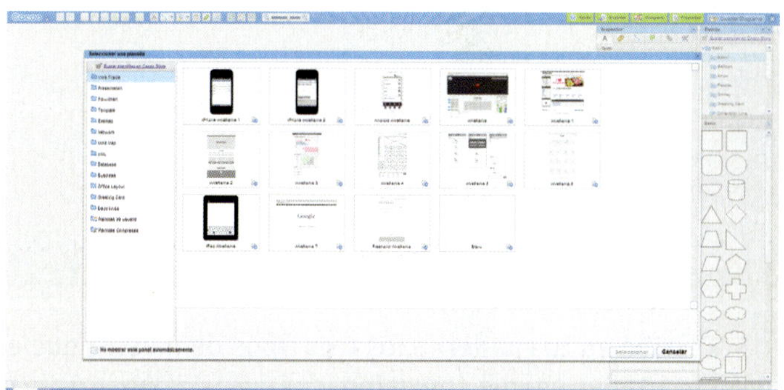

¿Qué has aprendido?

Conoce la música académica de los siglos XX y XXI

1. Responde en tu cuaderno si estas afirmaciones sobre el dodecafonismo son verdaderas o falsas.

a) Se usan las doce notas de la escala cromática.

b) Es una derivación del serialismo.

c) Lo propone A. Berg.

d) Se rompe la tonalidad.

e) Las notas se organizan siempre de la misma forma.

2. Relaciona estos autores con el tipo de música que desarrollaron.

Música estoscástica | Música electrónica | Música concreta

P. Schaeffer

P. Boulez

K. Stockhausen

3. Compara estos aspectos musicales del politonalismo y el microtonalismo.

a) Uso de la tonalidad

b) Uso de nuevos instrumentos

c) Autores

4. Completa este diagrama de flujo para clasificar la nueva música contemporánea.

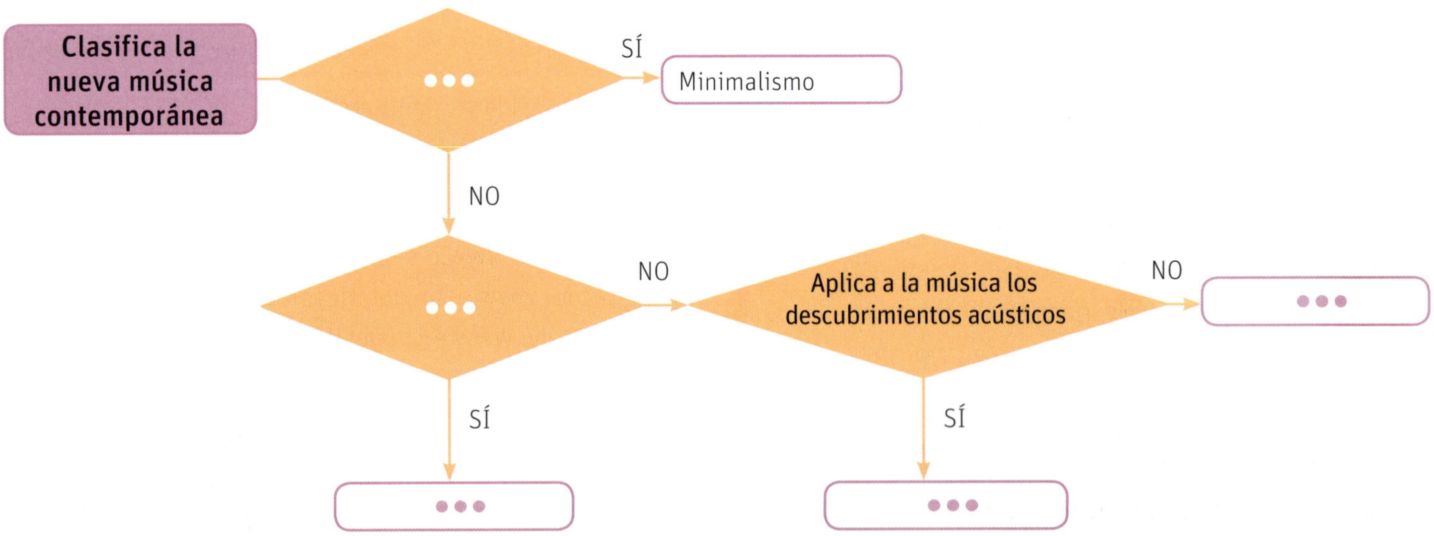

Conoce y compara la música ligera actual

5. Escribe en tu cuaderno los tres tipos de música que engloba la música ligera. Busca información para saber en qué consisten.

6. Nombra seis estilos de música popular urbana de los siglos XX y XXI. ¿Qué tienen en común? ¿Qué diferencia a cada uno?

Aprende a analizar los diferentes elementos musicales

7. Observa esta partitura y analiza su ritmo. ¿Qué tipo de compás tiene? ¿Cuál es su tempo? ¿Qué otros términos de agógica aparecen? ¿Tiene anacrusas, síncopas o contratiempos?

Galop favorito A. C. LE CARPENTIER

8. Analiza la forma y el recurso compositivo empleado en *Galop favorito.*

a) ¿Cuántas secciones tiene?

b) Nombra cada sección con una letra en tu cuaderno.

c) ¿Cómo se llama esa forma musical?

d) ¿Qué recurso compositivo utiliza: adición, variación o desarrollo?

9. Analiza la tonalidad y la dinámica de *Galop favorito.*

a) ¿Qué tonalidad tiene?

b) ¿Utiliza la escala menor melódica o una escala oriental?

c) ¿Cómo son sus matices de intensidad?

10. Analiza la armonía de *Galop favorito.*

a) ¿Qué acorde se forma en el penúltimo compás de *Galop favorito*?

b) ¿Y en el último? ¿Aparece alguna disonancia en estos compases?

c) ¿Qué cadencia tiene?

APRENDE A PENSAR

Laboratorio de los cinco sentidos

Elige una pieza musical que te guste de cualquier tipo y género. Escúchala y piensa en un olor, una imagen, un sonido o instrumento musical, un sabor y una textura que puedan describir la pieza musical. Explica cuáles son las características de la pieza que te han hecho elegir ese olor, imagen, sonido, sabor y textura. Dibuja en tu cuaderno un diagrama parecido a este con las sensaciones que has experimentado.

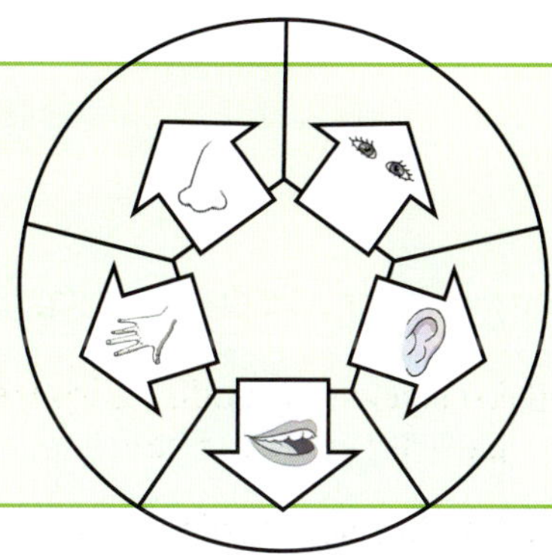

smSaviadigital.com VALORA LO APRENDIDO > Autoevaluación

- Instrumentos musicales
- Obras y compositores
- Historia de la Música
- Acontecimientos importantes

Prehistoria

Flauta de hueso

Bisontes de la Gran Sala de Altamira (España)

Antigüedad

Aparición de la escritura (Mesopotamia, 3300 a.C.)

Pictogramas del asentamiento de Uruk (Irak)

Arpa de Ur (Mesopotamia, 2400 a.C.)

Gran pirámide de Giza (Egipto, 2570 a.C.)

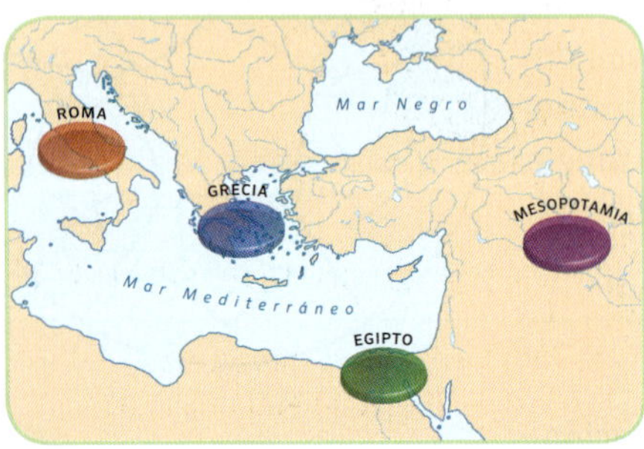

Arco musical (Egipto, 1400 a.C.)

Arpista de la tumba de Najt, de la necrópolis tebana (Egipto)

Aulos (Grecia, s. V a.C.)

Mosaico romano de Pompeya (Italia)

Epitafio de Seikilos (Grecia, s. II a.C.)

Composición musical completa más antigua que se conserva

Lira (Roma, s. I a.C.)

Relieve de una mujer tocando la lira en una columna en Cartagena (España)

- 32000 a. C.
- 14400 a. C.
- 14800 a. C.
- 3300 a. C.
- 2400 a. C.
- 2570 a. C.
- 1400 a. C.
- s. V a. C.
- s. II a. C.
- s. I d. C.

s. V
s. VIII
s. IX
s. XI
s. XIII
s. XIV

Edad Media (s. v - s. xiv)

Caída del Imperio romano de Occidente (s. v)

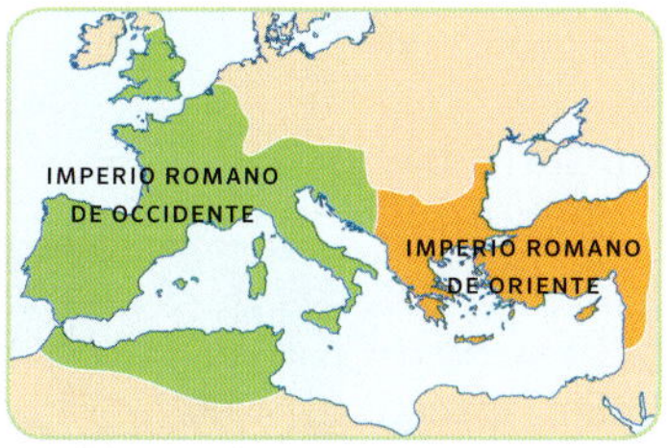

Aparecen los neumas (s. ix)

Primeras notaciones musicales

Guido de Arezzo da nombre a las notas (s. xi)

Las notas se colocan en el tetragrama

Sinfonía de la armonía de las revelaciones celestes de Hildegarda de Bingen (s. xi)

Guitarra morisca y latina (s. xiii)

Cantigas de Santa María de Alfonso X el Sabio (s. xiii)

Intérprete de las *Cantigas de Santa María*

Laúd (s. xiv)

s. XV
s. XVI
s. XVII

Renacimiento (s. xv - s. xvi)

Trombón de varas (s. xv)

Vihuela (s. xv)

Los turcos invaden Constantinopla (1453)

Fin del Imperio romano de Oriente. Inicio de la Edad Moderna

Cristóbal Colón llega a América (1492)

Viola *da gamba* (de pierna) s. XVI

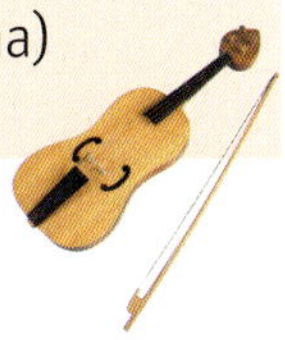

Se tocaba como el violonchelo

Flauta de pico (s. xvi)

Harmonice Musices Odhecaton de Ottaviano Petrucci (1501)

Una de las primeras partituras impresas

Ave María de Tomás Luis de Victoria (1576)

Virgen de la leche de Luis de Morales (1570)

Orfeo de C. Monteverdi (1607)

Una de las primeras óperas. Fin del Renacimiento musical

Barroco (1600-1750)

S. XVII

El ingenioso hidalgo don Quijote de la Mancha de Miguel de Cervantes (1605)

Desarrollo del violín

Galileo Galilei construye su primer telescopio (1609)

Oboe

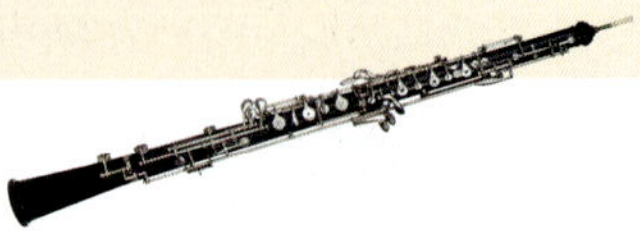

Orquesta barroca

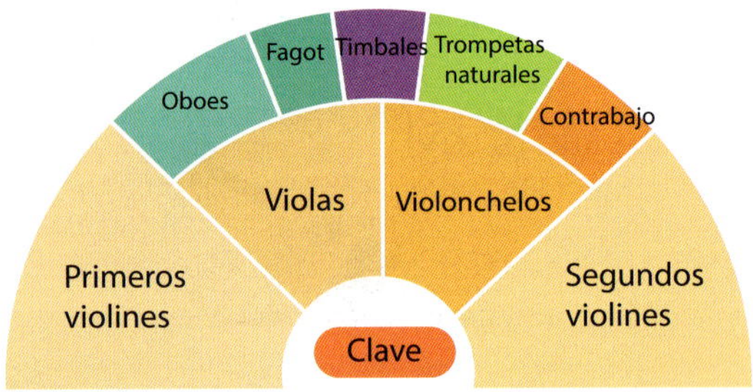

Flauta travesera

Guitarra barroca

En España, sustituye a la vihuela

Nuevas formas: *suite*, sonata, concierto, etc.

Conciertos de Brandemburgo de J. S. Bach (1721)

Las cuatro estaciones de A. Vivaldi (1725)

El Mesías de G. F. Haendel (1742)

Se descubre Pompeya (1748)

S. XVIII

Clasicismo (1750-1820)

S. XVIII

Orquesta clásica

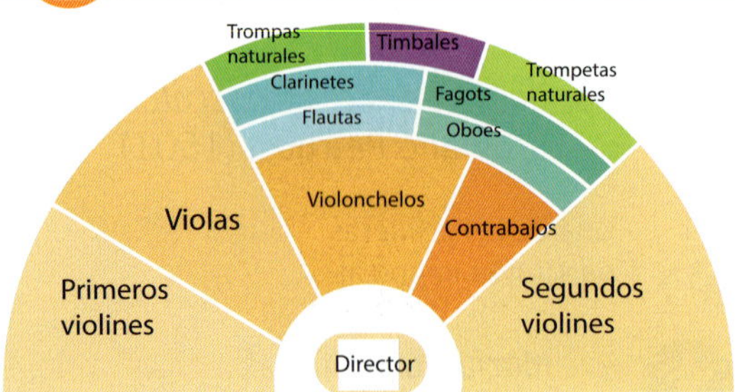

Corno inglés

Piano

Convive con el clavicordio

Revolución francesa (1789)

Toma de la Bastilla de Jean-Pierre Houël (1789)

La flauta mágica de W. A. Mozart (1791)

La creación de J. Haydn (1798)

Claro de luna de L. v. Beethoven (1801)

Guerra de Independencia española (1808)

S. XIX

S. XIX

Romanticismo (1820-1910)

Frankenstein de Mary Shelley (1818)

Es considerada como la primera novela de ciencia ficción

Piano (1824)

Se empiezan a fabricar pianos en serie

La ópera se hace muy popular

Sinfonía n.º 9 de L. van Beethoven (1824)

Sinfonía fantástica de H. Berlioz (1830)

Orquesta romántica

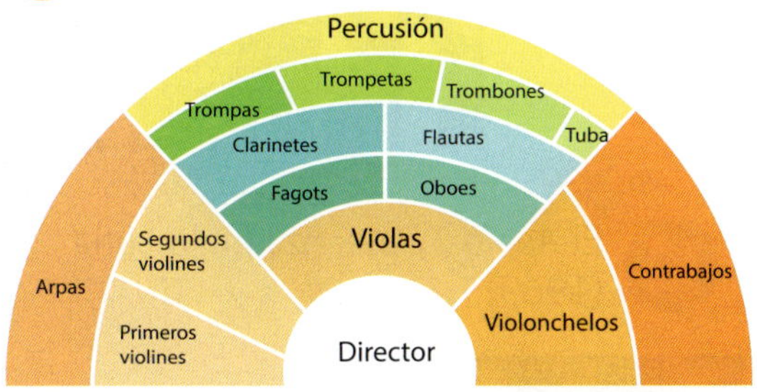

Nuevas formas: *lied*, música programática, pequeñas formas pianísticas, etc.

Saxofón (1840)

Es un invento de Adolph Sax

Auge de la zarzuela en España

Tristán e Isolda de R. Wagner (1865)

Aída de G. Verdi (1871)

El barberillo de Lavapiés de F. Asenjo Barbieri (1874)

Se termina de construir la torre Eiffel en París (1889)

Tuba

Sustituyen a las trompas bajas en la orquesta

Nace el *jazz*

Suite bergamasque de C. Debussy (1890)

Los hermanos Lumière inventan en cinematógrafo (1894)

La verbena de la Paloma de T. Bretón (1894)

Drácula de Bram Stocker (1897)

Don Quijote de R. Strauss (1897)

Siglo xx

Primer órgano eléctrico (1900)

El pájaro de fuego de I. Stravinski (1910)

La consagración de la primavera de I. Stravinski (1913)

Se popularizan los platillos en el *jazz* (1920)

Theremín (1924)

Rhapsody in Blue de G. Gershwin (1924)

Ondas Martenot (1928)

Método Orff de enseñanza musical con pequeña percusión (1930)

Guitarra eléctrica (1931)

Música para cuerda, percusión y celesta de B. Bartók (1936)

George Orwell retransmite por la radio *La guerra de los mundos* (1938)

Durante casi una hora, cundió el pánico en Nueva York por la supuesta invasión alienígena

Piano preparado de J. Cage (1944)

Nace el *rock and roll*

Elvis Presley populariza *Hound dog* de Big Mama Thornton (1956)

Yuri Gagarin es el primer hombre en el espacio (1961)

Festival de Woodstock (1969)

El movimiento *hippie* se opuso a la guerra de Vietnam

El *Apolo 11* aterriza en la Luna (1969)

Primera imagen de la Tierra tomada desde la Luna

Imagine de J. Lennon (1970)

Se convirtió en un himno de paz en todo el mundo

s. XX

Nace el *hip-hop*

Libertango de A. Piazzola (1974)

Bohemian Rhapsody de Queen (1975)

Se estrena *La guerra de las galaxias* de George Lucas (1977)

Glassworks de P. Glass (1982)

Thriller de Michael Jackson (1983)

Redefinió el concepto de videoclip

Derriban el Muro de Berlín (1989)

Restos decorados del Muro de Berlín

U Can't Touch This de MC Hammer (1990)

Primer álbum de hip-hop en ser disco de diamante

John Williams compone la banda sonora de *Parque Jurásico* (1993)

My heart will go on de Celine Dion (1997)

Formó parte de la banda sonora de la película Titanic, la película más taquillera del siglo XX

Siglo XXI

s. XXI

Se descifra el genoma humano (2001)

Los países de la eurozona adoptan el euro como moneda (2002)

Danny Elfman compone la banda sonora de *Charlie y la fábrica de chocolate* (2003)

Human de The Killers (2008)

Hans Zimmer compone la banda sonora de *Origen (Inception)* (2010)

El *Curiosity* llega a Marte (2012)

Su misión era tomar fotos y muestras del planeta

Ennio Morricone gana el Óscar a la mejor banda sonora por *Los odiosos ocho* (2016)

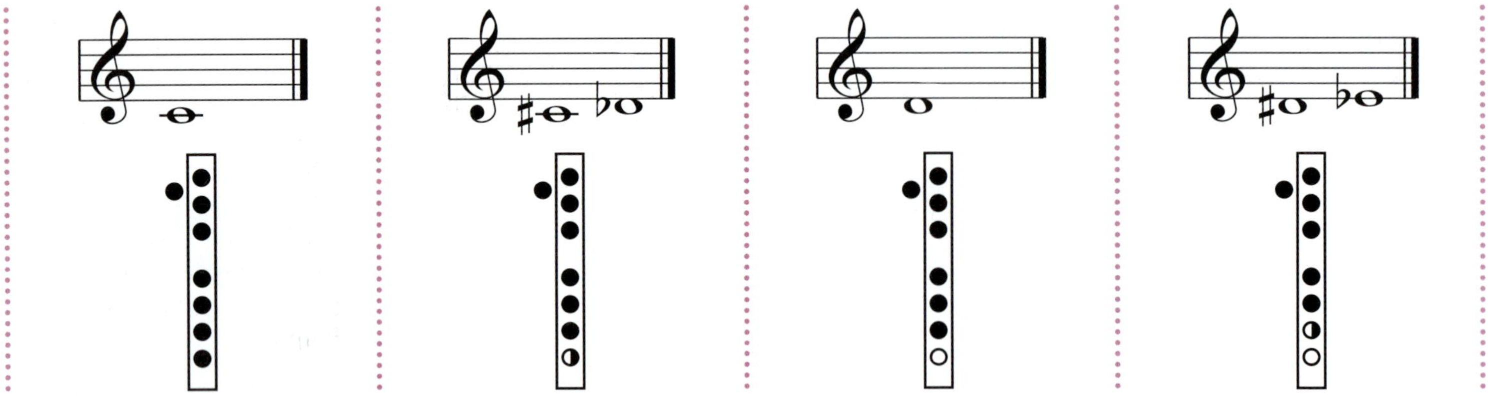

El **vibrato** se hace soplando con pequeños impulsos desde más fuerte a más suave. Ten en cuenta que la afinación del final debe coincidir con la del comienzo.

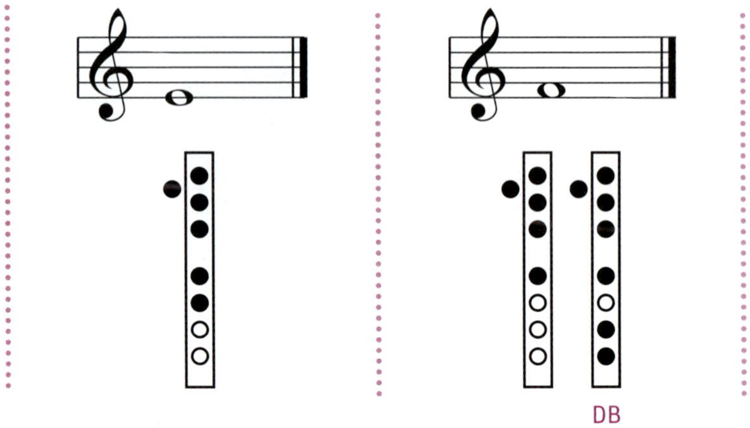

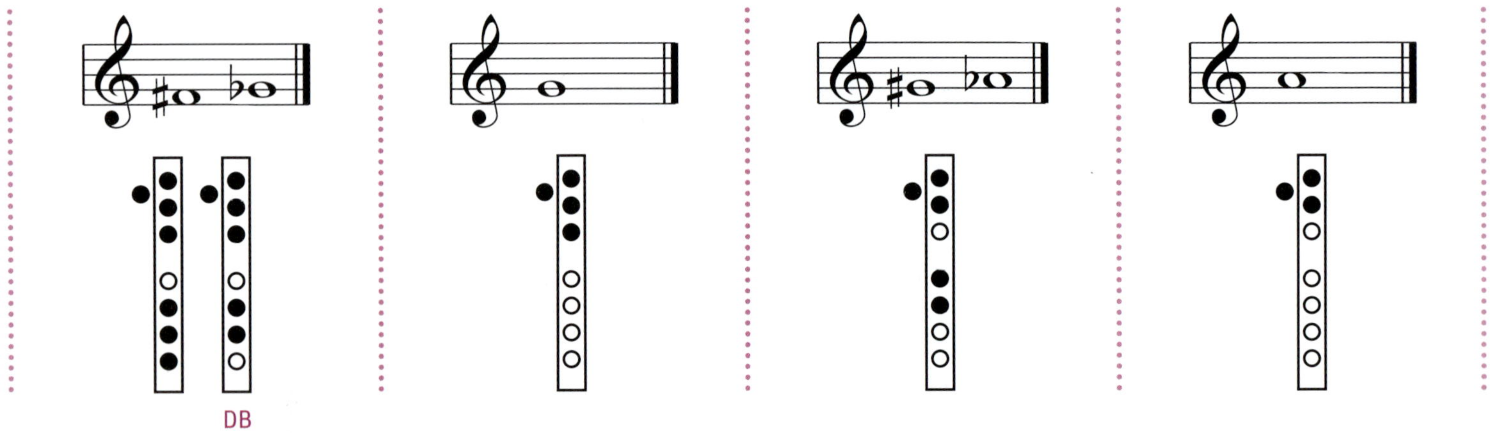

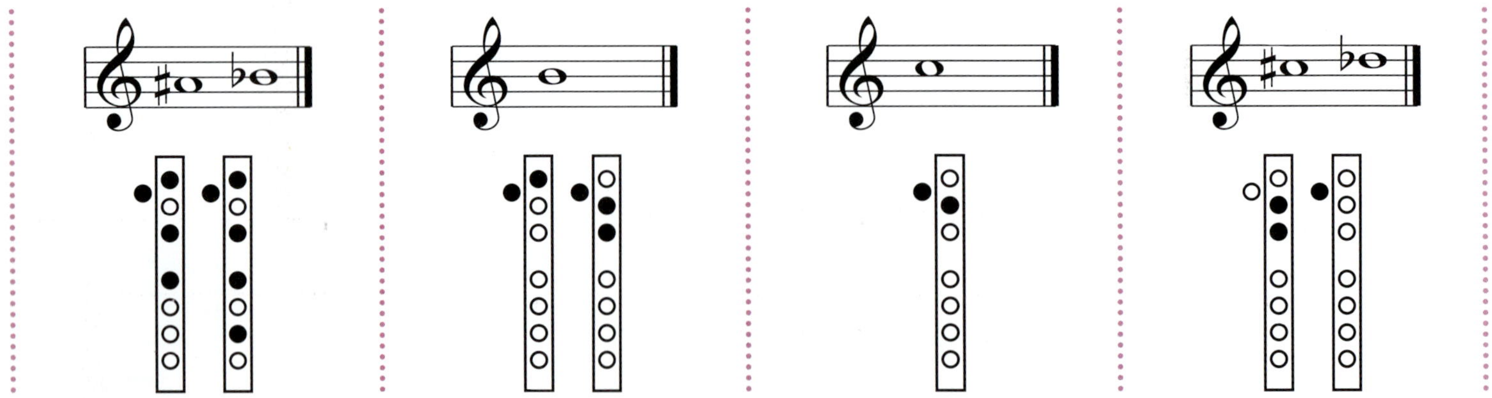

Para tocar la flauta no vale solo con soplar. Hay que articular los sonidos con la lengua, pronunciando te, re o ke; o bien ligarlos a partir de la primera nota.

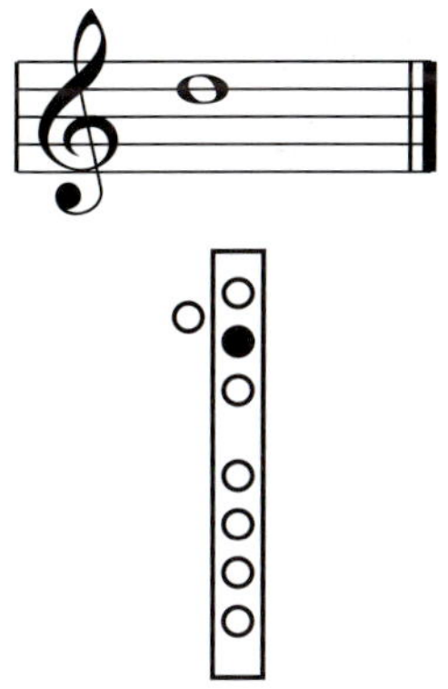

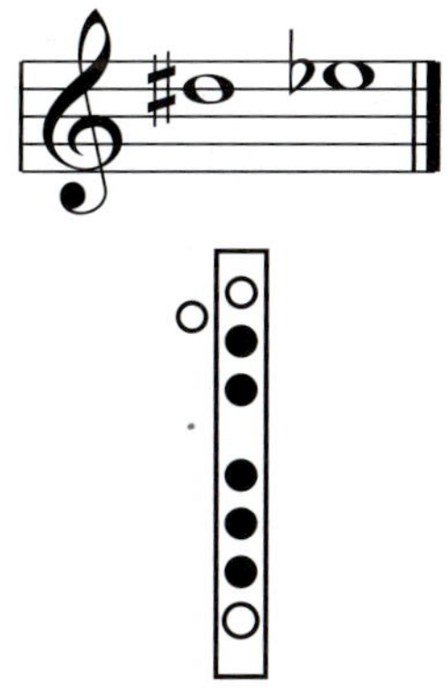

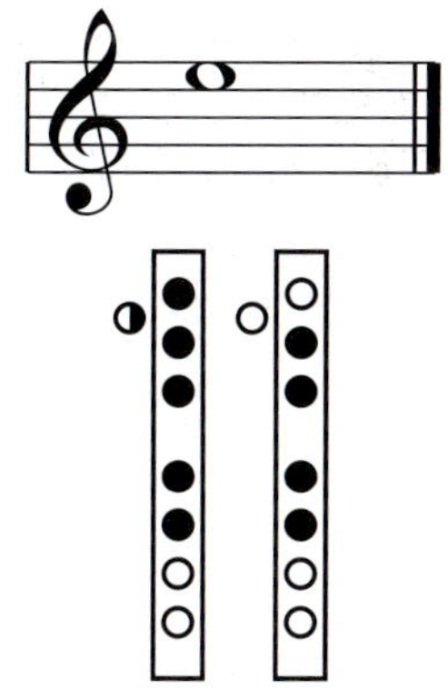

Para tocar las notas agudas a partir de mi', introduce la uña del dedo pulgar verticalmente en el agujero trasero de la flauta.

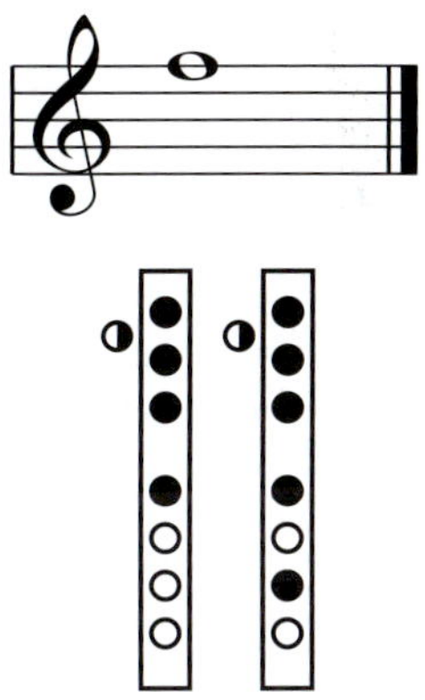

DB

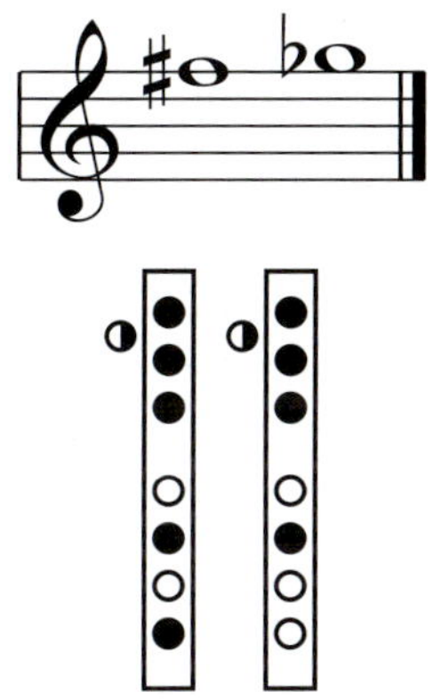

DB

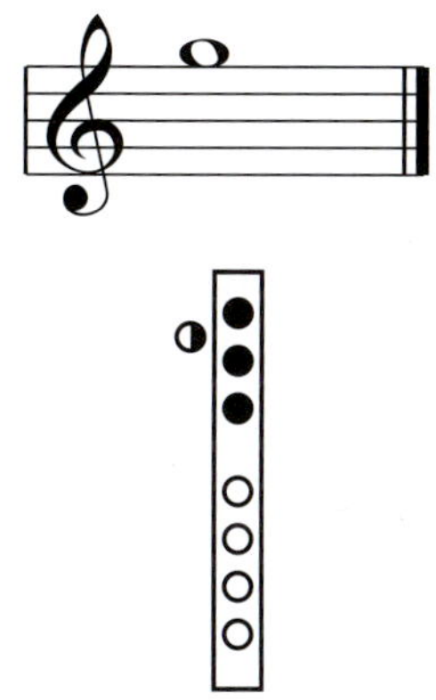

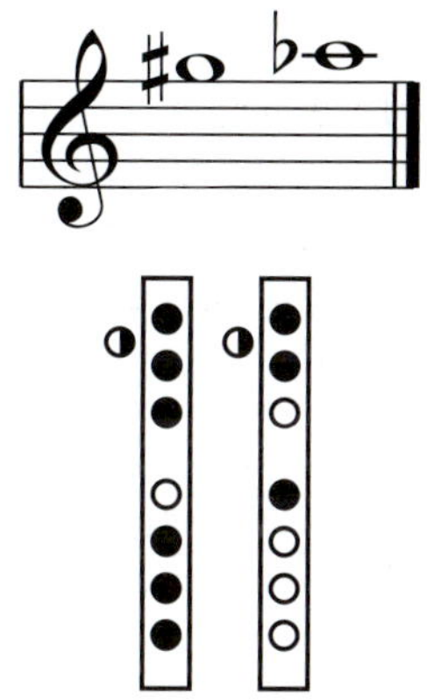

DB

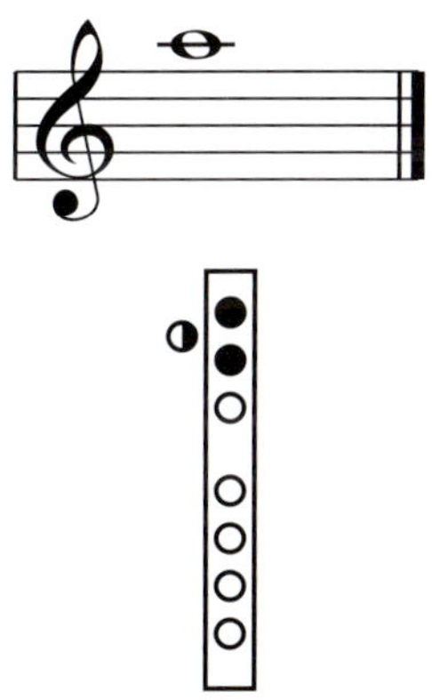

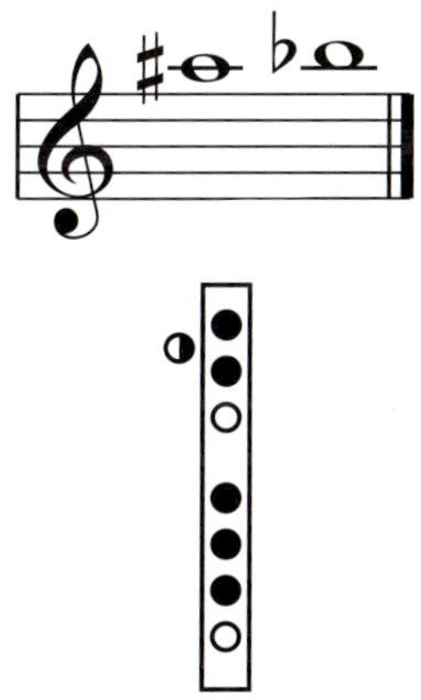

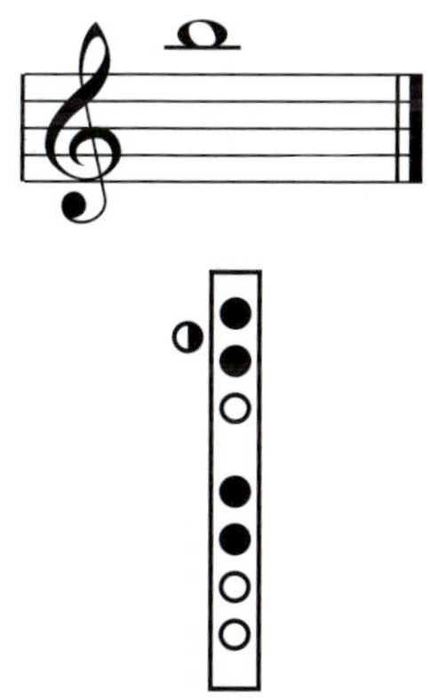

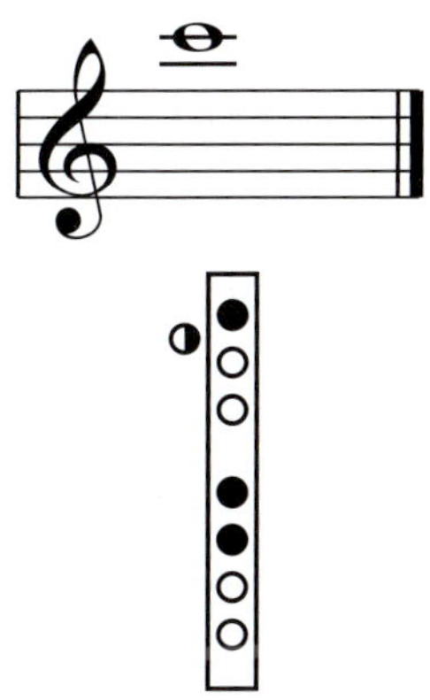

Hay dos tipos de flautas según la disposición de los agujeros.

La más común es la **digitación alemana (DA)**, que se creó para facilitar la ejecución, pero también existe la **digitación barroca (DB)**, que es la que utilizan los profesionales.

Los agujeros son diferentes, por lo que las posiciones para tocar las notas también lo son.

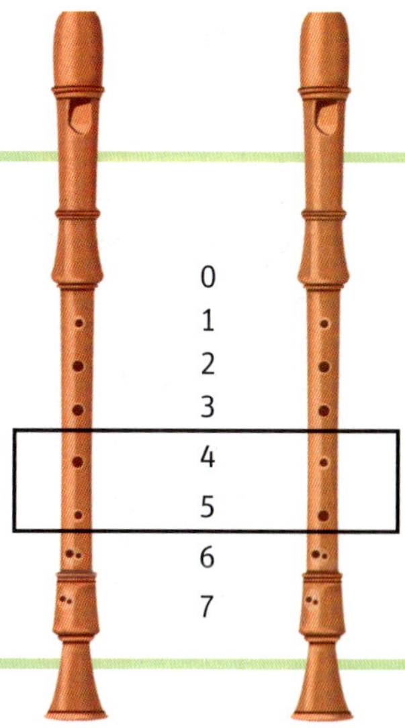

DA DB

Si tienes una flauta de **digitación barroca** deberás utilizar (cuando las haya) las posiciones indicadas con **DB**.

Do mayor

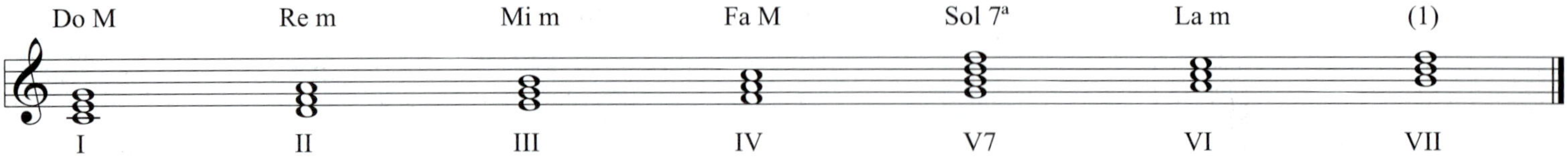

La menor

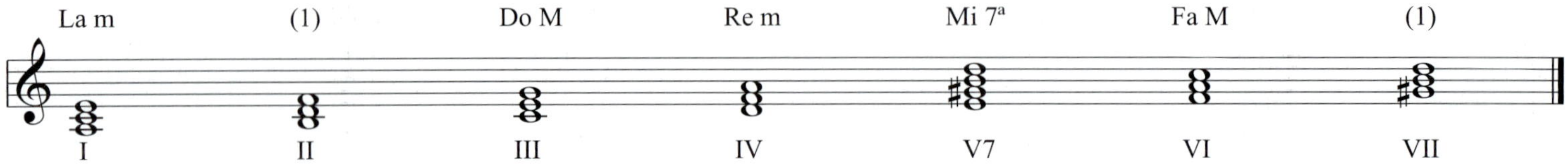

(1) Los acordes que se forman sobre los grados VII de las tonalidades mayores y menores, y los II de las menores, son acordes de 5.ª disminuida y no son tónicas de ninguna tonalidad.

Acordes de guitarra

X: La nota de esta cuerda no pertenece al acorde y no debe ser tocada.

Do M
C

Re m
Dm

Re M
D

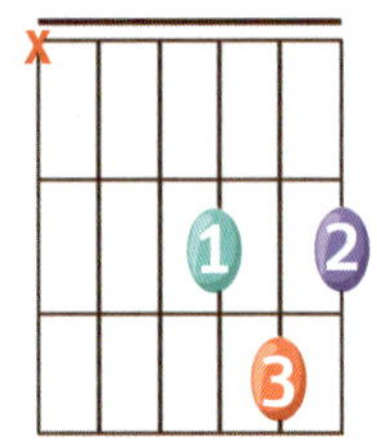

Re 7.ª
D7

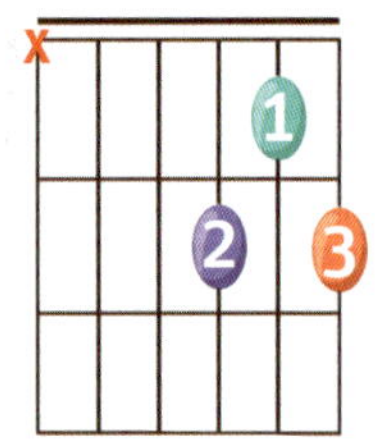

Mi m
Em

Mi M
E

Fa M
F

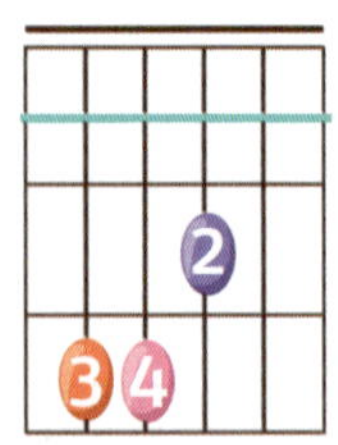

Sol M
G

Sol 7.ª
G7

La m
Am

Si m
Bm

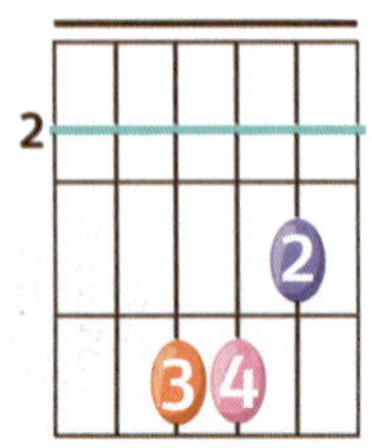

Si 7.ª
B7

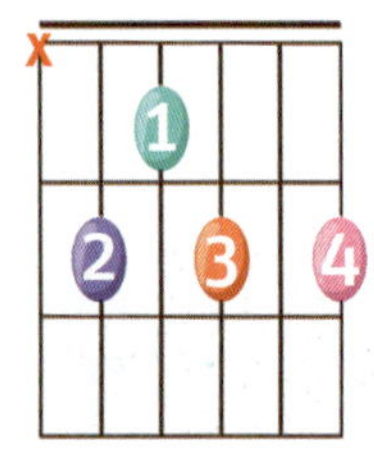

Sol mayor

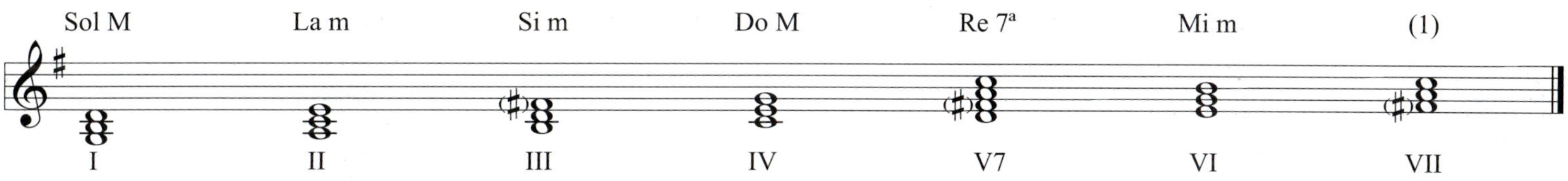

Mi menor

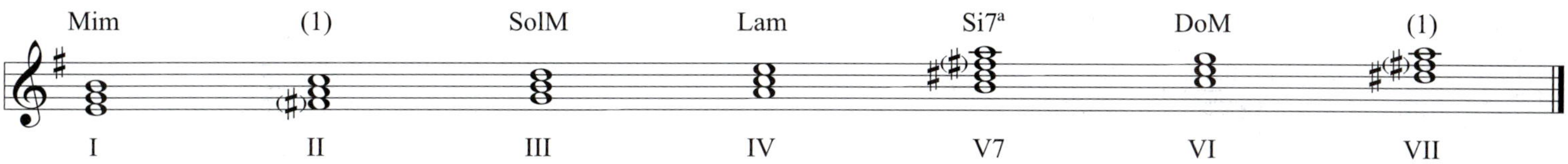

En lugar del acorde de dominante V se puede utilizar el acorde de séptima V7 que tiene una nota más.
Ej.: en la tonalidad de Do mayor, en lugar de Sol mayor, puedes tocar Sol 7.ª.

Acordes de piano

Do M
C

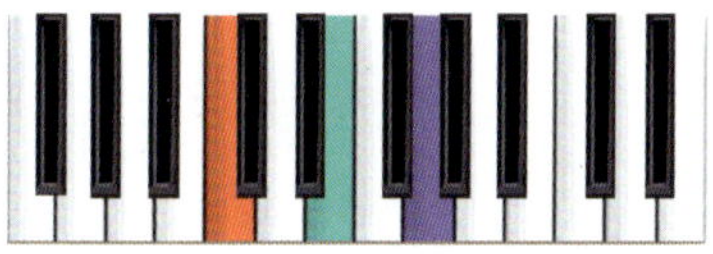

Re m
Dm

Re M
D

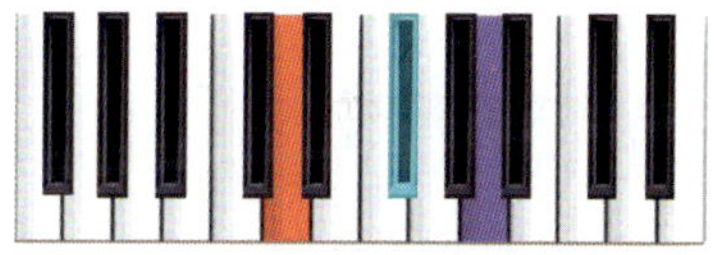

Re 7.ª
D7

Mi m
Em

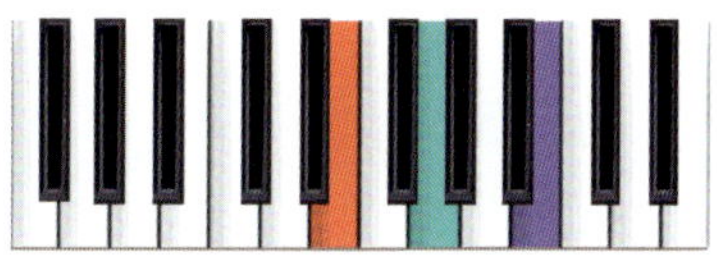

Mi M
E

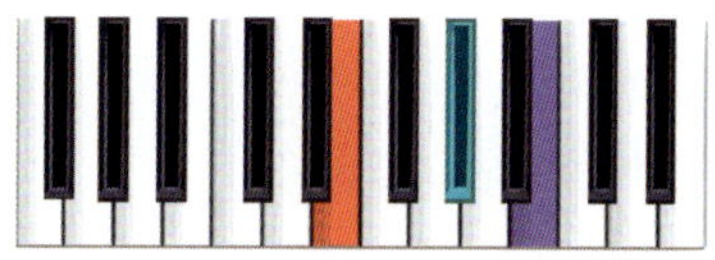

Fa M
F

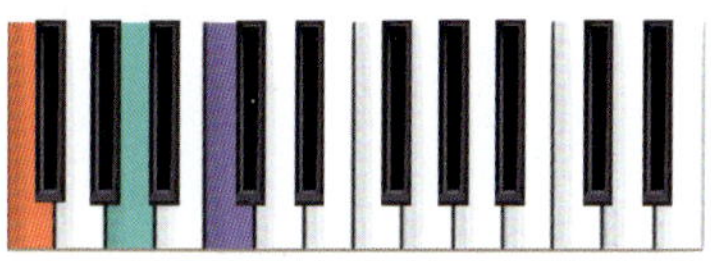

Sol M
G

Sol 7.ª
G7

La m
Am

Si m
Bm

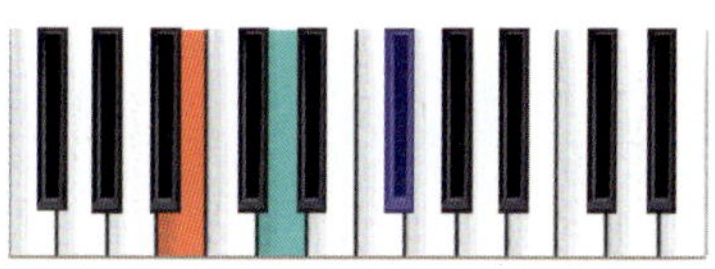

Si 7.ª
B7

El libro **Música II** forma parte del Proyecto Editorial de Educación Secundaria de SM. En su realización ha participado el siguiente equipo:

Autoría
Ángel Müller Gómez (Contexto musical, Lenguaje musical), María Cristina García Márquez (Interpretación y creación), AG (Audición práctica, Música y tecnología)

Edición
Fátima Batista Ponce, Margarita Plata Serrano, Elena Rodríguez Murillo

Corrección
Irene Lorenzo Criado

Ilustración
Alejandro Herrerías Silva, Antonio Moisés Lorenzo de las Cuevas, José Luis Rufes Zazo, El Rubencio, María José García Simavilla, Arturo Asensio Moruno, SHUTTERSTOCK, Pedro Rodríguez Rodríguez

Fotografía
Sonsoles Prada, Javier Calbet, Sergio Cuesta/ARCHIVO SM; Juan Carlos Martínez Zafra, Pedro Carrión Juárez, César Justel Perandones, Paramount Pictures, Carmen PG Granxeiro, NASA, Montse Fontich; CORBIS/LATINSTOCK; Gianni Dagli Orti/CORBIS; CONTACTO; EFE; SCALA; FIRO FOTO; ORONOZ; PRISMA; G TRES ONLINE; PHOTODISC; ACI; ALINARI 24 ORE; ALAMY IMAGES; THINKSTOCK; CORDON PRESS; 123RF; SHUTTERSTOCK; Argazki Press, S.L.; COUNTRY SESSIONS; iStock; GETTY IMAGES; NASA; AGE FOTOSTOCK; ALBUM; STOCKBYTE

Imagen de Caja de Tipos de la Imprenta Musical de Talleres Gráficos Astorga de Ángel Julián Rubio, 1922 a 1950. Imprenta donada en un acto celebrado el 15 de agosto de 2013 por la familia Julián Mena de Astorga (León) y Villanueva de Castellón (Valencia) al Excmo. Ayuntamiento de Astorga, para su conservación y exposición pública. Fotografía cedida por Ignacio Climent Mateu.

Fotografía de cubierta
123RF; iStock

Audiciones
Paco Arribas Producciones Musicales (estudio de grabación); Clara Engel Hamilton (cantante)

Edición gráfica
María Pía Hidalgo Rey

Diseño de cubierta e interiores
Estudio SM

Responsable del proyecto
Esther Müller Hernández

Coordinación de contenidos digitales
Mara Mañas Martínez

Coordinación editorial
Nuria Vallina Fernández-Montes

Dirección de Arte del proyecto
Mario Dequel Losa

Dirección editorial
Aída Moya Librero

ISBN: 978-84-675-8710-4
Depósito legal: M-3701-2016
Impreso en la UE / *Printed in EU*

Este libro está impreso
en papel procedente de
bosques gestionados
de manera sostenible.